致用·致美·致在

语文解读与教学转化

楚爱华　汲安庆　著

天津大学出版社
TIANJIN UNIVERSITY PRESS

图书在版编目（CIP）数据

致用·致美·致在 ： 语文解读与教学转化 / 楚爱华,
汲安庆著. -- 天津 ： 天津大学出版社, 2025. 8.
ISBN 978-7-5618-8085-2

Ⅰ. G633.302

中国国家版本馆CIP数据核字第20259X3Z81号

出版发行 天津大学出版社
地　　址 天津市卫津路92号天津大学内(邮编：300072)
电　　话 发行部：022-27403647
网　　址 www.tjupress.com.cn
印　　刷 北京盛通印刷股份有限公司
经　　销 全国各地新华书店
开　　本 710mm×1010mm　1/16
印　　张 18.875
字　　数 342千
版　　次 2025年8月第1版
印　　次 2025年8月第1次
定　　价 58.00元

前　言

当下，文本解读在语文教育中的重要地位，已经被越来越多的老师体知到了。

很多知名出版社开始对文本解读类著作青睐有加；各大语文学术刊物均有文本解读类栏目的身影；各级各类语文教师专业培训中，文本解读成了绕不开的主题；语文教育硕士入学考试，很多大学更是将文本解读设为分值最高的题目——这些喜人现象扎堆出现，在七八年前是不敢奢望的，现在却很自然地一一化为现实，这的确体现了语文教育观念的进步，也助推了文本解读研究与实践走向丰富与深入。

但是仔细审视，依然能发现不少问题。比如，一些看上去高大上的文本解读专题论文，依然难掩套路化解析的应试色彩，共感、共识、共能泛滥，独感、独识、异能稀缺，离理想的二度创造之境显然还有不小的距离。解读或一味聚焦言语内容，多是在表层的景、事、情或理上打转儿，深层的文化母题或文化意蕴较少触及，这必然导致培养文化自信、培根铸魂等教育目标难以彻底实现。将此类解读成果引入教学，还会增加丧失体性，将语文课上成思政课、历史课或情感教育课的风险。聚焦言语形式，又过度沉迷于叙事功能、身体符号、微叙事技巧、语言的“互体变爻”等学术话语体系，遗忘了贴近学生认知结构、聚焦语文要素目标系统建构相关文本解读知识模型，以致学生学了十二年语文乃至进入大学后，仍然不知道如何赏析形象塑造、意象营构、结构创设等表现艺术。最为尴尬的是，因为缺少教学视角，蔚为大观的文本解读成果，能顺利转化为教学设计或在教学实践中大面积生根的极其寥寥，文本解读理论与语文教学实践成为名副其实的两张皮，已是不争的事实。

诸如此类的问题纷至沓来，使我们萌生出一本关于“文本解读与教学转化”小书的想法，努力将语文学视域、学生立场、课程理念、教材知识、情境任务、存在指向紧密结合起来，在教学设计与实施上集中绽放。研究肇始于2016年，《福建教育》吴炜旻君闻讯击节赞赏，于是有了“从文本到教本系列”专栏的问世，探索的成果因之得以陆陆续续问世，且多被人大复印资料全文转载。随着研究的推进，我们在结合实用主义、结构主义、存在主义等西方理论，以及中国生命美学、和易思教育观以及夏丏尊教育形式美学、潘新和言语生命动力学等理论的基础上，对文本解读与教学转化的价值取向、文本层次、语文解读、教学设计、教学知识模型建构等系列话题有了更为系统、深入的思考——

价值取向，我们主张“致用、致美、致在相融，突出致在”。“致用”既注重应世的语用能力的发挥，也注重应性的情意滋养；“致美”注重沉浸式体悟自然美、社会美、艺术美，实现生命融合与审美素养的提升，同时亦关注教学之美的创生；“致在”注重言语智慧、言语情趣、言语人格等的综合性陶养，并在积极主动的言语表现与创造中充盈自我、实现自我。文本解读与教学转化，致用其表，致美其里，致在其魂。

关于文本层次，我们结合中西文论和语文科陶养学生言语生命的本然需求，提出了言语内容、言语形式、言语气韵三层次说——言语内容层关注文本写了什么，既包括表层的景、事、情、理，也包括深层的文化母题或文化意蕴；言语形式层关注文本怎么写、怎么个性化地写，包括视角、结构、体裁、语言、表现手法等；言语气韵层关注文本为什么写，为什么这么写而不那么写，文字背后的精神格局如何，触及作者的言语人格、言语情趣、言语气势、言语韵味等。语文阅读教育内容的择定与建构，不注意这三个层面的统一，知、情、意、行素养的和谐培育便会成为永远的乌托邦。

语文解读，指的是基于语文体性坚守，结合学情，聚焦特定语文要素展开的解读，这是语文教育专业性的根本体现。在关系处理上，注重在言语内容与言语形式揭秘的过程中突出言语形式，尤其突出言语形式中的言语表现个性与智慧（篇性）的揭秘；在解读路径上，注重从言语形式到言语内容再返回言语形式，并上升到对言语气韵层的沉浸式体悟与把握；在解读指向上，所有层面的解读都是为陶养学生言语生命服务，为他们的言语表现与创造蓄势蓄能。

在教学设计上，我们追求课眼、课脉、课体、课气的浑然统一，确保充分实现教学知识的结构化，推动深度教学有效展开。“课眼”是教学的切入点、聚焦点或灵魂，对教学内容具有强大的统摄力，对教学知识结构化起着重要的决定作用，如选择文眼“伟大”作为课眼，揭秘鲁迅《藤野先生》的抒情艺术。“课脉”是课眼的逻辑延伸，内质上体现为有着严谨逻辑层次的思维链，形态上呈现为彼此关联的任务链或活动链，这是教学结构化的进一步保证。课脉可以与文脉重合，也可以对之重构，如按照“自然之莲—君子之莲—我之莲”的课脉经纬教学。“课体”是指师生围绕某一语文教学知识建构所形成的思维之体，集中体现着思维的层次性、丰富性、创新性，这是语文教学知识生成的思维场，也是师生深度学习、形成高阶思维能力的重要保障，如围绕马致远“意象并置的独特性”话题，从体现文化母题意象的统摄、冷暖交织的色彩抒情、地理空间与精神空间的同构三个层面具体论析，便可将思维之体牢固地建立起来。“课气”指的是课堂上师生对话过程中所形成的思维气势，其间也会融入个体的情感、个性等精神元素。流畅并强旺课气的方法，除了确立课眼、生成课脉、建构课体之外，还可以动用夏丏尊说的强旺文气的方法——在一串文句中叠用相同的词句，于必要时善为变化；多用接续词，把文句尽可能地上下关联[①]，落实到课堂教学中，就是要注意教学环节之间过渡语的层累性渲染，在回答具体问题时多用接续词“首先、其次、再次、最后”或“第一、第二、第三”等，从而使师生间的对话层次井然、纲举目张、一气呵成。

在教学知识模型建构上，我们倡导从单元语文要素目标或单篇文本篇性揭秘的教学目标入手，结合文学类文本、论述类文本、实用类文本的类性要素，不断建构教学知识模型。比如，在独特性视角下，从变化性、丰富性、时代性、文化性、哲理性五个维度建构小说人物形象分析知识模型；从曲折性、逻辑性、复合性、文化性、象征性等维度建构情节分析的知识模型；从统摄性、层次性、蕴藉性、节奏性、创新性等维度建构意象分析的知识模型。语文教学知识模型建构是最能见学养、见学识、见创造，也最能消弭“语文教学没有专业性”之类指责的一项教育工程，值得每一位语文教师为之倾注心血，不懈奋斗。

当然，我们的思考与探索远不止这些。限于篇幅，这里不再赘述。需要补充说明的是，我们的理论思考除了“语文解读理论”章遴选的五篇外，其

① 夏丏尊，叶圣陶. 文章讲话[M]. 北京：中华书局，2007：75-78.

他内容悉数融化到“语文解读实践”“语文教学转化”“语文解读素养”三章中去了，这种构思与清人李扶九、黄仁黼的《古文笔法百篇》有些神似，只是要劳烦读者诸君用心体味了。面对现实教学中的问题，理论是否具有强大的阐释力和引领力，一直是我们研究中不断自我拷问的主题，且密切关注其能否有效转化为教学生产力，这应该是我们的思考有别于空疏之论的地方。

书中除了楚爱华君的两篇基于讲座稿的论文《学理依据与策略方法：宏观视野下语文文本的深度解读》和《性质特点与方法路径：微观视角下语文文本的深度解读》尚未来得及交予学术期刊发表，其余论文均已问世，且多在语文类北大核心期刊《语文建设》《中学语文教学》以及《南开学报》《天津社会科学》《明清小说研究》《齐鲁学刊》等 CSSCI 来源期刊上公开发表过。经同行严格评审，确保了理论的深刻、前沿以及学术表达的凝练与精致，这让我们出版此书有了一丝底气。

至于是否达到了我们追求的理想之境，还需读者诸君的估衡与指正。

汲安庆

乙巳年八月于南京

目录

CONTENTS

第一章　语文解读理论

第二章　语文解读实践

第三章　语文教学转化

第四章　语文解读素养

第一章

语文解读理论

指向未来课堂的语文文本解读与教学

指向未来课堂的语文文本解读与教学，仅是追求生活情境中真实问题或任务的解决吗？显然不是。致力于应需的外在生活问题的解决，忽略应性的内在生活需求的实现，人的发展注定是残缺的。

仅是注重“跨学科学习”“任务群教学”吗？显然也不是，追求学科融合、视域辽阔而忘却语文科的体性，致使语文课变成大杂烩、四不像，这无疑颠倒了主与次、体与用的关系；追求一个个任务的完成而丢失“群”的视野，漠视“群”与“群”之间的联系，甚至忽略“群”与一系列具体文本的关联，则必然导致语文文本解读与教学越来越浅、越来越乱、越来越空。

仅是热衷于借助人工智能去归纳、分析、解答，甚至像某位教育专家主张的“把教书交给机器，把育人留给老师”吗？当然更不是。语文教学不是知素养与情意素养的简单相加，而是水乳交融般相乘。引导学生建构知识，同样需要语文教师的情思浸润与创造性启悟。迷信人工智能在共感、共识、共能方面的传递与训练，忽略语文教师独感、独识、异能的启悟、垂范与磨砺，不仅无法顺应“知识本位→能力本位→素养本位→存在本位”的教育趋势，而且根本不可能实现语文学习从“占有”（to have）向“存在”（to be）的飞跃。在语文教学中变机器赋能为机器主导，将神圣的使命“顺应人的言语本性，发展人的言语天性，指向表现、创造、发展的言语人生、诗意人生”彻底放逐，① 这是严重的教育异化。

至于语文文本解读与教学的考察评价，更不能一味停留在知素养的层面，而应注重知、情、意、行（言语表现与创造）素养的全面考察与评价。即使是围绕知素养方面的考察与评价，也不能只是围绕检索、识记、内化、语用打转，而是要上升到学识磨砺与言语创造的高度，引领学生步入真正意义上的存在式学习之境，学会“如何让精神充盈人生，如何与‘你’相

① 潘新和. 语文：表现与存在（上卷）[M]. 福州：福建人民出版社，2004：47-48.

遇”，[1] 充分实现自我。

因此，着眼于未来课堂的语文文本解读与教学必须基于语文科发展史，呼应时代的精神需求，在陶养言语生命的高度上，从宏观到中观再到微观完成整体的范式重构与教学变革，谋求共感和独感、共识和独识、科学探索与精神创造的完美统一。

一、价值取向：致用、致美、致在相融，突出“致在”

价值取向具有本体性的决定作用，从根本上塑造着语文教育的品质与境界。面向未来课堂的语文文本解读与教学，该秉持怎样的价值取向呢？

首先，必须树立健康的致用观。

追求致用本无可厚非，孔子的“兴观群怨”说、明代的“实学”思潮（实习、实讲、实行、实用之学）、王夫之的“经世致用”观、叶圣陶的“应付生活”说、杜威的“实用主义”，都曾是引领时代的致用教育观。具体到文本解读与教学，追求知识的建构、能力的习得、素养的发展更是毋庸置疑的。但是，致用观不能走向过度窄化和矮化。将文本解读与教学浓缩为应试，一个劲地围绕中高考阅读题型，聚焦所谓的考点进行无休止训练，让正常的整篇文或整本书阅读成为奢侈，情意、心性的陶养被彻底放逐；即使将文本解读、教学与语用相连，指向更开阔的生活领域，但是却一直停留在个人发展的小用之中，与民族、国家发展的大用几乎不沾边，便弄错了方向。培养刷题能力、肌肉记忆能力，将人当成动物来训练，这是反教育、反生命的。

健康的致用观必须注意实用与虚用的统一。实用层面，注意课程目标、单元目标、单篇目标的落实，语文教学知识的建构，学科核心素养的发展，特定情境中语用能力的发挥，谋求的是外部需求的实现；虚用层面，注意思想境界提升、情感意志陶冶、言语智慧触发、言语情趣润泽，谋求的是内部需求的实现。虚用的凸显，老师们一般会关注文本的言语内容层面，如表层的情感、思想，深层的文化母题或文化意蕴等，殊不知言语形式层面的言语智慧，言语气韵层面的言语人格、言语情趣、言语气势、言语韵味等，同样是虚用发挥的资源——有老师在《阿长与〈山海经〉》中发掘到鲁迅柔性抒情的智慧，在《昆明的雨》中看到汪曾祺在荒寒的岁月中酿造生命诗意的言

[1] 布贝尔. 我与你[M]. 陈维刚，译. 上海：上海三联书店，1986：60.

语人格，在《爱莲说》中体味到自然之莲、君子之莲、我之莲三合一的意蕴以及流畅而强劲的言语气势，将语文课上得新鲜扑面，荡气回肠，正是发挥了独特的虚用力量。夏丏尊在民国时期就批判过“但有知识的授受，毫无人格上的接触”的“学店式”教育，[①] 何以故？过分注重实用，只能培养功利主义的单面人、冷漠的人。离开虚用的滋养，实用终将难以行之久远。

也应注意专用与泛用的统一。专用突出的是专业之用，泛用突出的是专业之外其他学科的学习之用，二者看似泾渭分明，其实上升到哲学、美学或教育学等理论层面，均有相通之处。因此，文本解读与教学不仅要关注文艺学、文学史、文本解读学、语文课程与教学论、语文课例批评等“内核”学养的积淀，也要关注自然科学、社会科学等领域的学问。这种思想，儒家的“君子不器”论有过体现——不是将君子培养成某一种器，也不是说使君子不成器，而是说真正的君子可以成为很多器。在这种思想浸润之下，“博观约取”“博采众长”等理念便不知不觉化为读书人的自觉追求，形成一种精神的道统而赓续不绝。落实到文本解读与教学，同样需要学科内外的相互融通与触发。譬如，我们强调要找到一个切入点深挖下去，会通奥窔，这不就类似于中医学上的把脉，生物学上的“全息思维”吗？此类的会通多了，解读与教学的灵性便会自然洋溢。哈佛大学田晓菲用“同位素”形象解读武松和潘金莲——“武松不好财，金莲亦不重财；武松称‘顶天立地男子汉’，金莲自称‘不带头巾’的男子汉。武松能杀虎而金莲能杀人……”[②] 华东师范大学陈大康 2005 年给中文系研究生讲学时，从数字美学视角切入《红楼梦》解读——贾府是一座消费之城，府中主仆上下，每天的吃穿用度、人情往来开销几何？这样一个庞大的贵族家庭是如何维持它的场面和排场的？均堪称文本解读中专用与泛用统一的范例。

还应注意小用与大用的统一。小用指的是个体发展之用，包括应世的外在之用和应性的内在之用；大用指的是对他人、民族或国家发展之用。从这个角度说，熟谙文本解读的视角、原则、方法，在文本解读过程中求知、练能，怡情养性，生长自我便属于小用；基于此，陶冶学生言语生命，使他们自觉心存他人、民族与国家，并主动奉献所学，则属于大用。教学上的小用

① 夏丏尊. 教育的背景[C]//夏丏尊教育名篇. 北京：教育科学出版社，2007：76.

② 田晓菲. 秋水堂论金瓶梅[M]. 天津：天津人民出版社，2005：8.

与大用亦作如是观，只装着自己的班级、自己的学科、自己教学的得失荣辱等，还属于小用的范畴；心存自然、他人、民族和国家，像于漪老师那样“让生命与使命同行”则属于大用。[①] 文本解读与教学，经常会遇到自我与自我、自我与自然、自我与他人、自我与民族、自我与国家的主题或文化母题，如何引导学生与文本生命融合，思考上述关系，就是在谋求小用与大用的统一，将立德树人、培根铸魂的伟大教育工程落实在字里行间，落实在学生精神生长的需求点上——欧阳修在庆历新政失败后，不计个人得失，上书为范仲淹辩护，对朝廷废止新政发表异议，甚至勇敢地指责宋仁宗改革之心不坚定，听信奸佞谗言，遇到此类触及个人安危的情况，我们还敢仗义执言吗？只要愿意投降，便可一人之下，万人之上，享受世俗崇尚的荣华富贵，我们还会像文天祥一样杀身成仁吗？当家徒四壁，床头屋漏无干处，生存遭遇重大危机时，我们还会像杜甫一样牵挂寒士的境遇、国家的危难吗？诸如此类的精神对话、生命融合在文本解读与教学中一以贯之，小用与大用的统一便会自然形成，语文阅读教育才会自有高格，自具大境界、大魅力。

其次，必须秉持恒久的致美追求。

语文文本解读与教学，只注意致用远远不够，还应秉持恒久的致美追求。致美强调的是不仅要关注作者写了什么、怎么写的，更要关注他写得美不美，语言之美、结构之美、情思之美、思维之美等，皆要审视。在此基础上，还要将致美追求落实到教学中，审视自己的教学设计美不美、语言美不美、节奏美不美，等等。

秉持致美追求是成为“解人”的必备条件，也是对写作与阅读教育规律的忠实遵循。如果只注意科学而忽略审美，必然会出现问题。就像明代学者杨慎对杜牧《江南春》的指责：“‘千里莺啼’，谁人听得？‘千里绿映红’，谁人见得？若作十里，则莺啼绿红之景，村郭、楼台、僧寺、酒旗，皆在其中矣。”[②] 这便是缺失致美维度，只关注事理逻辑，忽略情感逻辑所闹出的笑话——诗歌抒发的情感多是夸张的极化情感，遵循的是情感逻辑，硬要科学审视，李白《秋浦歌》中所写的“白发三千丈，缘愁似个长”，不是更离谱吗？还有一种根深蒂固的思想倾向是：实用类文本教学无须追求致美，因为学习此类文本以获取信息为己任。殊不知，在介绍对象的特点、历史、功能

① 于漪. 生命与使命同行[J]. 中小学管理，2019（1）：28.

② 杨慎. 升庵诗话[M]. 北京：中华书局，1983：809.

等所谓实用信息时，作者的结构之美、语言之美、情思之美等也蕴含其中，这从叶圣陶的《苏州园林》，茅以升的《中国石拱桥》，梁思成的《中国建筑的特征》，李密的《陈情表》等文中，不难窥见消息。放逐了这些层面的审美，不仅审美鉴赏与创造这一核心素养难以发展，而且培养学生对语言文字的喜爱，注意知情意素养的和谐发展，培养“完整的人”的教育目标都会化为泡影。

从文本内容择定的角度讲，更须有致美的追求。有学者将文本结构分为三个层面。一是现实层面的表层结构；二是原型层面的深层结构；三是审美层面的超验结构——譬如将《红楼梦》中的宝黛爱情、大观园兴衰、大观园女性命运三条线索升华到存在意义的高度，得出一个“空”字。这个“空”并不等于佛教的“空”，也并非无情的“空”，而是有情的“空”。它在对人生大彻大悟的同时，仍然饱含着对人生的眷恋、对爱情的执着、对女性的赞美、对传统道路的拒绝与对吃人社会的控诉。一旦达到对这些故事的审美体验，现实层面就会转化为审美层面，审美意义也就产生了。① 这种将哲学等同于审美的做法，颇类似于亚里士多德将哲思称为美。但需要明确的是，审美不仅触及哲思，而且更经常触及情感、情味等层面。在不同的语境中，美有着不同的内涵，致美也就有了不同的维度和聚焦点。剥离这一层面，无异于让语文阅读教学自我毁容。

从言语生命生长的角度说，更需致美。言之无文，行而不远，文本解读与教学亦然，审美虚位，不可能深度激发学生对文本的喜爱、对创作的迷恋。这一原理不仅对文学类文本解读适用，对实用类文本、论述类文本解读同样适用。意大利神学家托马斯·阿奎那曾说：“家里如果是空空洞洞的，那就不会美。事物之所以美，是由于神住在它们里面。”② 这种将美上升到与神同在高度的论述虽然玄虚，但对美的虔敬感值得内化于心，不断付诸实践。

那么，致美追求该把握哪些原则呢？

第一，科学与审美的相乘。修辞上，一般存在“求其通”与“求其好”两个层次；写作上，梁启超有“规矩之文”和“巧之文”之分，③ 与修辞的两

① 杨春时，俞兆平，黄鸣奋. 文学概论[M]. 北京：人民文学出版社，2002：107-113.

② 姚全兴. 审美教育的历程[M]. 上海：上海社会科学院出版社，1992：18.

③ 梁启超. 中学以上作文教学法[M]. 北京：首都经济贸易大学出版社，2012：7.

个层次不谋而合，后者可视为前者的升华。文本解读与教学，理所当然需对这两个层次予以审视，分别以科学与审美两种眼光加以观照。“科学解读”侧重规矩层面，主要审视文本写了什么，怎么写的，为何这么写，关注文字背后的运思逻辑对不对，清不清晰；“审美解读”则侧重巧的层面，关注文字传递的情思、意蕴、写法等美不美，感染力如何。但是，两种观照不是条块分割、机械落实，而是要找到合适的切入点深挖下去，会通奥窔，有机统一。譬如，教学茹志鹃的小说《百合花》，可沿“百合花”意象切入，探寻百合花与情节的关系——全文大量笔墨都在写“我”和小通讯员之间发生的故事，“百合花”一词只出现了三次，情节营构上是否逻辑不自洽？百合花与人物形象的关系——百合花只象征新媳妇纯洁而芬芳的品格吗，是否也象征小通讯员、女卫生员淳朴、高洁的人性美？百合花与风格的关系——作为一篇战争题材小说，也写到了牺牲，行文中却没有血腥气，反而带给人一种婉约的美感，这与百合花意象的统摄有何关联？将上述三个主问题探索清楚，便可自然实现科学与审美的相乘。

第二，注意感性与理性的相乘。文本解读与教学需要聚焦文本的独特之处层层剖析，揭示作者的写作匠心。其中，质疑、比较、分析、判断、形成结论，甚至在解读中建构解读模型，均属于理性话语，而对文本细节的概述、相关联想、带有形象性的材料引入等，则属于感性话语。二者相乘，文本解读与教学自会活色生香。一味操纵概念、数据、表格，看似科学严谨，理性范儿十足，却很容易变得晦涩、玄虚，质木无文；一味举例子，谈感受，打比方，忽略论题间的逻辑联系以及思想体系的建构，则会让论析走向经验化、碎片化。不幸的是，这两种偏激现象大面积地存在，而像朱光潜、宗白华、钱理群、徐葆耕、孙绍振、潘新和、赖瑞云、王尚文等学者较好地实现感性与理性相乘，颇为罕见，这值得每一位语文老师深思。

第三，熟悉与陌生的相乘。文本解读与教学，如果全是别人所熟悉的内容，则会失去美感；如果全是别人陌生的东西，会让人感到不知所云，也不会有吸引力，理想的状态是熟悉与陌生的相乘——让人感到既陌生又熟悉，既熟悉又陌生。以《念奴娇·赤壁怀古》一词的解读与教学为例，苏轼建功立业的渴望、壮志难酬的隐痛以及看破现实的豁达，这是很多人熟悉的，但是情感表达上的反现实描写——文字中的赤壁，实则赤壁矶，一个小而矮的土丘，根本没有“乱石穿空，惊涛拍岸”的气势，还有一而再再而三的反历史叙述——“瑜纳小乔”发生于建安四年（199年），赤壁之战发生于建安十三年（208年），前后相隔近10年，根本不是“初嫁”；陈寿的《三国志·周瑜传》载：“瑜时年二十四，吴中皆呼为周郎，领江夏太守，从攻皖，拔之。时得乔公二女，皆国色也。策自纳大乔，瑜纳小乔。”从中可以看出二人并非两情相悦地结合。赤壁之战中，曹操兵败不假，但并非“灰飞烟灭”——曹操退回北方后，仍留大将曹仁与周瑜对抗，周瑜骑马督战，被飞箭射中右肋，伤势严重，退兵回营，于210年（赤壁之战后的第二年）在整装取蜀途中病逝于巴丘，年仅36岁。也就是说，灰飞烟灭的不是“樯橹”，而是“周瑜”。为何如此反常地抒情？将这些陌生化的表达用意弄清楚，文本解读与教学的魅力便会产生。

致美追求如此重要，又该如何切入呢？

首先，可以从情理的角度切入。表达了什么情/理？是如何表达的？如何进行独特表达？从中见出怎样的言语情趣与言语人格？如此追问探索下去，是很容易揭秘创作匠心的。从情理角度切入，忌一直停留在情理内涵的探讨上，因为这样很容易将语文课上成思政课、文化课或哲学课，必须由情理到言语形式，再上升到言语人格、言语情趣的层面，方可回归语文本体。

其次，可以从结构角度切入。什么样的结构？如何呈现？有何特点？见出怎样的言语情趣与言语人格？这样探究下去，便会建构结构赏析的知识模型。以陶渊明的《饮酒（其五）》解读与教学为例，起句“结庐在人境”抒发超然世外之情，而后“悠然见南山”直抒悠然之情，末尾“欲辨已忘言”展现的是陶然忘我之情，“超然→悠然→陶然”的情感推进结构较为清晰，这种微澜式的结构与文天祥《过零丁洋》体现的火炬式抒情结构迥异（见下图），一个恬淡自得，一个壮怀激烈，判然有别。

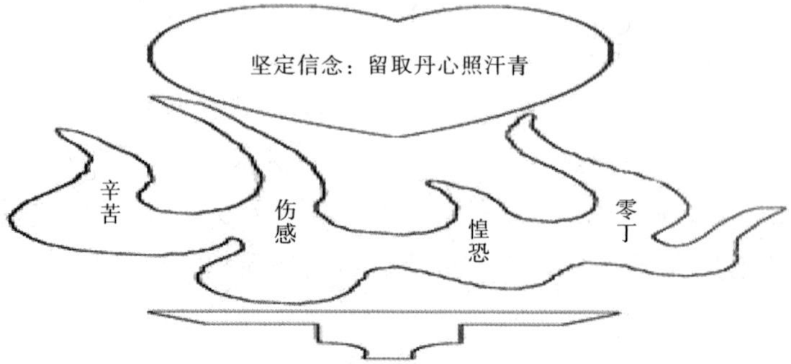

还可从语言、修辞手法等角度切入。如抓住语言的统摄性、层次性、蕴藉性、音乐性、独特性，将作者的审美创造秘妙揭示清楚。

最后，文本解读与教学还应有致在的追求。

“致在”强调的是语文文本解读与教学中要有属我的体验、联想、想象或思考，以确证自我的精神存在。追求致在，是对作家创造匠心的尊重，对语文课标“创新精神”理念的贯彻，也是对美好语文教育愿景的创生。

但是，现实的文本解读与教学，致在的思想还十分暗弱。比如，有学者提出的语文阅读教学“四层次九标准”说，主张所教的内容应与学术界的认识一致、与语文课标一致，① 这其实就是重承袭、轻创造的表现。学术界的认识、语文课标的理念只在特定的时间、地域、条件下才能成立，不顾一切前提盲目接受，沦为学舌鹦鹉是必然的。比如，小说情节四要素理论“开端、发展、高潮、结局”看似公论，其实经不起推敲。所谓的“情节四要素”，连花边新闻都具备，凭什么说是小说的情节特征呢？这种认识水平，连亚里士多德的“结”与“解”说，福斯特的“情感因果”说，孙绍振的“独特情感因果”说，悉数不及，为什么要与之一致呢？北京师范大学刘嘉在一次学术报告中提到了希恩和奥莱利（Sheehan & O’Reilly）的阅读层次理论：一是学会阅读（learning to read），二是在阅读中学习（reading to learn），三是超越阅读，学会思考（reading to do），② 很是认同。但是将“reading to do”译为“超越阅读，学会思考”依然是有缺陷的，为什么不

① 王荣生. 阅读教学设计的要诀——王荣生给语文教师的建议[M]. 北京：中国轻工业出版社，2014：58.

② 引自北京师范大学刘嘉教授在语文学习科学专业委员会举办的“语文核心素养下的学习素质培育”2018 年学术研讨会上所做的报告《中小学生核心素养与分级阅读》。

理直气壮地倡导“超越阅读，学会创造”，在与作者对话中实现审美的创造、精神的创造呢？

学术界如此，中小学语文教学一线（含师范生教学技能大赛）更是无视创造。比如，某全国性的师范生教学技能大赛有两节特等奖展示课，一位将宋代学者罗大经的八层悲引入杜甫《登高》一诗的教学，毫无自我的新鲜解读；一位引导学生体味丰子恺《白鹅》中比喻、拟人手法的生动，却不去探究丰子恺的比喻、拟人到底有何独特性。顶尖赛事的最优质课例尚且如此，遑论常态化的文本解读与教学。

其实，臻于致在之境并非高不可攀，不妨从以下三个方面着手。

一是相信致在的力量。不要迷信权威，妄自菲薄，因为每个人的教育背景、生活阅历、接受的文学滋养都不一样，在文本解读与教学中总能有独特的发现，所以坚信自己能进行精神创造非常重要。朱光潜曾经说过：“许多轰轰烈烈的英雄和美人都过去了，许多轰轰烈烈的成功和失败也都过去了，只有艺术作品真正是不朽的。数千年前的《采采卷耳》和《孔雀东南飞》的作者还能在我们心里点燃很强烈的火焰，虽然在当时他们不过是大皇帝脚下的不知名的小百姓……悠悠的过去只是一片漆黑的天空，我们所以还能认识出来这漆黑的天空者，全赖思想家和艺术家所散布的几点星光。”① 他说的是文学创作，对文本解读与教学同样适用，应自信地肩负起散布语文教育星光的使命。

二是会通尽可能多的文献。致在须建立在广泛的文献阅读基础上，在多元对话中开拓视域，为形成独特的解读生长点蓄势，避免狭隘阅读所带来的盲目自信和不必要的撞车。比如《老王》的解读与教学通常围绕“愧怍”进行，从“送”“冷”的视角解读便会形成创新；《我的叔叔于勒》解读与教学，钱理群选择的是结构视角，孙绍振选择的是场景视角，王富仁选择的是于勒视角，那么我们选择信件视角、人称视角、若瑟夫视角，便会找到新的突破口。内涵解读，亦然。前人研究，主张竭泽而渔式阅读、爬梳，智能时代拥有的文献众多，达到这一境界很不现实，但至少要尽可能地了解知名学者、一线名师的解读与教学成果。这样，解读与教学才会形成新的触发。

三是让“照着说”和“接着说”成为自觉。这是哲学家冯友兰的治学经验，但是在“照着说”和“接着说”之中要突出“接着说”。现在语文学者、

① 朱光潜. 无言之美[M]. 北京：北京大学出版社，2005：57.

一线语文教师多是“照着说”，照着教参说，照着前沿的解读成果说，却很少有“接着说”“创新说”的自觉。譬如对《天净沙·秋思》的解读，《中国古代文学史》教材无论是北大版，还是复旦版，都是在重复前人的论调“意象并置”，却没有深层追问：意象并置，别的作者也在用，如温庭筠的诗句“鸡声茅店月，人迹板桥霜”，马致远与温庭筠到底有何不同呢？不挖掘到这一层，很难接着说。

总之，在价值取向上，文本解读与教学必须谋求致用、致美、致在的相融：致用其表，致美其里，致在其魂。

二、解读内容：虚实相生，突出文字背后的“独特之虚”

落实到解读内容，须注意虚实相生，且侧重于对独特之“虚”的揭秘。

关于这一点，中西文论非常一致。刘勰说“观文者披文以入情，沿波讨源，虽幽必显”（《文心雕龙·知音》）；苏轼说“夫诗者，不可以言语求而得，必将深观其意焉”（《既醉备五福论》）；严羽也说“读《骚》之久，方识真味”（《沧浪诗话·诗评》）；还有宗白华指出的“接受者不仅体味、把捉到了作品微妙至深的情趣和韵味，而且也实现了对作品的‘最高灵境’即艺术所表现的那个通达万物、含囊阴阳的‘道’的把握”。① 这些均道出了虚实相生的特点。在西方，波兰学者英伽登提出的“语音造体层、意义单元层、图式观相层、再现客体层”文本层次说，② 英美新批评派理论家勒内·韦勒克提出的“声音、意义单元、意象和隐喻、象征和象征系统、有关形式与技巧的特殊问题、文学作品的评价问题、文学史的性质”文本层次说，③ 也体现了虚实相生的解读追求。这里的“实”总体上指的是文字及其表现出来的景物、事件、场景等，“虚”指的是文字背后蕴藏的情感、思想以及更为深层的文化意蕴。

不过，在语文学的视域下审视，大众理解的虚实观尚未突出形式表现上的言语智慧，还有最为隐蔽却又真实存在于文字背后的言语情趣、言语人格、言语气势、言语韵味等，这些内容也属于“虚”的范畴，且属于独特之虚，更应该引起解读与教学的关注。

---

① 罗根泽. 中国文学批评史（下）[M]. 上海：上海人民出版社，2015：665.

② 罗曼·英加登. 论文学作品[M]. 张振辉，译，开封：河南大学出版社，2008：49.

③ 奥斯汀·沃伦勒内·韦勒克. 文学理论[M]. 南京：江苏教育出版社，2005：174.

首先，应该关注作者的言语智慧。这属于言语形式层，是文本言语表现的独特性（“篇性”）的集中体现。长期以来，因深受“大匠能与人规矩，不能使人巧”（王骥德《曲律·杂论》）观念的影响，人们一般认为：知识是可以传授的，智慧无法传授，文本解读亦然。于是，解读中操纵一些文艺学“大概念”，辅之以一些修饰语，驾轻就熟地套评各种文本，如“善于对现实生活作高度的艺术概括”“雄浑壮阔的艺术境界和细致入微的表现手法”“十分重视故事情节的生动曲折”，等等，此类现象在各种文学史教材中颇为普遍。看似条分缕析，井井有条，其实一直停留在共性的文章学、写作学知识演绎层面，在作者言语表现独创性的揭秘上没有深入揭示——文本解读类专著、学术期刊上发表的文本解读论文，也有此弊。比如，从意象视角切入诗词分析，没有人会追索：李清照的意象营构，前后作品之间有何不同？她的意象营构与李煜的有何不同？与徐志摩的有何不同？这些关键问题得不到解决，等于潜在地认同：意象抒情方面，女性与男性没有什么差别，古人与今人没有差别，自我的前后期作品也没有差别，这怎么能使文本解读与教学富有新意呢？

要突破此种困境，必须破除言语智慧无法教学的观念，更不能以“超纲”或“学生的知识肠胃无法消化”为由，拒绝引导学生体悟与启悟言语智慧。智慧不可以被传授，却一定可以被启迪，被“点燃”，就像点燃爆竹的引线一样，引爆学生的创造性思维。不然，根本无法解释同样水平的学生，在不同教师的引领下，潜力开发的程度何以天差地别？有些专家爱拿未接受系统教育的作家说事，认为这些作家的创作灵性或智慧是天生的，不是老师教的。殊不知，此类作家即使没有得到现实中某些具体老师的亲炙，也一定从自然、社会或某些书本中获得过启迪，那些启迪他创作智慧的植物、动物、现象或人物便是他的导师。更何况他先前接受的教育，也在为其后来的创作积蓄精神势能，怎么能说他不学而能呢？天赋异禀的固然有，但绝对离不开后天的教育熏陶——没有一个作家的创造是孤立于世界的。作家的言语智慧就蕴含在文本中，以各种借口拒绝引领学生体悟、发现，不仅是对作者创造匠心的不尊重，也是对语文阅读教育的亵渎，更是对培养学生审美创造力这一神圣使命的背叛。比如，同样是用“花儿”意象统摄叙事，林海音的《爸爸的花儿落了》与茹志鹃的《百合花》到底有何不同？挖不到这一体现个性的言语智慧层面，深度教学、有效教学很难说真正得以实现。所以，作为语文教师，一定要聚焦作者的言语智慧，深入开掘，多维启悟，这样才会不辜负作者的创造匠心，也才能使学生的高阶思维得到磨炼，言语智慧得以充分滋养与萌发。

其次，还应该关注言语情趣、言语人格、言语气势、言语韵味等，这些内容属于言语气韵层。这一层面，曹丕、钟嵘、刘勰、司空图等古人在其著述中均有强调，朱光潜在《无言之美》一书中说得更为具体，在他看来，《寻隐者不遇》和崔颢的《长干行》这两首诗“之所以为诗，并不在这两个故事，而在故事后面的情趣，以及抓住这种简朴而隽永的情趣，用一种恰如其分的简朴而隽永的语言表现出来的艺术本领”。① 他说的“情趣”正是言语情趣，属于言语气韵层。言语情趣看似羚羊挂角，无迹可寻，但扣住具体词句，联系特定语境或时代背景，还是能具象把握的。依然以《寻隐者不遇》为例，诗中为何只突出松树、白云、隐者、童子等意象？这些意象构成的意境在传达什么情感？诗人为何不直接表达对隐逸生活的向往之情？这样追问下去，作者含蓄隽永的言语情趣便会被真切地把握到。至于言语人格，沉浸到文本深处亦能见出——从春草图、春花图的描绘中能见出朱自清的婴儿眼光、少年诗情；在子衿、鹿鸣、明月、乌鹊等新鲜的意象隐喻中，见出曹操蓬勃的想象力以及刚性人格中的柔性元素。诸如此类的开掘多了，还用得着担心立德树人、培根铸魂课程目标的落实吗？还用得着担心学生成为缺少生命温度的单面人吗？

最后，说说对言语内容层面独特之虚的解读。这一层面的解读与教学，虽然妇孺皆知，实际上却是一片荒寒。表层之虚的解读，被“通过对……事情的叙述，抒发了……情感，表达了……道理”的模式箍牢，加上热爱自然、同情人民、父慈子孝、奉献社会等一系列万金油式高频词汇的配合，使言语内容层面“虚”的解读，完全落入了套路化、共识化、简单化的窠臼。比如，从《岳阳楼记》中看到了范仲淹“先天下之忧而忧，后天下之乐而乐”的爱国爱民情怀，却看不到他对滕子京心灵疗伤的善良，以及对自己灵魂下达绝对律令以超越逆境的坚毅与笃定；大讲诸葛亮《诫子书》“静以修身，俭以养德”的重要性，却从不思辨“静”与“俭”的内在关联，也从不思考全文一个劲地强调“静”的力量，为何却忽略了对“动”力量的阐释？诸葛亮如此选择性地强调的背后，到底有何良苦用心？诸如此类的解读，均

① 朱光潜. 无言之美[M]. 北京：北京大学出版社，2005：23.

是关注公共之虚，遗忘了独特之虚的浅层解读、同质化解读。

也有在文本解读与教学中挖掘深层文化母题或文化意蕴的。不过，开掘这一层面同样需要围绕篇性展开，不能以共性覆盖个性。有老师称《爱莲说》中埋藏着“允执厥中”的文化母题，便是考虑到了作者是儒家思想集大成者的共性，却没有考虑到文本具体语境中显示的作者个性——作者对菊之爱、牡丹之爱的描写，实际上隐含了对当时士大夫中存在的隐逸思想或追名逐利思想的批判，其间的反历史书写（菊之爱，陶后并非“鲜有闻”，唐太宗、杜甫、白居易等人均写过咏菊诗），还有对莲花挺直外形的渲染，显示的其实是锋芒内藏、刚烈不阿的个性。再如，同样是含蕴“日夕当归”的文化母题，李白的《菩萨蛮》(平林漠漠烟如织)、孟浩然的《宿建德江》、马致远的《天净沙·秋思》，也肯定有所不同。文本解读与教学的崇高使命就是揭示这些不同，让学生领略作家不同的精神创造风景，进而更好地吸纳能量，积极主动地走向言语表现与创造。

值得一提的是，聚焦文本言语内容、言语形式、言语气韵三个层次解读文本的独特之处，一定要以言语形式为核心，上下会通，多方拓展。这样，文本解读与教学才不会凌空蹈虚，深陷思政课、历史课、情感课或文化课而不能自拔。

三、解读方法：聚焦篇性揭秘，实现主体间的深度对话

指向未来课堂，语文文本解读与教学的方法虽然多样，但是聚焦篇性揭秘永远是最核心的方法。尽管借助AI生成式人工智能可以获得文本写作背景、言语内容与言语形式赏析的架构、各类分析与结论、相关学者的前沿成果，使文本解读与教学的内容与方法再度丰富。可如果不聚焦文本篇性，即使占有海量的成果，文本解读与教学也难有质的突破。而聚焦篇性的专业性解读、创造性解读，则需要解读主体个性化认知与情思的深度介入。

第一，必须高度重视篇性揭秘的重要性。

篇性揭秘是审美的需要。歌德的“形式秘密”揭示说，[①] 王国维的体悟“大诗人之秘妙”说，[②] 鲁迅的关注“极要紧，极精彩处”说，[③] 无一不是在昭

① 李泽厚. 美学三书·美学四讲[M]. 合肥：安徽教育出版社，1999：563.

② 李铎. 中国古代文论教程[M]. 北京：北京大学出版社，2000：359.

③ 鲁迅. 鲁迅全集（第12卷）[M]. 北京：人民文学出版社，2005：434.

示篇性揭秘的重要性。篇性是文本中最新颖、最见匠心处，体现作者言语表现与创造的个性与智慧，是美点中的美点，循之探索下去，触类旁通，才能使解读化为真正意义上美不胜收的思想之旅。未挖掘到篇性的层面，无以言沉浸式阅读与深度教学。

篇性揭秘也是教学的需要。篇性是作者言语创造的枢纽，所以阅读与教学中围绕篇性的审美攻坚往往可以收到“提领而顿，百毛皆顺”的效果。孔子讲“不愤不悱，不启不发”(《论语·述而》),《学记》中说“君子之教，喻也：道而弗牵，强而弗抑，开而弗达”，通达学习理论的代表人物、美国学者布劳姆强调对学生疑难处“增润”（enrichments）教学，并对达成学习目标的学生，采取一套行之有效的学习程序予以奖励、点拨、提升。①学生的愤悱处、教师的开导处、增润处在哪里？就在篇性处，因为篇性是美点，也是重点或难点。孙绍振说:“文本解读不应着眼于一望而知的、表层的意象群落,而应着力于中层的情志脉络以及更深层的形式规范。”②独特的情志脉络，更深层的形式规范，正是文本的“篇性”。

篇性揭秘更是言语生命生长的需要。德谟克利特说:“没有一种心灵的火焰,没有一种疯狂式的灵感，就不能成为大诗人。”③伟大作家的这种卓越追求，最终会定格为文本的篇性。所以，聚焦篇性进行审美开掘，是陶冶言语生命的最佳途径。更何况，这还是语文教育的独当之任，为什么怯于篇性揭秘，找各种理由拒绝，最终导致语文阅读教育只能在共识、共感层面滑行，几无创造呢?

第二，明确篇性揭秘是语文阅读教育专业性的集中体现。

篇性揭秘极具挑战性，所以成了衡量语文阅读教育专业性的重要标尺。语文阅读教育有四重境界：第一重是守住语文“体性”，此为“稳境”——体性指语文科内容上区别于其他学科的种差，强调所教的主体知识必须是语文知识，而非其他科的知识。语文科可以与很多学科融合，但必须有自己的学科边界，不能“种了别科的田，荒了语文的园”。第二重是辨识文本类性，此为“醇境”——类性指文类的特性，强调不能不辨文学类、论述类、实用类文本的文类属性，采用“一锅煮”式的教学。落实到文体层面，还要继续

① 霍秉坤. 教学方法与设计[M]. 香港：商务印书馆，2004：171.

② 孙绍振，孙彦君. 文学文本解读学[M]. 北京：北京大学出版社，2015：23-25.

③ 朱光潜. 西方美学史[M]. 北京：人民文学出版社，1979：35.

辨析，以捍卫语文阅读教育的专业性。比如，解读与教学抒情为主的“审美散文”与哲理阐发为主的“审智散文”，目标、内容、路径都是不一样的。第三重是揭秘文本的篇性，此为“化境”——这是在同文类视域下区别不同作者的不同文本，或同一作者的不同文本表现力特色、差异的一个重要标识。第四重是实现言语性高蹈，此为“至境”——言语性是基于体性、类性、篇性之上的言语创造性，更加注重在工具性和人文性统一的过程中对主体言语生命的陶养，在阅读中积蓄精神能量，念兹在兹地走向言语表现与创造，不断确证自我的精神生命。① 四境之中，揭秘文本篇性最为重要，因为这最能彰显“语文性”和“创造性”，是前两种境界的升华，也是进入后一种境界的重要保障，所有的教学方法必须围绕这一“轴心”展开。

第三，聚焦篇性揭秘，多向度实践。

篇性揭秘的方法有很多，最为根本的有以下三种。

一是互文性观照。通过不同文本的比较阅读，确证各自的篇性。如将柳宗元的《黔之驴》与先秦诸子的寓言进行比较，便会发现两大不同：手法的写实化——老虎与驴的心理博弈高度写实，而先秦诸子寓言中的人物形象多是漫画化的，如掩耳盗铃、揠苗助长、刻舟求剑中的人物形象等，一看就是个大傻；寓意的多维化——从黔之驴、老虎、好事者的视角，皆能觅得不同的寓意，但先秦诸子寓言的寓意多是单维的，比如《揠苗助长》，除了得出不能违背事物的规律做事，还能得出什么呢？以上属于纵向的互文性阅读，还可进行横向的互文性阅读，将柳宗元的寓言和西方的fable比照——fable更多的是传递一种普适性的道理，缺少作家自我的生命体验，而柳宗元的《黔之驴》却把整个生命都放了进去——黔之驴不就是他生命的自况吗？他先被“好事者”皇帝流放到湖南的永州，再被流放到广西的柳州，最后命丧柳州。另外，fable敢以“大人物”作为人物形象，连宙斯、赫尔墨斯都可以成为被嘲弄的对象，但是柳宗元的寓言，包括中国其他作者的寓言，多以小人物或动植物作为主人公，这在一定程度上也折射了古人根深蒂固的崇神观念。经此互文性观照，文本的篇性才会水落石出。

二是艺术的还原。文本是一个自给自足的精神系统，要想揭秘其间深藏的篇性，可通过艺术还原的方法：改变一下叙事结构行不行？换一个题目是否更好？以某一个词代替另一个词，是否更具表现力？这种从内部打开，进

① 汲安庆. 语文阅读教育的四重境界[N]. 光明日报，2019-10-16（14）.

行还原比较的方法，很容易发现文本的篇性。洪镇涛老师教学《乡愁》所设计的四个问题，无一不是动用了这种方法：①这首诗一共有四个小节，大家觉得它们之间的顺序能够改变吗？②第四节中“乡愁是一湾浅浅的海峡”，我觉得“浅浅的”用得不好，我想改为“深深的”，好吗？③我总觉得这首诗表达的意思较为含糊，诗人内心的思想没有明确表达出来，我改写一下，大家评一评怎么样：小时候，乡愁是对母亲的思念，我在这头，母亲在那头……④还有一个问题，每一段第二句都有一个“是”，把所有的“是”全改为“像”，“乡愁像一枚小小的邮票”“乡愁像一张窄窄的船票”“乡愁像一方矮矮的坟墓”“乡愁像一湾浅浅的海峡”行不行？为什么？[①]一还原，该诗结构、措辞、风格、手法上的篇性，悉数被学生具身认知到了，课堂教学还极其紧凑、灵动、深刻。

三是追问特别之处。篇性通常隐藏在文本的浓墨处、淡墨处、空白处或矛盾处，对这些特别之处进行追问，就比较容易让篇性化隐为显。《别了，不列颠尼亚》为何用“流水账”的形式写作新闻稿件，不厌其烦地写了若干时间段的相关仪式？《木兰诗》歌颂女英雄，照理应大书特书其战斗的英勇，为何涉及战斗的诗句仅有4句？《项脊轩志》为什么开始称项脊轩是“室”，继而是“轩”，后来又是“室”？为什么归有光回忆妈妈问寒问暖的往事，用的是“泣”，回忆祖母的期待、瞻顾祖母遗迹，却是“长号不自禁”？诸如此类的聚焦篇性的追问多了，解读与教学才能较好地实现熟悉与陌生的相乘、自我与他人的相乘。

四、解读评价：注重学养、学识和语言创造的和谐统一

指向未来课堂的语文文本解读与教学，还应在“三致”范式统摄下注意评价的跟进，致力于学养、学识和言语创造的立体考察与评价。

第一，学养方面的考察与评价。

学养决定了文本解读与教学的质量，文本解读与教学自然也能折射一个人的学养。学养考察与评价并不繁复，关注四个方面便可一窥其风貌。一是广度，能围绕解读的文本进行纵横捭阖，会通古今、中西、内外的论析。不一定三种会通全部具备，但至少能体现较为开阔的学术视域，就像复旦大学陈思和结合苏格拉底笔下的异端神灵 daimon，柏拉图笔下的爱神 daimon，

① 洪镇涛.《乡愁》教学实录[J]. 中学语文教学，2007（1）：25-26.

还有埃斯库罗斯笔下的 daimon，以及古希腊文献中的 daimon，对恶魔性因素进行内涵界定，再解读《坚硬如水》中的“恶魔因素”，[①] 使解读呈现出一种阔大的学术视野，便于整体把握现象与规律。二是深度，能在别人解读与教学的基础上，做进一步的发掘，彰显自我体验、思考等方面的深度。比如，沿着别人止步的事件、情感、哲理表层结构，挖掘到深层结构中的文化意蕴、文化原型或文化母题——如开掘到《城南旧事》中“成长、告别”的文化母题，《短歌行》中“人生苦短”的文化母题，《天净沙·秋思》中“日夕当归”的文化原型；在别人对事、情、理概念化、套路化、肤浅化的解读中，挖掘到深层的情感逻辑与情感的复杂性——如在“策之不以其道”的反逻辑呈现中，见出韩愈火山喷发般的悲愤。三是厚度，指文本解读与教学能聚焦一个专题或一个细节谈深谈透，体现“一分为三”的思维景深。《林教头风雪山神庙》最后的杀人场景描写为何那般详尽，南京十三中王夫成老师在一次小型讲座中为研究生开示了三点：一是渲染了林冲豹子般烈性性格的复活，二是体现了说书人满足听众期待的特征，三是形象地发挥了小说道德说教的功能，形成了“思维之体”，便体现了解读与教学的厚度。四是高度，主要指文本解读与教学中能实现从现象到本质、从特殊到普遍、从个体到社会的思维跃迁，如在《春望》中杜甫悲己的情感里看到其忧国忧民的情怀，在《台阶》父亲衰老的表象里发现其出现理想真空导致的精神衰老。

厚植学养，须谋求“料的积淀”“神的积淀”“美的积淀”的统一。“料的积淀”指的是素材型、范例型积淀，包含有意义的知识、有价值的数据、重要的信息、生动的故事、独特的案例以及众多名言警句、成语、俗语等，属于学养积淀中“实”的部分，让积淀有形可依；“神的积淀”体现为某种思想、情感、文化造型或象征的范型积淀，如“先天下之忧而忧，后天下之乐而乐”是思想的范型、道德的范型，“阿 Q”“包身工”是社会分工的范型，属于学养积淀中“虚”的部分，让积淀有魂可统；“美的积淀”指的是作为典范形式或样式的范式积淀，如《孔乙己》中的白描，《项链》中的抖包袱结局，《过零丁洋》中的火炬型抒情结构等，亦属于学养积淀中“虚”的部分，能让积淀有力可施。学养积淀虚实相生，并注意与材料背后的主体的生命融合，亦即学者赖瑞云强调的“深接触”，[②] 便可以化“死”的积淀为

① 陈思和. 中国现当代文学名篇十五讲[M]. 北京：北京大学出版社，2003：407-421.

② 赖瑞云. 文本解读与语文教学新论[M]. 北京：北京师范大学出版社，2013：07.

“活”的积淀，为文本解读与教学充分蓄势蓄能。

第二，学识方面的考察与评价。

有学养而无学识，属于叶圣陶批判的记诵很广博的“活书橱”、学舌很巧妙的“人形鹦鹉”类型。[①]有学识，主要体现在文本解读与教学的“新度”上。

新度的考察与评价，可围绕下述四个方面展开。

（1）视角。从别人未选择的视角切入解读与教学，新意自见。依然以《我的叔叔于勒》解读与教学为例，结构视角、场景视角、菲利普夫妇视角、于勒视角均被选用过，完全可以选择从“若瑟夫”这个人物形象切入——这个天使般的男孩，不论于勒叔叔占钱、有钱，还是无钱，一直能持同情之理解，这种“天使元素”是那个充满算计的家庭养成的吗？是那个人情冷暖的社会孕育的吗？不是，作者为什么还设置这样一个人物？这样追问、分析下去，便不难发现“双色同体”的篇性——优秀的文学作品，一定是暖色与冷色或明亮色与阴暗色的统一，还有作者通过若瑟夫形象塑造来净化人性丑恶、强化生存伦理、点化生命希望的意图。

（2）立意。优秀的小说、戏剧、哲理散文多含有哲理品格，所以对作者立意的审视也能见出思维的新度。解读《祝福》中的祥林嫂之死，在“政权、族权、神权、夫权”四大“绳索”束缚说，“封建礼教观念吃人”说，“无主名无意识的杀人”说，“渗透于鲁镇社会的儒、释、道文化”说等众多说法中，有老师得出“死于希望的被剿灭”的结论，[②]便属于文本立意层面的新读。

（3）体验。文学创作中，用联想、想象写体验而出新的例子比比皆是，比如杜甫以“苦摇求食尾”的狗形象状写自我志不得伸的艰辛（杜甫《秋日荆南述怀三十韵》），沈从文用鹿和羊比喻自己的恋人——你的聪明像一只鹿/你的别的许多德性又像一匹羊/我愿意来同羊温存/又担心鹿因此受了虚惊。[③]解读与教学亦然，刘再复将贾宝玉与林黛玉谈禅视为“深邃的对话，彼此互为接生婆”，认为“禅宗的棒喝是接生，宝玉和黛玉的对话也是接

---

① 叶圣陶. 认识国文教学[C]//刘国正. 叶圣陶教育文集（第 3 卷）. 北京：人民教育出版社，1994：92.

② 汲安庆. 祥林嫂死因新论[J]. 渭南师范学院学报（社科版），2014（7）：45-50.

③ 张建宏. 现代诗歌与民国旧事[M]. 南昌：江西美术出版社，2022：218.

生”，[①] 向浩与童庆杰两位老师将《回忆鲁迅先生》的作者萧红比作“细腻认真的计时员”，写《起居注》的官员，从中见出了她对鲁迅的高度敬佩之情，与鲁迅一家交往的密切，还有作家“放缓了叙事节奏”的艺术，[②] 均属于体验出新的范畴。

（4）形式。语文解读更关注言语形式的解读，所以这方面的新读便成了解读的重中之重。言语形式在民国时期夏丏尊那一辈学者看来，是指词法、句法、章法、修辞等；在现代文学理论研究者看来，则是指结构、语言、体裁、表现手法等。不管作何解释，将之理解为怎么写的规矩与巧慧则是共识。所以，解读要想出新，体现学科属性，必须像猎豹追捕猎物一样盯紧言语形式的篇性进行开掘：同是波峰波谷式结构，《背影》与《阿长与〈山海经〉》到底有何不同？凭什么说《芣苢》的语言呈现出越来越快的节奏，而《归园田居》（少无适俗韵）则是“欢快—舒缓—欢快”的节奏？这样追索下去，文本解读与教学的学识才会源源不断地结晶而出。

学识如此重要，如何磨炼呢？不妨从下述四个方面入手。

其一，在语文学视野下解读。以言语形式层的揭秘，带动言语内容层的解读和言语气韵层的体悟，杜绝只聚焦情感、思想或文化意蕴的解读，将语文课上成情感教育课、思政课或文化课。

其二，在创作史视野下解读。将文本置于作者的创作史上，在异同辨析中揭秘篇性，如将杜甫的《登高》与《望岳》比较阅读，探究其在思想、格调或风力上的变化，具体把握创作的变与常。

其三，在文学史视野下解读。考察作品与文学史的关系及其在文学史上的地位，不仅可以揭秘篇性，而且可以提升学识水平。譬如，基于词的发展史，从意象营构视角审视，经历了单维度到多维度的嬗变，这从李煜的“问君能有几多愁？恰似一江春水向东流”与贺铸的“一川烟草，满城风絮。梅子黄时雨”词句中，不难一窥消息。从情辞关系的视角看，则可以发现“辞胜乎情—情胜乎辞—辞情相称……”的规律。

其四，在文化史视野下解读。同是生命观的诗意表达，能发现冰心的《谈生命》虽然也有属我的体验，但不如罗素“生命如河”的比喻来得坦然，不如陶渊明的“死去何所道，托体同山阿”来得乐观，亦不如苏轼《赤壁

---

① 刘再复. 红楼哲学笔记[M]. 北京：生活·读书·新知三联书店，2009：79.

② 向浩. 童庆杰基于教学视角的文本解读[M]. 广州：花城出版社，2022：168.

赋》中表达得深刻——盖将自其变者而观之，则天地曾不能以一瞬；自其不变者而观之，则物与我皆无尽也。

第三，语言表现与创造方面的考察与评价。

文本解读与教学的学养、学识最终要化为言语表现与创造，考察与评价主要围绕下述三个方面展开。

一是创造力。主要考察范式的创生，如用“文化震惊”“文化恋母”范式解读郁达夫《沉沦》中原欲倾向与爱国主义，① 因为范式创生最能体现理论的创新，像海德格尔所说的那样，是“照亮世界的第一次命名”；② 规律的总结——如在鲁迅小说中发现“离去—归来—再离去”和“被看/看”的结构；③ 模型的建构——如在独特性的视域下，从变化性、丰富性、时代性、文化性、哲理性五个维度去建构小说人物形象分析的知识模型。④

二是说服力。只创造出新的范式，发现新的规律，建构新的模型还不行，还得细心考察其是否具有强大的概括力、阐释力与普适性。刘再复的“共犯结构”“结构人质”等命名，⑤ 孙绍振的“价值还原”“历史语境还原”等范式，⑥ 黄伟的“释义—解码—评鉴”三层级解读理论，⑦ 之所以能为广大一线语文教师所熟稔，正是因为在文本解读与教学中能很好地概括现象、解决问题，具有很强的说服力。

三是转化力。文本解读的创新结晶如果不能被很好地转为教学设计并运用到课堂教学中，是很难称得上有创造活力的。遗憾的是，这种现象还很普遍。所以，强调语文解读与教学转化刻不容缓。如何转化？围绕单元语文要素切入解读——如聚焦曲折性、复合性、精致性、象征性建构情节分析知识模型（必修下第六单元）；聚焦篇性进行专题解读——如围绕《老王》冷暖对峙的叙事结构，揭秘从杨绛到他者所形成的无处不在的冷、冷背后隐秘而复杂的表达主旨、冷视角下潜蕴的抒情艺术，依据文脉生成课脉，文成则教

---

① 沈庆利. 文化震惊与“文化恋母”——从异国文化视角重读郁达夫的《沉沦》[J]. 天津师范大学学报（社会科学版），2002（2）：59-61.

② 赖瑞云. 文本解读与语文教学论[M]. 北京：北京师范大学出版社，2013：67.

③ 钱理群，温如敏，吴福辉. 中国现代文学三十年[M]. 北京：北京大学出版社，1998：42-44.

④ 汲安庆，蒋兴超. 单篇与整本教学：多点联动的网状建构[J]中学语文教学参考，2025（2）：5.

⑤ 刘再复. 人文十三步 [M]. 北京：中信出版社，2010：312.

⑥ 孙绍振，孙彦君文学文本解读学 [M]. 北京：北京大学出版社，2015：372-384.

⑦ 黄伟. 语文教学改革：从平面铺展走向层级进阶——“三层级阅读教学理论”问与答（三）[J]. 中小学课堂教学研究，2021（7）：19-21.

学设计也很容易形成；围绕学情进行探究性解读——如“嘶哑的鸟”“腐烂的鸟”是艾青诗作《我爱这土地》中两个“不雅”的意象，为什么读来却感人至深？这两个意象与全诗激越、深情而忧郁的情感基调是否协调？两个意象是如何推动情脉发展的？又是如何表现全诗丰富而深刻的意蕴内涵，获得美学胜利的？聚焦这些问题探索下去，让文本解读既接“仙气”又接“地气”，便会自然使语文解读与教学转化合一。

语文教育中，文本形式何为

——多维视野下文本形式的价值研究

语文教育中，文本形式的价值研究向来是被边缘化的。个中原因，应该不出下列三种——

一是“工具思维”的相沿成习。就像语言被视为思维的工具，语文被视为应世的工具，文本形式则被视为表达思想情感的工具。既然是工具，一旦得“意”，便会忘“形”。甚或“意”未得，“形”已忘，也不是什么大不了的事儿。这种情形在已发表的诸多文本解读论文、教学设计或课堂实录中，比比皆是，遑论现实中的语文教育实践。

二是“线性思维”的推波助澜。一厢情愿地将“静止”“僵化”“有限”等帽子扣在文本形式的头上，而弃文本形式“发展性”“包容性”“创生性”等特质于不顾，自以为是地将文本形式的研究等同于“形式主义”“教条主义”。加上一些语文老师的确不知融通，割裂了文本言语内容，机械、片面地研究“文本形式”，如根据一点可怜的文论、修辞常识，生搬硬套地分段、理线索、赏析句子，离开具体的语境，离开形式背后的意蕴，离开言语表现的指向，抽象地谈结构美、旋律美、色彩美，等等，致使语文教育陷入枯燥、繁难、僵死的绝地，更是给线性思维者以口实。于是文本形式成为令人犹疑、畏惧，甚至不屑的领域，致使原本就薄弱的研究雪上加霜，遭到抵制和阉割也就顺理成章了。

三是“人文思维”的过度演绎。总觉得文本形式的研究属于“知识本位”，客观、生冷、复杂，且中、高考涉及极少（这一点他们看得最重），并偏执地认为文本形式的研究远离“能力本位”“素养本位”“存在本位”，很难引发学生的情感、思想共鸣，加上自身的文学素养有限，兴趣不大，所以宁可断章取义，任意发挥，乱了语文的体性，使人文教育陷入虚空和虚伪，也不愿公正、平静地面对文本形式的研究。

诸多因素的交相作用，使语文教育中的文本形式被毁弃，体性模糊，美感流失，文本、学生、教师彼此成为非常隔膜的“他者”，教育有效性、美感熏陶、终极关怀只能成为想象中可以解渴的梅子，充饥的画饼，永远可望而不可即，也就不难理解了。

一个很简单的常识是：不论是“语文课程改革和发展纲要”，还是“语文新课程标准”，抑或是语文教育理念、教学计划，都得通过语文课程去贯彻实施。语文课程要借助语文教材，语文教材要借助一个个内蕴不一的文本，而文本的内蕴则必须借助具体的形式去表现。教师引导学生把握文章的内蕴，则必须从揭示文本形式的秘妙入手。说到高质量的言语表现，更需要以对文本形式知识、美感的内化、吸收为前提。潘新和教授就指出过：“文章的言、物、意，与写作运思过程中的物、意、言，其能指与所指都是不一样的。不论多么高明的教师，要想把‘成品’还原到‘制作过程’都是一种臆测，而绝不可能是科学的，从阅读中能直接迁移到写作中的，唯有文体形式和一些词语的运用。”[①] 此说虽然未关涉接受者在阅读中言语表现智慧的融合与超越，但对同样体现作者创作匠心的文本形式和遣词造句的重视，无疑是极有见地的。事实上，想离开形式去实现语文教育的诸多目标，无异于老虎啃天——无法下口（手）。阿基米德说：“给我一个支点，我能撬起地球！”即使如此自信、豪迈，他也没忘记“支点”这个前提。在语文教育中，文本形式就是一个无法回避的“支点”。

然而，非常吊诡、荒唐的是，很多语文老师竟然可以无视这个“支点”，也能“顺利地”组织教学。“揭示文题→作者生平、时代背景介绍→生字词检查→问题探究（将文本简化为几个问题，或由学生提出，或由老师提出，或兼而有之）→布置作业”，这种一成不变、一生不变的教学程序成了他们唯一的教学形式。虽然其间也偶有更动，如以“导学案”的形式，将上述程序全部转化为习题——基础知识题、课文理解题、思维拓展题、效果检测题；或者干脆将文本转化为几个知识点，并以历年中、高考真题，不断地予以刺激、强化，但都是换汤不换药。文本形式被肢解、砸烂或抛弃所导致的教学形式反常态、反审美、反生命，最终导致语文教育低效、无效，甚至反效，也就走向了必然。但是他们依旧浑然不觉，反而会一脸无辜地说：“我的确很认真地钻研了啊！”

① 潘新和. 语文：表现与存在（上卷）[M]. 福州：福建人民出版社，2004：55.

基于这样的现实，叶圣陶早在1942年就曾慨叹："他科教学的成绩虽然不见得优良，总还有些平常的成绩，国文教学的问题却不在成绩优良还是平常，而在成绩到底有没有。"① 张志公在1995年致国家教委的一封信中愧疚地写道："一个中学生，在接受了基础教育以后，还不能达到听、说、读、写的要求，中国人学自己的语文甚至比学外语还要难，这是说不过去的事！我们这些搞语文的人是要承担责任的。"② 王蒙在2007年接受《羊城晚报》采访时辛酸地说："语文教学把孩子教傻了。"还有黄玉峰老师转述一位中文系教授话语时的愤激之语："在完成识字教育后，哪怕所有的语文课都用来让学生自己读书，也要比现在的情况强！"③ 还有什么值得莫名惊诧的呢？

语文教育如何突破，冲出困境？很多学人对此进行了一系列卓有成效的思考和探索，有的从教育哲学的层面，主张打破"以应付生活为目的，以阅读为本位的实用吸收型范式"，建构"以言语生命的自我实现为目的，以表现为本位的发展创造型范式"；④ 有的从教育策略的角度，力图实现国文科的知识化、科学化，一扫玄妙笼统落后的状况；⑤ 有的从教育技术的层面，提出"语感中心说"，强调言语智慧的教育，培养学生的语用能力；⑥ 王荣生对"教什么"和"怎么教"的学术思考，以及对选文功能的细分："定篇""样本""例文"和"用件"，⑦ 也属于这个层面。

但是，不管从哪个层面切入语文教育改革，文本形式都是必经之地。没错，文本形式是作家思想、情感的载体，但同时也是国家意志、编者意图、教者理念、学生认识碰撞、融合、发展的载体；文本形式是作家思想、情感的造型，同样也是教者、学生思想、情感的造型。两者之间虽存在一定的落差、距离，但这正是不同"期待视野"调适、融合的前提，知识的建构、情感的丰润，思想的提升、人格的陶冶正是基于此。朱自清就说过："只注重思想而忽略训练，所获得的思想必是浮光掠影的。因为思想也就存在语汇、

① 叶圣陶. 认识国文教学——《国文杂志》发刊词[C]//刘国正. 叶圣陶教育文集（第三卷）. 北京：人民教育出版社，1994：91.

② 宋祥瑞. 张志公自选集. 写在前面的话[M]. 北京：北京大学出版社，1998：4.

③ 黄玉峰. 阅读分析走火入魔[N]. 南方周末，2001-06-07.

④ 潘新和. 语文：表现与存在（上卷）[M]. 福州：福建人民出版社，2004：13-14.

⑤ 夏丏尊，叶绍钧. 初中国文科教学自修用《国文百八课》编辑大意[C]//中央教育科学研究所. 叶圣陶语文教育全集. 北京：教育科学出版社，1980：171.

⑥ 李海林. 言语教学论[M]. 上海：上海教育出版社，2000：223.

⑦ 王荣生. 语文科课程论基础[M]. 上海：上海教育出版社，2003：316.

字句、篇章、声调里。”[①]更何况，文本形式与教育形式在某种程度上，是可以相互贯通、融合、吸纳和重构的。

所以，在多维视野下全面、深入地探究文本形式的价值，对提升语文教育品质和境界的作用，怎么强调都不过分。

一、现实视野下：文本形式潜蕴了丰富的“实用价值”

说“潜蕴”，强调的是一种待实现的状态。

文本形式所构成的富有审美魅力的诱导空间虽储存了丰富的实用价值资源，但它们本身不可能自动地发挥作用。要发挥作用，必须经过解读者（在语文教育实践中，主要指教师和学生）的智慧参与、生命融合、积极建构。一如法国作家法朗士所言：“书中的每一个字都是魔灵的手指，它只拨动我们脑纤维的琴弦和灵魂的音板，而激发出来的声音却与我们的心灵相关。”（《乐园之花》第十二节）

是的，有心灵的深度参与，文字的“魔灵效果”才会产生。

首先要说的是“结构化”。因为这是文本形式对语文教育产生魔灵效果——很神奇地实现实用价值的重要保障。

在文学史和教育史上，的确出现过这样的佳话：一些天才的读者能将文本倒背如流（如鲁迅背《纲鉴》，茅盾背《红楼梦》，巴金背《古文观止》），一些卓越的教者空手进课堂（如金岳霖、辜鸿铭），也能将课上得丝丝入扣，风生水起。人们在惊羡于他们超常的记忆力、理解力，以及对课堂收放自如的驾驭力时，独独忽略了文本形式的结构化作用。心理学家认为：“结构化的知识是记忆的支柱，可以拒绝遗忘；结构化的知识便于联想，具有迁移的活力。”[②]优秀文本形式便具有这种结构化的功能，将纷繁、杂乱的内容有序、高效地组织在一起，形成一个浑然统一的有机整体。这种结构一旦被解读者获悉，他们进入庄子笔下庖丁解牛的境界，则是水到渠成的事情——“以神遇而不以目视，官知止而神欲行”，“恢恢乎”却能游刃有余，如有神助。试想：如果每节语文课，教者心中都有清晰的图式，离开教案或讲稿，也能侃侃而谈，挥洒自如；学生有了清晰的图式，回忆所学，纲举目张，且如行云流水一般，这不是有效教学，又是什么呢？

---

① 夏丏尊，叶圣陶. 文心[M]. 杭州：浙江文艺出版社，1983：2.

② 袁振国. 当代教育学[M]. 北京：教育科学出版社，2004：205.

成功的语文教育，必定巧妙地发挥了文本形式的结构化功能。

结构化价值的实现，必定带来课堂中语文教育的整体化。

孙绍振认为“有机（有序）统一”是文学形式的基本原则，“只有统一了才能从生活层次上升到艺术的层次，进入文学形式的审美境界。只有生活的特征与个性化的情感统一了，在想象的假定性中才能上升到形象的层次。在形式规范的诱导下，一个或一系列主要特征才能去统一，支配一切次要的特征。如果没有形式，就不能突出主要特征，就不能统一。”①

他是从创作的、审美的角度谈文本形式的整体化价值的。其实，文本形式的这种统一或整体化，是可以向教学形式迁移的。优秀的课堂教学，即使文本形式产生变形、重构，一样要注意谐和、整一，富有生机。违背了这个原则，课堂教学的有效性、有机性、美感、生命力，都会遭遇损伤。语文教育的品质，自然要打折扣。

李镇西执教《致女儿的信》（作者：苏霍姆林斯基）一课，在引导学生围绕上帝的“伫立凝视”“深沉思索”，以及“人为何从那时起就成了大地上的上帝”，感受爱情的伟大，处于教学高潮阶段时，可能是为了彰显语文特色，突然很生硬地插问“同学们还有没有什么问题，包括写作上的问题，比如写法上有什么特点”，被李海林老师批为“颇煞风景”——因为这“中断了学生心灵的感动、思考和神往”。②

窦桂梅执教《晏子使楚》这则历史故事，预先抛出自己的阅读感悟“规圆矩方”，然后又以之为导向，组织学生去“悟文品字”；渐近尾声时，为了上出文化味道、哲理品格，将一位历史学家的言论引入讨论：晏子使楚的外交胜利，是否与国家尊严有关？这种教学处理，被王荣生视为有违正常的阅读规律，且乱了方向。因为一旦将文本定位成历史故事，那么对晏子的所做所言做出评价，就不应仅仅依凭《晏子使楚》这篇文章的表达。况且，历史学家也并非针对《晏子使楚》这篇文章提出上述问题。③

此类现象的产生，与忽略文本形式的整体性规范，有着必然的关联。

比如，同是涉及三个回合的冲突描写，《致女儿的信》突出“情”：情之深、情之永、情之美、情之力，文学味盎然。李镇西老师紧扣上帝的感受

---

① 孙绍振. 文学创作论[M]. 福州：海峡文艺出版社，2007：225.

② 李镇西. 听李镇西老师讲课[M]. 上海：华东师范大学出版社，2010：153.

③ 王荣生. 听王荣生教授评课[M]. 上海：华东师范大学出版社，2007：155-156.

“无与伦比”“不可理解的美”“从未见过的力量”，激活了学生的生命体验；抓住那对夫妻“一会儿望望天空，一会儿你看看我，我看看你，相互传情”，感受爱情的古典、浪漫、简单，上得精彩迭现，酣畅淋漓，就是因为契合了文学的体式规范。

在导言部分，教者问学生在14岁的时候有没有想过爱情，想过以后，与父母交流，他们又是怎么说的，还坦承自己在女儿14岁的时候，主动给她看了苏霍姆林斯基写给女儿的这封信，拉拉杂杂，耗时不短，但却并没有让人生厌，感觉累赘，也是因为暗合了文本的形式规范——双重叙述结构：祖母和“我”聊爱情，“我”和女儿聊爱情。教者与学生聊爱情则是对这种爱情叙事与阐释的延续或回应，属于异形同构，因为他们面对的是同一内容，即上帝与那对夫妻的故事——爱情真谛的形象载体。

让学生谈文章的写法特点，不是不可以，但一定要注意：以不破坏情感的旋律、心理的发展，认知的推进为宜。如果将那个突兀的问题，置换成若干小问题，如这个故事采用的是上帝的视角，或运用其他视角，比如某个动物、植物的视角，如一头牛、一匹马、一棵枣树，是否还能突出爱情的伟大？故事中，爱情主人公目光中的美和力量，像歌曲的旋律一样，一共回荡了三次，这和《诗经》中《关雎》《蒹葭》等歌咏爱情的诗篇的一唱三叹，是否具有相同的抒情写意效果？上帝对爱情的态度从困惑到愤怒，再到感染、默认，被处理得极富戏剧冲突的色彩，假如抹去这种曲折和冲突，一开始就写上帝的惊叹、赏识、沉醉，故事是否还会具有耐人寻味的哲理意蕴？使得关于写作的思考悄无声息地、自然地融入学生体验爱情的美、力量、忠诚、心灵追念的过程中，达到与文本形式同构的境界，恐怕就不会给人以生硬之感了。

《晏子使楚》突出“智”，想象之智、类比之智、思辨之智、奚落之智，借着自贬的弹性，将对方贬得更远、更狼狈、更不堪，言语火候却又把握得恰到好处，使历史故事的严肃与民间故事的谐趣杂糅在一起，却又相得益彰。窦桂梅老师在让学生陈述“敝国规矩”（访问上等的国家，就派上等人去；访问下等的国家，就派下等人去。我最不中用，所以被派到这儿来了）的过程中，尝试添加“因为”，以体验晏子的雄辩艺术；抓住晏子的神态“看了看”，而不是“想了想”，以体验晏子的自信、敏捷；从对“只好”“我原来”等词语的演绎和角色朗读中，感受楚王的沮丧、惭愧与可爱，堪称与形式规范妙然相合的神来之笔，上得妙趣横生，极富智慧。

将“规圆矩方”这一先见直接抛给学生，之所以给人不适之感，正是因为这种体悟是教者事先细读文本后所得，且只是多元解读中的一种，对没有接触文本的学生来说，这一先见是独立于文本形式之外的。即使要分享，也得等重返文本，与学生一起细读，让他们有了一定的感性体验，甚至获得一定认识之后才行。换言之，这种体认必须让它紧贴文本，紧贴学生的体验，自然地生长出来，而不是直接亮出旗帜：“跟我走吧！”

至于将某历史学家的言论“晏子使楚的外交胜利，与国家尊严无关”作为一个辩题，激发学生深度思考，“解构主题”（教者观点是：强调自己要有真才实学，才能在这个世界站得住脚。对外，要圆融，讲规矩，懂礼节）——实际的教学情况是未解构，反而建构、捍卫了，也不是不可以，文本形式的涵容力极强，以外引资料去丰富文本的意义空间无可厚非，但只凭一则故事说事、论理，已经犯了论证的大忌——孤证根本说明不了什么问题。必须得从晏子的一生，在国内、国外参与辩驳的大量历史资料中查证后，方能作出判断，得出结论。可是，这又不是一堂课所能承载得了的。

朱光潜先生早就说过：“本来文学之所以为文学，在内容与形式构成不可分拆的和谐的有机整体。如果有人专从内容着眼或专从形式着眼去研究文学作品，他对于文学就不免是外行。”① 遗憾的是，割裂内容与形式，造成文本解读和语文教育格局狭小，灵气不足，创造力缺失的现象，在当下的语文教育中仍然非常普遍。

最后说说“个性化”。语文教育中，如果文本形式结构化、整体化的价值得以被开掘，那么“个性化”价值的实现就会成为必然。

毫不夸张地说，个性化缺失已成为当下语文教育的“重症”。过度地依赖集体备课，过度地信从教参结论，过度地服从专家指挥，加上价值理性虚位，工具理性泛滥，以理科思维处理意蕴丰厚的文本，致使语文课逐渐蜕变为批量生产的同质化产物，处境尴尬。加上社会上拜权、拜物、拜利盛行所导致的浮躁之风、功利之气，使得原本对美、深邃、博大、厚重比较敏感的语文教师，甘愿沉迷于生命之轻，而忽略了在语文教育中借助文本形式，去细致、深入、艺术地探究“指向生命本体的人性、人心的养育”，“顺应人的言语本性，张扬人的言语天性，指向表现、创造、发展的言语人生、诗意人

① 朱光潜. 谈文学[M]. 合肥：安徽教育出版社，2006：26.

生”的教育更是付之阙如。[①]

在众多恢复并张扬个性的方式、方法中，我们之所以将文本形式的研究单列出来，道理显而易见：文本是语文教育的一个切入点，也可以说是语文教育的一面镜子，一块极其重要的阵地。而研究文本，必须从形式切入，因为形式与内容是打断骨头连着筋的，如同古人所言：“文犹质也，质犹文也。虎豹之鞟，犹犬羊之鞟。”（《论语·颜渊》）台湾著名学者龚鹏程说得更透：“文学脱离了形式就是死亡，一如围棋若无棋枰便不存在。形式乃是文学的根本要素。”[②] 陈平原在谈到“五四”作家叙事模式的转变时，也很敏锐地意识到：他们是“借助拿来主义冲破中体西用的限制，把西方小说的内容和形式作为一个有机的整体来接受。晚清作家与“五四”作家的距离不在具体的表现技巧，而在支配这些技巧的价值观念和思维方法——基于作家对世界与自我认识的突破与革新，小说叙事模式的转变才可能真正实现”。[③] 语文教育亦然。离开引导学生与一篇篇文学文本进行有质量的生命对话，推而广之，离开对学生语文学习的一篇篇“行为文本”（听、说、读、写）的有效指点，语文教育又何从谈起呢？更为重要的是，优秀的文本，其形式的“审美秘妙”是无穷尽的，[④] 这便为个性化地解读、教学、教育，以及指导言语表现，开放了一个极为开阔的空间。文本形式因个性化的探究而光彩四射，个性则因文本形式的审美吸引变得灵动、睿智而富有创造性。

例如，苏轼的《记承天寺夜游》，从表面上看，这是一篇袖珍型的游记，写作者某夜去了某地，看了某景，心情如何，似乎没有什么可教的，但是如果深入文本形式的内部，仔细体味，感觉就会大不一样。比如，有的老师从“闲”的视角切入，看到苏轼闲心、闲情、闲趣背后，不绝如缕、盘根错节的人生失意的惆怅；有的老师从“游伴”的视角切入，感到苏轼的“欣然”，并反推出柳宗元的“悄怆”；有的老师从“空明”的视角切入，体验到苏轼“忘怀得失”的达观，“一片冰心在玉壶”的清澈，心“空”文自“明”的雅静；有的老师从“忧”（“解衣欲睡”“念无与为乐者”等细节的暗含）与“乐”（“庭下如积水空明”这一美景的折射）的转变中，读出了苏轼心灵的

① 潘新和. 语文：表现与存在（上卷）[M]. 福州：福建人民出版社，2004：47-48.

② 龚鹏程. 文学散步[M]. 北京：世界图书出版公司，2006：69.

③ 陈平原. 中国小说叙事模式的转变[M]. 北京：北京大学出版社，2010：14.

④ 李铎. 中国古代文论教程[M]. 北京：北京大学出版社，2000：359.

成功突围……①

个性化的发现“如万斛泉源，不择地而出”（苏轼《文说》）。这不正是文本形式对个性化价值含蕴、激发、塑造的一种形象体现吗？

二、审美视野下：文本形式对审美价值三个不同层面的满足

赖瑞云教授在康德、李泽厚“智慧审美论”的基础上，将审美价值分成三个层面：感知层面（浅层——审“乐”）、情感层面（中层——审“情”）和思想层面（深层——审“智”）。② 但不管处于哪一个层面，审美价值都要受到文本形式的规约、调节和升华，因为大凡优秀的文本，其形式的优势统一功能都“保证着生活与情感遇合，并上升为特殊的形象，具备特殊的艺术性”，③ 从而也具备了一定的审美价值。

因此，在语文教育中，从文本形式入手，艺术地揭示不同层面的审美价值，促进“语文核心素养”的有效发展，不断深化学生的审美素养，使他们言语生命的潜能、创造力和个性得以充分发挥，最终完成自我确证和自我实现，显得十分必要。

文本形式对感知层面审美价值的满足，这不难理解。

文本解读中，一望而美，喜不自禁，却“欲辨已忘言”的现象是屡见不鲜的。只知道作品中诸如色彩、旋律、想象、情感、个性等很美很美，但要进一步分析，却又无从前进。这是典型的感官层面的审美。感官层面的审美因为偏向于生理上的快感，因而显得感性、肤浅、不够持久。黑格尔就曾很不留情地批判过这种感官层面的审美：“一个面对自然美只知道喊‘美呀美’的人，还是一个野蛮人。”④ 别林斯基也不无风趣地婉讽过：“读了一部作品，感觉很快乐，可是要问他为什么快乐，他却说不出来，那么，这种快乐实质

---

① 肖培东，语文教学艺术镜头（初中卷）[M]. 上海：上海教育出版社，2019：303-308.

② 关于审美价值的分类，传统上根据价值载体，以及审美主体对价值需求满足的不同特点，通常分为“美、悲、喜”三大类型。赖瑞云教授在给研究生上课时，根据康德、李泽厚的“智慧审美论”，将审美价值分为三个层面：感知层面、情感层面和思想层面。两相对照，后者的逻辑性更为严密，也更符合一般的认知规律。因为前者的分类，有重复之嫌，三者之间相互渗透、包融，没有明显的边界，无法真正各个独立，但后者按表象、情感、思想的层级分类，符合由浅入深、由低到高、由简单到复杂的认知规律。

③ 孙绍振. 文学创作论[M]. 福州：海峡文艺出版社，2007：232.

④ 王建疆. 修养 · 境界 · 审美[M]. 北京：中国社会科学出版社，2003：24.

上是痛苦的。”[①] 但是如果对形式进行审美价值之辨，就可以点石成金，提升感官审美的等级和品位，使这种直觉式的快感更见深度和水平。

阅读杜牧的《江南春》：“千里莺啼绿映红，水村山郭酒旗风。南朝四百八十寺，多少楼台烟雨中。”缤纷的感觉在心中一个劲儿地蠕动，江南的春景多么明丽啊，诗人出游眼福不浅啊，对兴衰无常的伤感啊，可是要问这种伤感何以如此重重地拨动自己的心弦，思想可能就难以为继了。尽管也可以从史料中得到一些关于南朝崇佛，佛寺繁华、热闹的信息，加深对作者因历史兴叹的认知，但总觉得不给力、不够味。然而，一旦熟悉“乐景”与“哀情”的反衬式结构，了解诗歌“二言”结尾便于叙述、道白（如“莫道君行早，更有早行人”；“踏遍青山人未老，风景这边独好”），“三言”结尾便于抒情、议论（如“哀民生之多艰”）的知识，内心的感动一下子就可以清晰化、深邃化了。如果落实到教学中，通过增加范例的赏析，或进行增减词语比较，或直接在原句上打乱节奏，进行诵读、比照，一定可以比较顺利地将这种审美感动传递给学生，同时“悦耳悦目”“悦心悦意”，品级肯定不一样。因为有了对形式规律的把握，指导学生有感情地诵读，也一定可以真正地落到实处，而不是有口无心地走过场。

感官层面的审美看似“直截了当，当下记得”，其实这种感性中也“积淀了一定的社会理性”，包含了认识、理解和判断。只不过这些认识、理解、判断“作为一种因素已经溶解在感性中”了。[②] 用余秋雨的话说就是“直觉，最完整、最经济地体现了一个人此时此刻的总体审美水平”。[③] 可见，对文本形式敏感、熟谙的程度直接决定了审美快感的质量。拿范仲淹的《岳阳楼记》来说，很多人对“先天下之忧而忧，后天下之乐而乐”这句话激赏不已，担当那么大的责任，牺牲那么多的快乐，却无怨无悔，要修炼到猴年马月才能达到这样崇高的境界呢？于是，联系全篇，联系语境，联系生平，从思想之美、情感之美、语言之美、结构之美、命名之美（范仲淹为这一崇高情感的存在做出了历史性的命名）[④] 向纵深处分析，可是很少有人注意到这个经典句末尾的语气助词。很多版本是“乎”，连人教版语文课本、《北大

---

① 别林斯基. 论俄国中篇小说和果戈理君的中篇小说[C]//别林斯基选集. 满涛，译. 上海：上海译文出版社，2000：267-268.

② 李泽厚. 美学三书. 美学四讲[M]. 合肥：安徽文艺出版社，1999：520-521.

③ 余秋雨. 艺术创造论[M]. 上海：上海教育出版社，2005：126.

④ 赖瑞云. 文本解读与语文教学新论[M]. 北京：北京师范大学出版社，2013：118.

文学课》（安徽人民出版社）这样的教材都是如此，但是朱东润先生根据古代的有关版本，还是将之改为“欤”（yú）。① 赖瑞云教授觉得这一改，非常精妙：用“乎”收尾，声音掉下来，就没有用“欤”的那种激昂的感觉。这种细腻、独到的发现之乐，正是建立在对句式、词韵这些形式规律非常了解的基础之上。反过来说，这种潜在的形式规律也激发了读者的审美快感。

文本形式对情感层面审美价值的满足，更是不乏其例。

叶嘉莹说：“词调的‘双式’句法，通常表现的是一种缠绵、往复、低回的情调，而单式句法则偏向于表现比较飞扬悠远的情调。比如柳永的《雪梅香》，‘景萧索，危楼独立——面晴空’，这是两个单式的句子。‘动——悲秋情绪，当时——宋玉——应同’，这是两个双式的句子。‘渔市孤烟——袅寒碧，水村残叶——舞愁红’，两个单式的句子，是对偶对起来的。它在流利之中，有一个工整的排偶。‘楚天阔，浪浸——斜阳，千里——溶溶。’又是双式的句子。它的单式和双式，单行和骈偶，是参差错落的变化，富有音调的美。”②

龚鹏程也有过类似的表述：“（诗的）体制与格律乃是固定的，不能任意改变。不管你的情感是悲哀还是欣喜，不管你所要宣示的意义是深厚还是尖锐，只要你采用了七言绝句这种语言格式，就永远不能背弃或违反这种结构形式的规定而任意滑动。即使有所谓‘拗体’，也只是依照该体制所规定的拗法去拗，不能随便乱拗。古人之所以抨击某些作家或作品‘戾体’‘失体’‘破体’，都是就这个层面说的。像黄山谷说，王安石评论文章一向‘先体制而后工拙’，即如此。”③

两位学者的论述虽然侧重在形式对情感的规范作用，似乎还有束缚之嫌，但不可否认：成熟的文本形式对审美情感的完形、充实、发酵、提升，有着极为重要的作用——现代新诗不就是因为形式草创，过分自由、散漫、日常性地罗列，因而缺乏强大的审美规范功能，去帮助诗人化无序的生活为有序的节奏和意象，以致很难与人的神经组织的完形趋向相适应，至今也没有被广大读者接受吗④？可以说，审美情感因文本形式而得以审美性地存

① 朱东润. 中国历代文学作品选[M]. 上海：上海古籍出版社，2002：228.

② 叶嘉莹. 唐宋词十七讲[M]. 北京：北京大学出版社，2007：238-239.

③ 龚鹏程. 文学散步[M]. 北京：世界图书出版公司，2006：67.

④ 孙绍振. 文学创作论[M]. 福州：海峡文艺出版社，2007：230-232.

在，一如种子落入土壤，借着肥力、水分与合适的温度等条件，才能顺利地生长。对文本形式与审美情感关系体认的有无、深浅不一样，语文教育的效果、境界也会有质的差别。

譬如教学苏轼的词《念奴娇·赤壁怀古》，只要抓住三处疑点颇重的句子，组织教学，完全可以使课堂教学形散而神聚，使学生获得强烈的审美愉悦。（1）“人道是，三国周郎赤壁”，赤壁不是真正的古赤壁，而是赤壁矶。这里根本看不到“惊涛拍岸，卷起千堆雪”的壮丽图景，诗人为什么有意为之？（2）“遥想公瑾当年，小乔初嫁了，雄姿英发”，周瑜和小乔结婚离赤壁之战（建安十三年）相距近十年，此刻两人已经不是当时的倜傥青年和俏丽佳人，词人为什么还是故意将时间错位来写？（3）“人间如梦，一尊还酹江月”，词的前面气势磅礴，意气风发，为什么在这里加上了一条“灰色的尾巴”？词人祭奠江月的目的到底是什么？

为什么这么说呢？很简单，这三个问题正是词人跌宕而深邃的情感标识，从这三个方面切入，联系起来思考，词中一条隐蔽的情感线就会浮出字表，学生借此深入词人的精神世界就轻松多了：渲染赤壁矶的气势，是想表达大自然的力量，而这种伟力可以荡涤任何英雄人物。赤壁矶不是地理制高点，而是心理上的制高点。这里表现了一种空间意识。时间的虚化表现了深厚的历史意识：英雄美人又能怎样？依然被大江淘尽。在悠远的时间面前，一切都显得虚无缥缈，一切都是过眼云烟。人看透这一切后，便能坦然面对一切灾难了。多情是词人的自嘲，嘲自己对政治太多情。在时空的宏大背景下，我的这点痛苦算什么？祭酒江边，是和过去告别，是对残酷党争的鄙弃，是对摆脱名缰利锁的执着……倘若没有对文本形式深入探究的自觉，这种深度的精神对话，情感的高峰体验显然难以达到。

通过文本形式实现对思想层面审美价值的满足，可谓每一位优秀作家的自觉追求。

孙绍振教授描述的诗人蔡其矫创作《大竹岚》的过程很能说明这一点。

在福建大竹岚自然保护区，他被竹林中的露珠迷住了，一句诗立刻在脑海里诞生：“泼水在天空凝固！”有了这句后，诗歌的形式规范提醒他，此句的感觉是从下而上的泼，如果接下来，还是从下而上，就单调了，应该是自上而下地往下落的感觉才好，于是他就以“滴下”作为想象的核心：“碧绿快滴下露珠。”这样，就形成了向上和向下运动的对称，或者说是一种张力结构。但是光有一个结构，还只是框架，接下来的任务是让这个结构中水淋淋的感觉饱满起来。于是，他调动了光和影的效果："光明颤动在末梢/又像喷泉又像雾。"

在这样观察的时候，他忽然意识到这四行诗都是静态的描绘，再这样写就可能缺乏内在的深度，单调了，不够深刻了。必须打破视觉的惯性，这种惯性就是表面性。他提醒自己，要从感觉层次向感情层次深入，对被生活冲击的感情做出更高的概括。这时，他在冥冥之中产生了一种期待，期待什么，他自己也不十分明确，但形式的规范再次暗示他，要冲破眼前所见的束缚，又要和眼前有所联系，使内涵必须广于、深于眼前所见，这是超越视觉的一种带有理性色彩的激发。最后，他终于想出了"希望就在此刻复活，来自失望的坟墓！"①

诗歌的理性品格，或者说哲理品格，思想层面的审美价值，正是在形式的内在要求下一步步结晶而出的。

从创作的角度说，虽然形象大于思维，但这并不代表取消哲理追求，而是说这种追求应该如盐入水，在文本中化到看不见，但能尝得出的地步。因为哲理品格决定了作品的精神境界。苏珊·朗格在《艺术问题》一书中说过："艺术家表现的绝不是他自己的真情实感，而是他认识到的人类情感。"②从个体情感上升到人类情感，必然需要理性的介入和点化。所以，这种人类情感实际上已成了哲理化的情感。1968年，法国龚古尔奖获得者比埃尔·加斯卡在《论长篇小说》一书中这样写道："简而言之，对于长篇小说来说，从研究心理的怪事过渡到人的哲理概念——处在他的时代的自然环境中的人的哲理概念的时代已经到来了。余秋雨说得更为具体："要整体地把握生活，必然有哲理追求，因而也就必然要采用象征手法。"并特别指出，"只有哲理，能使遥远的故事焕发出普遍魅力。"③这就把文学形式与思想层面审美价值的内在联系一下子给挑破了，令人看得真真切切。蔡其矫正是明悟个中的奥秘，其诗歌末句的点睛之笔才会实现"天籁"与"人巧"的和谐，一下子照亮了全篇。

从阅读的角度讲，更要注意精深把握文本形式与思想层面的审美价值的

① 孙绍振. 文学创作论[M]. 福州：海峡文艺出版社，2007.218.

② 方智范. 语文教育与文学素养[M]. 广州：广东教育出版社，2005：141.

③ 余秋雨. 艺术创造论[M]. 上海：上海教育出版社，2005：56-62.

关系。《文心雕龙·知音篇》中说道："夫唯深识鉴奥，必焕然内怿。"康德的"智慧审美论"中提到"判断（以理解为主）在先，愉悦在后"，李泽厚强调的"审美=感知、情感、认识、理解等（以上为常数）+想象（变数）+快感"。[①]这些理论无不在说明，审美愉悦离不开理性思考（深识、判断、认识、理解），二者呈鲜明的正相关关系。

因此，在语文教育中，深识文本形式的秘妙，充分把握文本形式与思想层面审美价值的关联，使语文教育能时时出高度、出厚度、出新度、出审美愉悦的深度，至为重要。试想，如果以《大竹岚》一诗为教学内容，不了解诗人在情与景遇合的过程中，于形式规律导引下诗性哲思临产的"阵痛"，仅凭"露珠""喷泉"这些意象，概念化地诠释诗人心灵获得重生的快乐，又怎么能完满地阐释思想层面的审美价值，获得视野融合和言语表现顿悟的审美愉悦呢？

三、未来视野下：文本形式使终极关怀的存在与永恒成为可能

既然文学作品追求哲理品格，讲究在审美意义上对人生意蕴的整体性开发，看似表现生活的"实然"状态，实际上却指向了"应然"状态，那么文本形式就应该，而且必然存在着终极关怀的可能。因为"哲理""审美""应然"这些范畴中都或多或少地融入了对未来的美好期许，对人的精神的深层抚慰，对理想的恒久滋养和不倦照耀。因此，只将文本形式视为表达思想、传递情感的工具，具有现实的功利价值；或者有所提升，认识到其具有的审美价值，而看不到其中蕴含的终极关怀的价值，都是有失偏颇的。

王国维在《人间词话》中有"写境"和"造境"之说。写境虽然有理想的元素，但重在写实，有现实主义的特征，体现为一种现实关怀的倾向，属于"实"的范畴；造境虽有现实的元素，但重在表现理想，有浪漫主义的特征，体现为一种终极关怀的倾向，属于"虚"的范畴。王国维以他天才的明悟，隐隐觉察到文学是一种自由的生存方式，一种超越现实的体验方式，文学作品中的审美意识是对现实意识的升华，创作要致力于朝理想的境界不断归趋。

荣格从原型意象和集体无意识的角度，谈及这种理想境界（艺术世界）对人的灵魂深处的康复和补偿作用，"只有在艺术中，人们才能理解到一种

---

① 赖瑞云. 文本解读与语文教学新论[M]. 北京：北京师范大学出版社，2013：64.

能允许所有的人都去交流他们情感的韵律，从而使人结合成一个整体。”① 与他人不是构成一种互为地狱的紧张、敌对关系，而是成为一体，这样自我便会从分裂走向统一，并走出意识的孤立状态、迷失状态，这也是终极关怀的一种境界。而这种境界的实现，他看重的正是梦一样的艺术作品，以及其中的原型意象、旋律这些形式要素。

余秋雨在《艺术创造学》一书中写得很明确了：“呼唤自古至今的‘整体性哲理’，其实也就是钱锺书先生所说的‘天心’，或者说，呼唤足以统领大千世界，人性世界的‘神性’”。② “整体性哲理”“天心”“神性”，当然是对现实人生的净化、美化和超越，是将人引渡到理想人生、诗意人生状态的勾勒与精神点化，这正是终极关怀的要义，所以看似虚无缥缈，却具有“统领大千世界，人性世界”的伟力。

龚鹏程同样敏锐地感到了文本形式与终极关怀的隐秘关联：“由于文学作品是这么努力地想彰显人存在的价值，所以它才能突破形式的平面世界，不断提升、抉择或信持其存在价值，建构一个立体的世界。它使人生有所企慕、有所仰望；通过文学，可以构成生命的自我追求与上扬。文学若有功能，功能殆即在此。通过美学的想象，人自然会有趋向真正终极理想的力量，超越现实，观看自我，并冲破人与人之间形躯时空等形式的限制，在人的存在处取得感通。文学作品，若要避免成为形式的知识，完成统摄而超越形式的意义，自不能不在这方面多予致力。”③

说文学作品具有“使人生有所企慕、有所仰”，“构成生命的自我追求与上扬”，还要使人突破形躯、时空的限制，产生“趋向真正终极理想的力量”，这不正是对终极关怀的一种理想描述吗？要求文学作品“避免成为形式的知识”，这并非否定形式的终极关怀的价值，而是突出强调形式与终极关怀的紧密关联。唯其如此，二者才能虚实相生，相得益彰。

事实上，注意终极意义对形式的统摄和超越的作品比比皆是。

撇开带有宗教色彩的忏悔文学作品（如奥古斯丁的《忏悔录》，卢梭的《忏悔录》，托尔斯泰的《复活》，乔伊斯的《一个青年艺术家的自画像》)，和隐含宗教背景的文学作品（如许地山的《缀网劳蛛》）不谈，单就一些表

① 朱狄. 当代西方美学[M]. 北京：人民出版社，1984：34.

② 余秋雨. 艺术创造论[M]. 上海：上海教育出版社，2005：56.

③ 龚鹏程. 文学散步[M]. 北京：世界图书出版公司，2006：76.

面上现实主义色彩很浓的作品来说，也已经不胜枚举了。比如鲁迅小说《药》中“围着那尖圆的坟顶的一圈红白的花”，莫泊桑小说《我的叔叔于勒》中那个心灵世界纤尘不染的天使一般的男孩若瑟夫·达佛朗司，曹禺剧作《雷雨》尾声部分的“远处教堂的合唱弥撒声”，等等。即使是诗歌作品，也不例外。例如刘禹锡的《酬乐天扬州初逢席上见赠》，尽管命运弄人，使作者像废物一样被朝廷弃置了23年，感到生活的无边凄凉，人世的沧海桑田，加上政治上得宠新贵的打击、嘲笑，更使其悲酸倍增。但是他并没有沉沦、绝望，因为他还拥有希望——沉舟侧畔千帆过，病树前头万木春。“万木春”，这个生机勃勃的形象，正是终极关怀的一个价值载体，让诗人对人生的前方、遥远的未来世界，充满想象和期待。

从上述例子中不难看出：不管是意象、人物形象，还是心理活动，因为有终极意义的浸透，作品在整体上刹那间有了象征的意蕴，一下子便具备了醇厚而超脱的气质，不仅给作者、主人公带来了希望和信心，也给阅读者以隽永的启迪和强韧的力量。

所以，在语文教育中，正视这种审美的、神圣的、丰富的存在，悉心研究、巧妙开发、灵活运用，不断提升学生的审美能力，进而从根本上提升其精神生命的质量，无疑是智慧之举。对反拨工具本体所带来的卑微、庸俗，高扬情感本体的尊严和高尚，使语文教育走向真正的博大、坚实和诗性，更是具有不可小觑的意义。

弥散与统摄。终极关怀虽然整体上体现为一种超越性的价值追求，即超越有限，追求无限，以达到永恒的一种精神渴望。但是因分散到不同形式的文本中，其表现形态又是千差万别、各具个性的。即使在某一篇具体作品中，它也通常表现为一种隐蔽的、分散的，甚至是弱小的存在，譬如《我的叔叔于勒》中约瑟大常常就是一个被忽视的存在，且他身上的“天使元素”，[①] 分散在若干看似琐碎的言行细节中，这便需要教者别具慧眼地识别，并进行整体上的统摄。不管课堂教学形式如何斑斓多姿，内心深处一定要十分明晰：将这种审美意识以自然、艺术的方式融入教育活动之中。

“融入”不代表平均用力，更不意味着融到自己心中有数，学生却浑然不觉。必要的时候，在文本形式“着意的”和“用力的”地方，必须“找出

① 汲安庆. 如金在沙，显然自异：从若瑟夫·达佛朗司的“天使元素”说开去[J]. 初中语文教与学，2013（7）：59.

那创新的或变古，独特的东西，去体会，去领略”，[①] 并指点给学生看，这就需要“强化与点染”的艺术。对神圣、伟大、精彩，哪怕朴素、寻常，却自具魅力的精神价值，必须引导学生学会驻足、仰视、体味和内化。

譬如鉴赏苏轼的七言绝句《纵笔》“白头萧散满霜风/小阁藤床寄病容/报道先生春睡美/道人轻打五更钟”，就不能停留在自在、达观、闲适，甚至自我满足的表层心理感受，或者苏轼与周围人之间关系和谐的层面上——敲钟打更的道人怕惊醒春睡正酣的“先生”，而小心翼翼地“轻打”，多和谐，多温馨，多美好啊，得突破这种表象，进一步追问与辨析。本诗属于苏轼政治罹祸，被贬岭南的后期作品，生活在蛮荒、穷困的海南，他为什么不叹老嗟病，感时伤怀，偏偏写出如此旷达的诗作？陷害他的政客们一个个幸灾乐祸，志得意满，苏轼真的可以借道家、佛家的思想，做到真正的忘怀得失，不喜亦不忧吗？这样，就有可能产生深度的理解，比如这是对卑鄙政敌的极大蔑视，对不公命运的别样抗争，快适、自足的表象下，其实倾诉着深深的怨愤和落寞——这并非毫无根据的臆断，因为曾季狸的《艇斋诗话》中记载：“东坡《海外上梁父口号》云：‘为报先生春睡足，道人轻打五更钟。’章子厚见之，遂再贬儋耳，以为安稳，故再迁耳。”《舆地广记》也有类似的记载。这种生存状态已降格到正常人生水平以下的“负值人生”，却能迸发出如此鲜活的智慧和力量，特别是深受老庄思想影响，却难见他精神的虚无和悲凉。如果对这一现象再度进行追问，苏轼内心有守望，有终极关怀的本质就会自然呈现。如果在这一点上给予学生必要的点染、启悟，审美教育自会别有洞天。

这其实也涉及“感通与表现”的问题。

与作者心有感通，情有相融，然后将这种明悟和感动，通过言语的方式传递给别人。这样，一个知识共同体，思想共同体，情感共同体，就会悄然形成，并葳蕤生长。王国维读李煜的词，觉得李后主“俨有释迦、基督担荷人类罪恶之意”；刘再复读《红楼梦》，从“情不情”（对伤害自己的人一样怀有善意的情感）、“尊卑不二分”的相关细节中，认为“贾宝玉是还在修炼中的尚未出家的释迦牟尼，而释迦牟尼则是已经修炼成佛的贾宝玉。”[②] 正是透过文本形式的意蕴层，在终极关怀这个点上与作者实现了生命的感通，并

① 夏丏尊，叶圣陶. 文心[M]. 杭州：浙江文艺出版社，1983：1.

② 刘再复. 人文十三步[M]. 北京：中信出版社，2010：325.

及时诉诸言说，从而刷新了人们的审美体验。俄国著名的哲学家别尔嘉耶夫说过：“只有在人与上帝的关系上才能理解人，不能从比人低的东西出发理解人。要理解人，只能从比人高的地方出发。”[①] 王国维、刘再复正是将作品中的人物形象放置在与上帝的关系中加以理解，所萌生的体悟才会那样别具匠心，令人回味再三。

因此，作为特殊的语符结构，文本形式的价值在语文教育中需要用心、用情、用力去发现、开掘和利用。唯其如此，文本形式才能变得真正“有意味”，有价值，有生命力。

（发表于湖北大学《中学语文》2014 年第 7 期，作者：汲安庆）

① 别尔嘉耶夫. 论人的使命[M]. 张百春，译. 上海：学林出版社，2000：63-64.

基于形式的非文学文本解读中的诗意观照

谈论文本形式，一般仅限于文学文本，极少考虑到非文学文本。

人们通常认为，非文学文本的形式是现成的、共识的、真理的、石化的，根本无须研习。硬要在普适性的形式或原则中挖掘其个性化、创生性、表现力，或者什么语文味、审美价值，不是自不量力、自取失败，就是拾人余唾，无功而返。比如，议论文通常是遵循“提出问题→分析问题→解决问题”的模式，说明文则在时间顺序、空间顺序和逻辑顺序里兜圈子，这是熟得不能再熟的常识，简直就像非文学文本写作中的模具一样结实耐用，易于操作，生产效率也不错，何必还要再考虑它的色彩、质地、款式、内部结构，乃至二度创造呢？

更何况，非文学文本以求真为导向，就像数、理、化等学科一样，重在把握“说什么”，而非“怎么说”。特征讲清楚，道理说明白，即大功告成，完全可以“得意忘言”。固然，在“得意”的过程中，作者是会讲究一下形式，文采，显出有诗意的样子，但醉翁之意不在酒，作者绝对不会以辞害意，本末倒置。毕竟，在他们眼中，形式是“器”，事理、事物的特质，所要论证的观点才是“道”。前者是手段，后者才是目的。写作如此，教学亦然。基于这种二元对立的极化思维，语文教学中非文学文本的形式、诗意遭到忽视，乃至被放逐，就成了名正言顺的集体行为，相沿成习、故积重难返。

但是极为讽刺的是，秉持这种所谓的“真理性”认识，非文学文本的教学却并未像预料的那样，可以“短、平、快”，“高、深、优”地彰显“道”，使课堂教学生机勃勃，活色生香。只要看看非文学文本的教学现状就一目了然了。毫不客气地说，非文学文本在当下的语文教学中是名副其实的“鸡肋”，没有情感的温度，还缺少韵味，只不过因为中、高考会涉及此类文体，广大教师才不得不硬着头皮讲讲文体知识、说明方法、论辩技巧，并辅之以同样生冷的习题练习。如此一来，同为智慧、情思结晶的非文学文本，经过同质化的处理后，不仅辞、趣、味、美没有得到很好的守护、开掘和弘扬，连原本想阐释、凸显、光大的“道”也被折磨得七零八落了。

影响所致，对非文学文本的教学充满厌恶、畏难和抵触的情绪便不可避免。

孙绍振对此早有察觉：“科学小品讲的是科学原理，对于一般读者来说免不了抽象枯燥。”[①] 谭轶斌说：“一提起说明文，学生常常一脸漠然，教师往往眉头紧锁，因为它不像小说有曲折的情节，不像散文有波澜的情感，不像戏剧有激烈的矛盾冲突，它有的只是科学的逻辑，平实的文字，即使像本文（这里指梁衡的《晋祠》一文）这样的文艺性说明文，依然缺乏形象性。所以，在学生眼里，它是无趣的；在教师眼里，它是乏味的。于是，说明文教学不外乎就是被动地‘啃几块骨头’——说明对象、说明顺序、说明方法、说明语言罢了。”[②] 连在应试教育方面应付裕如的魏书生都坦言：“同学们愿学小说、散文、诗歌，不愿学说明文。”[③] 在销量颇佳的《听李镇西老师讲课》一书中所收集的 17 个经典课例中，说明文为 0，论辩性质的文章仅为 1 篇。

从知名学者到一线名师，不约而同地感觉到非文学文本的阅读、教学之难，这是很能说明问题的。但是，厌恶了，恐惧了，还不得不教。因此，对大多数普通教师来说，只能敷衍，而且是集团化地肤浅、冷漠，却又理直气壮地敷衍。持如此态度，非文学文本的教学质量可想而知。诚然，“语文新课标”也强调了“阅读科技作品，欣赏人类的科学创造，关注祖国的科技创新和社会主义建设成就，交流自己的发现与体会”，[④] 可是由于上述陈旧认知、负面情绪的困扰，还有“高处不胜寒”的整体心理语境的影响，大家即使有贯彻目标的心，恐怕也没那个力了。

学界有“叙事学”，倘要分析小说、叙事散文一类的文学作品，叙事理论立马可以派上用场，但罕见“说明学”“论辩学”——教材里以小卡片形式呈现的说明顺序、说明方法、议论文三要素等知识是那样的单薄和寒酸，

① 孙绍振. 名作细读[M]. 上海：上海教育出版社，2009：80.

② 郑桂华，王荣生. 语文教育研究大系. 中学教学卷[M]. 上海：上海教育出版社，2007：24.

③ 郑桂华，王荣生. 语文教育研究大系. 中学教学卷[M]. 上海：上海教育出版社，2007：44.

④ 中华人民共和国教育部，义务教育语文课程标准（2022 年版）[S]. 北京：北京师范大学出版社，2022：25.

语文各大专业刊物对此类研究的文章几乎如同广陵散绝——即使有，也是各类常识的变相组合，鲜见体现学理深度的个性化探索，这更使非文学文本的教学雪上加霜。既然“顶层”理论和设计都如此贫瘠和乏力，“底层”操作者又何必越俎代庖，苦苦钻研呢？于是，借坡下驴，心安理得地不作为便成了常态。

因此，面对如此劣质的教学现状，重提非文学文本教学中基于形式的诗意观照，致力于“求言”与“求意”相谐，“求知”与“求美”相合，“求技”与“求道”相融的境界，显得尤为迫切和紧要。

一、非文学文本，诗意观照何以可能

受体性思维的影响，在非文学文本的教学中，人们是很不屑，也不敢奢谈“诗意观照”的。在他们看来，这是典型的越界、越性之举，无异于自曝浅陋和鲁莽，极有可能将语文教育搅得主次不分，体性模糊。

然而，非文学文本的解读与教学又的确需要诗意的观照。

首先，这是源于言语表现的本然需求。

非文学文本，按中学语文界的文体划分，主要指说明文和议论文。说“明”重在“明”，简明、明晰，旨在让人轻松、快捷、高效地熟悉相关知识，并内化。议“论”重在“论”，论辩、论析，旨在使所立之论显得更具冲击力，说服力；或使所驳之论显得更脆弱，更荒谬。但要达到这种表现效果，必须有诗意的观照和表现。美的表现，不但不会有损言语表现，反而会使言语表现如虎添翼，锦上添花。所谓“言之无文，行而不远”（《左传·襄公二十五年》），离开诗意的观照，文章质木无文，索然无味不说，有时连达到准确、精到的境界都倍感吃力。

这样的例子在非文学文本的解读与教学中触目皆是。比如茅以升的《中国石拱桥》一文中有这么一句话：“大拱的两肩上，各有两个小拱”。这是对赵州桥第二个特点的说明。貌似很普通，很没有诗意的一句话，可实际情况并非如此。钱梦龙不让学生看到这句话，先让他们观察赵州桥的图，再用自己的话说出大拱和四个小拱的位置关系时，学生说得五花八门，却没有一人说得很精准。“大拱的两边各有两个小拱”“大拱的顶部有四个小拱”“在大拱的左右两端各有两个小拱”“大拱的两端的上方各有两个小拱”，似乎很客观，很科学了，可是教者根据他们的描述一一作画，却又无法准确标识。就在学生心有所感，却口不能言的愤悱状态下，钱梦龙让学生看茅以升的描述，大家这才惊觉作者“说明”的神奇。“两肩”一出，位置立定。钱老师主要是想通过比较的方式，让学生体味作者用词的准确。殊不知，这种准确性恰恰是建立在诗意表述基础之上的。“两肩”这一拟人化的描述，不仅让人看到了科学家的严谨和认真，也感受到了艺术家般的深情和诗意。这正应了朱光潜说过的一句话：“我所要求的是语文的精确妥帖，心里要说的与手里所要写出来的完全一致，不含糊，也不夸张，最适当的字句安排在最适当的位置。”① 可见，诗意描述与科学描述并不相悖，恰恰是可以相互支撑，相映生辉的。如此，我们又怎么能说，非文学文本无关诗意呢？

其次，非文学文本的解读与教学需要诗意观照，也是本于文本形式塑造情思的天性。

传统的“形式工具说”遮蔽了形式的独立性和主动性，甚至觉得形式“只是现实的一种苍白的，而且几乎总是不成功的改作”，② 不具备美学意义，不能作为一个美感的来源。而俄国形式主义、英美新批评、法国结构主义的“形式至上说”又把生活、历史、社会、心理思想统统视为文本的“外界”，专注于文学语言联系与构造中的“文学性”，结果将形式“纯化”“窄化”，反而使形式走向了死地。其实，形式与内容是相依相伴、相生相克的。“没有无内容的纯形式，也没有无形式的纯内容。内容与形式就如同光线穿过水晶，盐溶解于水一般，你无法把它们分离开来。”③ “形式与题材相对抗，并不是为了单纯显示形式自身，而是为了在对抗中产生‘逆转’，并从这‘逆转’中获得真正的艺术内容。”④ 如此探寻形式与内容的关系，虽然多着眼于文学文本，但其思想精髓同样适用于非文学文本。知识、思想、情感、理论等内容必须借助一定的形式才能定格、外化，两者是在相互融合、相互塑造的过程中真正丰满、完形的。形式不同，传递出来的意思、气势、情感，以及言外之意，肯定有异，甚至可能天差地别。这对深化、优化非文学文本的解读与教学，无疑具有重要的启示。

贾谊的《过秦论》中说到“秦孝公据崤、函之固，拥雍州之地，君臣固

① 朱光潜. 朱光潜全集（第四卷）[M]. 合肥：安徽教育出版社，1988：226.

② 车尔尼雪夫斯基. 艺术与现实的美学关系[M]. 周扬，译. 北京：人民文学出版社，1957：108.

③ 童庆炳. 文艺审美特征论[M]. 武汉：华中师范大学出版社，2000：113.

④ 别林斯基. 别林斯基论文学[M]. 查良铮，译. 上海：上海新文艺出版社，1958：138-139.

守，以窥周室，有席卷天下，包举宇内，囊括四海之意，并吞八荒之心”，如果将后边的 4 句话改为“有席卷天下、包举宇内之意，囊括四海、并吞八荒之心”，表达效果会怎样呢？字数一个不少，还更加工整、对仗，但是文章的弹性弱了，“波澜”没了，“气势”随之难以“旺盛”了，“念诵起来等于宣卷，反足减损意气”。①

“我没有亲见；听说她，刘和珍君那时是欣然前往的。”这是鲁迅《记念刘和珍君》一文中的原句，只是被王尚文删减两个逗号。原文是——

我没有亲见；听说，她，刘和珍君，那时是欣然前往的。

字数相同，意思似乎也相同，但在王尚文看来，体现在鲁迅先生表达方式中的“强烈的悲愤之情就大打折扣了”。这同样是“文不逮意”，因为“意”也包括了“情”，“情、意往往密不可分”。②不仅如此，形式的这一微弱变动，其间涵蕴的语气、心理、人物形象也随之发生变化了。鲁迅式的形式表现，让人分明看到了一个因愤怒、悲恸而浑身战栗、泣不成声的先生形象。读之，令人无法不为之恻然动容。

这就是形式塑造情思的鲜活例证。“书亦国华，玩绎方美”（刘勰《文心雕龙·知音》），如何玩绎，形式是最佳的切入点。也只有如此溯洄从之、溯游从之，方能真正地一窥作者心灵的堂奥。施之于教学，才会实现真正的“生命融合”，上出真正的“语文味”，进而深切地感悟形式塑造之美。同时，关注和揭示形式的秘密，也会使语文教学有章可循、有法可依，从而也使语文教学的科学性得到充分的保障，一改拖沓、随意的积弊。

王尚文对此有过切中肯綮的分析：“在听说读写活动中，语文聚焦于‘怎么说’，而其他课程则是‘说什么’。因此，语文课即使学的是哲学论文，也不会上成哲学课，《看云识天气》不会上成气象课，《田忌赛马》不会上成数学课。仅仅关注课文‘说什么’，不是语文课；即使着眼于‘怎么说’，却旨在把握‘说什么’，也不是及格的语文课。只有以课文的言语形式为纲，自觉而明确地指向提高学生正确理解和运用语言文字的能力，才是真正的语文课。”③

他是从“说什么”和“怎么说”的语用价值比较中，得出上述结论的。

---

① 夏丏尊. 所谓文气[C]//夏丏尊，叶圣陶. 文章讲话. 北京：中华书局，2012：76-78.

② 王尚文. 说什么与怎么说[J]. 语文学习，1989（6）.

③ 王尚文. 人文·语感·对话[M]. 上海：上海教育出版社，2010：20.

虽然将语文课指向“提高学生正确理解和运用语言文字的能力”，体现的是能力本位的思想，而非素养本位、存在本位主义，有忽略心灵质量、灵魂质量的嫌疑。与叶圣陶强调的“心灵的发展是国文教授的重要目的”，① 潘新和主张的“语文教育，说到底是对人的言语表现的教育，是对人的言语生命本质加以确认的教育，是言语人格、精神发展的教育”，② 还有黑格尔说的“审美带有令人解放的性质，它让对象保持它的自由和无限，不把它作为有利于有限需要和意图的工具而起占有欲和加以利用”，③ 两相比照，的确存在着境界之别——说到底，只注重语言文字的应用能力，还停留在技术生存的层面上，而非达到审美生存的高度，是不利于人的本质力量充分发挥的。但是，他紧扣言语形式之纲，捍卫语文体性的思想，仍不失睿智和深刻。

再次，非文学文本的解读与教学需要诗意观照，更是人的本质力量对象化的自然驱动。

在优秀的非文学文本中，看似客观的事物、问题，共识的事理、观点，其实已经渗透了作者的言语智慧，生命情感和人生体悟。一如成为艺术品的根雕、石雕，从外形上看，它们依然是树根、石头，可是从内蕴上看，它们已经融入了创作者的生命气息。可以说，非文学文本与根雕、石雕一样，都体现了观念与材料的统一，内蕴形式和外部形式的统一，是创作者本质力量对象化的集中绽放，这便为诗意观照提供了可能。

譬如，贾祖璋的《花儿为什么这样红》一文，如果从纯科学的眼光去看，题目就是一篇很普通的说明文的题目。从化学、物理、生理、生物进化的自然选择和人工选择这五个方面去揭示原因，其结构也只是遵循了自问自答的老路，充其量，这种扇面式的结构，体现了他广博的学识，如此而已。似乎这些资料一旦被掌握，谁都可以写。但是，这种看似普通的表象之中依然有诗意的观照。

作者不以理性色彩很浓的“红花为什么红”，或者“花红原因的科学揭示”为题，却以很能唤醒人美好情思的著名电影《冰山上的来客》的插曲，一首情歌为题，不正反映了他那颗蓬勃、欢悦的诗心吗？而且，以此为题很

① 叶圣陶. 小学国文教授的诸问题[C]//任苏民. 教育与人生——叶圣陶教育论著选读. 上海：上海教育出版社，2004：206.

② 潘新和. 语文：表现与存在（上）[M]. 福州：福建人民出版社，2004：59.

③ 黑格尔. 美学（第一卷）[M]. 朱光潜，译. 北京：商务印书馆，1979：147.

容易拉近和读者交流的距离，并且使原本严肃的文风刹那间变得活跃、亲切起来。细察文章的理路，则又会发现：作者其实并非只在一个层面上阐释现象，而是由浅入深、层层拔高，在看似平易的说明中，将读者带进了“无限风光在险峰”的阔大之境。层次越深，解释的难度就越大。“作者越是对难度大的问题做出解释，就越能表现智慧，也越能激起读者的兴趣。”[①] 这不正是一种令人“仰之弥高，钻之弥坚”（《论语 · 子罕》）的智趣之美吗？非文学文本的写作是作者本质力量的对象化，教者从形式入手，进行诗意观照，发现其中的丰富奥秘，并能个性化地启悟学生，使学生也能领略其间的奥秘，这更是言语生命实现，自我本质力量对象化的表现。

最后，尤需一说的是，非文学文本的解读与教学需要诗意观照，还跟非文学文本自身具有的美学特质的“召唤”有关。

相对于文学文本所具有的情趣之美、谐趣之美，非文学文本在智趣之美上更形显豁。文学文本存在许多不确定点，或者空白点，会形成特有的召唤结构，召唤读者深入其间，去探寻、磨合、共鸣和超越，使得审美视野不断地刷新。非文学文本当然不会存在许多不确定点，或者说空白点。恰恰相反，受文体特性的限制，它必须清晰、准确。这样一来，清晰之美、准确之美、深刻之美便成了它的重点追求，一如爱因斯坦所言的“真、简、美”。清晰、准确、深刻以求真为导向，还要简约、简易，化艰深为通俗，这就极具挑战性了。正是因为有了这种看似平易实则艰辛的挑战，非文学文本所呈现的理性之美、知识之美、智趣之美，显得更加光辉灿烂。

《死海不死》作为说明文有着该文体的共性特征，地理位置、得名原因、何以形成、现状怎样、未来的前景如何，这些客观性知识的介绍，一个都不少。但是读起来，你会发现它一扫平庸说明文的板滞与枯燥，显得特别的灵动、活泼，却又极其自然，看不出丁点儿的矫揉造作。细读之下，又能感到秘妙频频，忍不住击节赞叹。比如，将罗马统帅狄杜处决俘虏而不得的历史典故，置于死海大浮力揭秘的文字之前，避免了阅读中的“剧透”现象，和小说创作中的悬念设置，不是异曲同工吗？诸多科学数据的引用信手拈来，神话、现状的介绍如话家常，看似散漫无极的“思想流”，却又被统摄在“死（死寂，无鱼无虾，寸草不生）→不死（不被淹死）→死（干涸）”的结构形式之中，写作匠心何其独到，思想之美何其精致。

① 孙绍振. 名作细读[M]. 上海：上海教育出版社，2009：82-83.

马南邨的《不求甚解》着实属于论辩之文。文章从虚心的品质、读书的方法、认真的态度这三个方面论证了陶渊明“不求甚解”的阅读价值。似乎是很寻常的分析、论证，可是无巧不成书的是，这三个层面的论述恰恰又是在列宁、王粲、陆象山这三个人的观点的基础上建构起来的。列宁：普列汉诺夫自以为熟读马克思的著作，而实际上对马克思的著作却做了许多曲解，王粲说：诸葛亮与徐庶、石广元、孟公威等人一道游学读书，“三人务于精熟，而亮独观其大略”。陆象山说：“读书且平平读，未晓处且放过，不必太滞。”这不是典型的“一分为三”的智慧吗？这些隐藏在文字背后的有着珠玉般光泽、幽兰般芬芳的形式秘妙，无不彰显了作者对理性之美、知识之美、智趣之美的自觉追求。不仔细凝视，不用心品悟，很难发现。

语文新课标强调在阅读教学中要“乐于探索，勤于思考，初步掌握比较、分析概括、推理等思维方法，辩证地思考问题，有理有据，负责任地表达自己的观点”，[①] 这绝对不是只就文学类文本而言，定然也涵盖了非文学类文本。审美秘妙，文学文本中有，非文学文本中也一样具有。因为非文学文本中同样有叙述、描写、抒情手法的存在。赖瑞云指出过：“同样是说明蜜蜂，不同作者可能写出特征不同的说明文字，这主要是作者选择的角度不同，是客观状况不同角度的反映。”[②] 其实，角度不同，随之就会带来作者选择、重构、表现的主体性差异，这些差异恰恰是文本解读中需要特别关注的。更何况，其间不仅有情，更有智。对于非文学文本中论说文的智趣，王尚文称之为“理论美”，觉得“优秀的论说文总是从新的方面，在新的层次上把人们的认识引向新的高度和新的深度”，而且“往往通过破与立、开与合、正与反、擒与纵、进与退、藏与露、虚与实之间的对立统一，形成一种动态平衡结构，展示出一种特有的气势”。“新方面”“新层次”“新高度”“新深度”“新气势”（特有也是一种新）自然是凝聚了作者独特的体验、思考，是言语表现智慧的集中体现，所以这些方面都会形成一种极富魅力的“召唤结构”，召唤读者与之深度对话，智慧分享，一同生长。

---

① 中华人民共和国教育部. 义务教育语文课程标准（2022 年版）[S]. 北京：北京师范大学出版社，2022：6.

② 赖瑞云. 语文课程理论与应用[M]. 福州：海峡文艺出版社，2008：84.

二、诗意观照，不能忽略的三种视角

对非文学文本的诗意观照，视角很多。但是概括起来，应该不外乎以下三种。

首先，“体式视角”。

对“体式”进行诗意观照，实际上是突出“体式思维的重要性。道理不言而喻，这是保住语文教学体貌、体性的前提。离开这个前提，教学内容就会跑偏。求真也罢，求美也罢，都免谈。即使教学方法再丰富、再高妙，都无济于事。弄不好还会南辕北辙，起到负效应。对于这一点，潘新和在其著作和讲学中曾多次强调：“写作-存在本位的语文阅读教学中，文体感的培养极其重要。每篇课文的教学都有必要对文体作一番讨究。”“最好在文体上要逗留一会儿，让学生品味、感受、辨析一下文章‘体式’。阅读与写作都是文体思维。指向言语表现与存在的阅读教学，在言语智能层面，要着重培养学生的‘体式感’‘文体感’。”“阅读离开了文体，必定是不得要领的。”①

遗憾的是，这一点经常被很多语文老师所忽视。比如，在教学鲁迅的《拿来主义》一课时，有的以之作为“用件”，围绕“如何拿来”，由课文内容延展到课外生活，大谈古代中国的“送去”如何为世界作出贡献，就是没有考虑到杂文的体式，去深入探寻：作者是在怎样的语境下提出拿来主义思想的，又是如何论析的，论析得有道理、有力量吗？有的尽管涉及了议论文“先破后立”的特点，觉得“闭关主义”“送去主义”“送来主义”是“论敌观点”，鲁迅要“批驳”的对象，随后在课堂教学中又将“批驳”偷换成“批判”和“揭露”的概念，大讲特讲，却根本没有发现：所谓的“论敌观点”只不过是鲁迅对中国历史和当时现状的概括。既然谈不上是“论点”，又何以“先破后立”呢？忽略了杂文重归纳而非演绎，以及通过“典型现象”表达思想，寄托情感的特点，依然教不对路。还有的找了不少鲁迅写作时的国内外相关背景资料，给学生或课前预习，或课上铺垫，或课后拓展，似乎想贯彻一下知人论世的思想，但是因为没有注意随文生发，自然地还原写作的历史现场，加之只注意杂文“现实的针对性”，遗忘了杂文“超越具体对象的概括性”，更没有将之“上升到哲学、人类学的层面，把现实人生

① 潘新和. 语文：表现与存在（上）[M]. 福州：福建人民出版社，2004：158.

痛苦的体验升华到对于人自身的存在困境的体验”，[1] 因此对“智趣”“情趣”“美趣”的审美观照，一个也没有落到实处，以致被王荣生视为“一无是处”，令人不禁心生“惶惑”“悲凉”之感。[2]

但是如果有对非文学文本体式的诗意观照，其教学效果就大不一样了。

钱梦龙的课例《死海不死》即很好的证明。这节课“行于所当行，止于所不可不止”，谈笑间，几乎所有问题都被轻松搞定。别人眼里枯燥无比的说明文，经他一教，立刻显得精彩迭现，趣味无穷，寻常的教学在他那里真的化作了艺术创作，即教学艺术。可是这种艺术，无一不是基于体式的诗意观照和个性化的创造。比如对确数、约数，“死”的三种含义，知识小品的定义，材料组织和语言表达等内容的对话，处处都有说明文的背景打底，加上他极善于以鼓励引发兴趣，以设疑激发兴趣，以探讨开拓兴趣，以点染升华兴趣，所以学生的创造性体验真的“如万斛泉源，不择地而出”（苏轼《文说》）。

就拿探讨该文的“趣味性”来说吧！当学生说出“死”在文中用得巧妙，还有神话传说增强了故事的趣味性之后，钱老师肯定他们说得很好，但同时点拨这是“比较明显的表现”，“有些趣味性要用心体会才能发现”，并建议学生从“材料组织和语言表达”的角度“好好琢磨琢磨”。于是，学生的思维一下子就打开了——有的发现了设问句（“死海的浮力为什么这么大呢”“死海是怎样形成的呢”）引起思考的作用；有的注意了前后呼应（文章前面说真是“死海不死”，后面又说“那时，死海真的要死了”）；有的甚至透过一些转折关系的词（第一段中“但是，谁能想到……竟……甚至……连……”，第二段中“然而，令人惊叹的是……竟……即使……也……”）发现了作者的惊讶语气。但是，钱老师仍不满足，他将这些词去掉后，让学生分别读这些句子和原文句子，比较其中蕴含的语气和情感有何不同。将原本很概念化、空洞化的“趣味性”，变得那样丰满多姿，且极富人情味，真正开启了学生的“言语灵性和悟性”。[3] 法国当代哲学家和教育家埃德加·莫兰认为未来的教育任务“不是传授纯粹的知识，而是传授使我们据以理解我们的地位和帮助我们进行生活的文化；它同时促进一种开放的和自由的思维

① 钱理群. 名作重读[M]. 上海：上海教育出版社，2006：54-55.

② 王荣生. 听王荣生教授评课[M]. 上海：华东师范大学出版社，2007：348.

③ 潘新和. 语文：表现与存在（上）[M]. 福州：福建人民出版社，2004：149.

方式”。[①] 这方面，钱梦龙堪称表率。

强调对非文学文本“体式”的诗意观照，要注意体式的共性——这是可教、可学的，良好的文体感不仅可以提升阅读理解能力，还可以促进相应的写作行为，但更要注意体式的特性，即作者谋篇布局、遣词造句，彰显自我风格、才情的微技能，甚至无法言表的节奏、文气、风格等，这些地方恰恰是作者“各以所禀，自为佳好”（王充《论衡·自纪》）的标志，体现了“合格”与“出格”辩证统一的独特魅力——或许无法借鉴、模仿，但是可赏、可悟，对积淀自我的言语表现素养依然大有裨益。

孙绍振曾将审美秘妙的解读分为三个层次：第一层是一望而知的显性内容；第二层为隐性的意脉；第三层为更加隐秘的文体形式、风格、手法。他认为语文教师文本解读和阅读教学的任务重在揭示后两层，并且特别强调：“如果不能从其已知中揭示未知，指出他们（学生）感觉和理解上的盲点，将已知转化为未知，再雄辩地揭示深刻的奥秘，让他们恍然大悟，就可能辜负了教师这个光荣称号。”[②] 在非文学文本的教学中，关注体式中呈现的个性特征，往往可以一窥文本中的“深刻奥秘”，并触类旁通，带动而且深化对体式共性的理解，从而使学生昔日感觉无味、无趣的非文学文本变得饶有风致。倘若密切注意非文学文本“个性魅力”的探究、开发，“积学以储宝，酌理以富才，研阅以穷照，驯致以绎辞”（刘勰《文心雕龙》），那么在未来建构一整套的“说明学”“论辩学”，并非没有可能。杨义说“有感悟力，有感觉的人，第一印象是鲜活的”，“要抓住这新鲜的思想萌芽，上下求索，产生新的理论”，[③] 对无论基础理论、应用理论，还是应用技术理论都很薄弱的非文学文本教育来说，尤需抓住鲜活处、独特处，细心研磨，深入开掘，力争在看似无学问的地方做出学问来；在看似小学问的地方，做出大学问来。

事实上，稍加留心，非文学文本体式上的个性特征还是很多的，也很值得认真研习和探讨。比如同是带了随笔的性质，鲁迅的《中国人失掉自信力吗》和冯友兰的《人生的境界》，都有一种“流动线条的美”——鲁迅针对当时舆论界的论调“中国人失掉自信力”，从“他信力”说到“自欺力”再反弹出蕴藏在中国脊梁式人物身上的“自信力”；冯友兰从中国传统哲学的

① 埃德加·莫兰. 复杂性理论与教育问题[M]. 陈一壮，译. 北京：北京大学出版社，2004：3.

② 孙绍振. 名作细读[M]. 上海：上海教育出版社，2009：1.

③ 杨义. 读书的启示[N]. 光明日报，2006-07-27.

任务“提高人的精神境界”说起，继而细说人生的四种境界：自然境界、功利境界、道德境界、天地境界，再以柏拉图的“理智世界”，圣人的“觉解”，禅宗的“觉悟”来谈天地境界的崇高与美好，最后以哲学的崇高使命（满足人对超越尘世的渴望）作结。这种“流动线条的美”，的确如李泽厚所言，体现了“内在韵律、内在节奏之美，它与自然、宇宙的生命韵律、变化节奏相通，也是人的精神、情感丰富的表现规律的反映”，是“更为高级、更为深刻的美”。[①]但是，两者在言语风格、情感强度、言说态度上是截然不同的，前者峻急，后者纡徐；前者激越，后者淡然；前者横眉冷对，后者雍容超脱。同是善于命名，鲁迅的“他信力”“自欺力”是从“自信力”的构词方式中汲取灵感，创造出来的，却又紧扣当时的社会心理，有勾魂摄魄的概括力，也有一剑封喉的抨击力；冯友兰的“觉解”“自然境界”“功利境界”“道德境界”“天地境界”，则体现了深沉的生命体验和人生哲思，有跨越时空、沟通古今的涵容力、阐释力，学理分析与创新的色彩异常浓郁，这是很耐人寻味的。

也许有人觉得这种探究是本末倒置，主次不分。非文学文本的教学应该重在求知、求真、求理，点到即止，至于作者的言语表现匠心，言语生命意识、言语人格特质等，则是玄之又玄，虚之又虚，不可深究。“语言——内容——语言”的阅读才能把自己的落脚点落实在语感上。[②]可是，这些深层的奥秘不能搞清楚，所谓的求知、求真、求理，又能实现几何？潘新和早就指出：“学会写最一般的应用文字，只能说是语文教育的一个最低限的也是最简单的要求，因为它只是一种工艺‘操作’，而不是一种精神‘创造’。”[③]既然应用文字的写作是一种“精神创造”，而不是“最低限的工艺操作”，那么解读和教学过程中就应该理直气壮、义无反顾地去关注那些体现创造的神奇之处、独特之处，以此带动对共识的掌握，语感的训练。当下的语文教学，死死咬住所谓的知识点、能力点，疯狂地训练，连文学文本都不能幸免，结果又怎样呢？求知、求技，未能功德圆满；求美、求道，更成南柯一梦。方智范说：“语言是意识、思维的载体，也是心灵、情感、人格的投射，

---

① 李泽厚. 关于中国美学史的几个问题[C]//上海市美学研究会. 美学与艺术讲演录. 上海：上海人民出版社，1982：203-205.

② 李海林. 李海林讲语文[M]. 北京：语文出版社，2008：80.

③ 潘新和. 存在与变革：穿越时空的语文学[M]. 济南：山东教育出版社，2012：10.

语言和思维、情感同时发生，把语言和它表达的内涵剥离开来是不可能的。”[①] 爱因斯坦说得更为淋漓：“用专业知识教育人是不够的。通过专业知识，他可以成为一种有用的机器，但不能成为一个和谐发展的人。要使学生对价值有所理解并且产生热烈的感情，那是最基本的。他必须获得对美和道德上的善的鲜明的辨别力。否则，他——连同他的专业知识——就更像一只受过很好训练的狗，而不像一个和谐发展的人。”[②] 如此，我们又何必漠视心灵、情感、人格、对美和道德上的善的鲜明的辨别力，将真正有价值的人文内涵弃之不顾？将语用能力作为语文教学的最高目标，“一叶障目，见技不见道，见器不见理，见言不见人”，[③] 还怎么谈和谐发展？如此，语文教育又岂能不失魂落魄？

其次，“结构视角”。

结构是文本之纲，也是教学之纲。熟谙了文本的结构，对文本理路，连同作者的思维方式、言语风格，以及审美取向的把握，就会有比较可靠的保障。而教学的整体性，语文的体性，也能得到真正意义上的坚守，自我的教学个性，创造力才能得以顺利、健康地迸发出来。

这一点，很多名师成功的课例均可为证。比如于漪《晋祠》一课的教学，看似信马由缰，纷繁芜杂，如让全班学生挨个儿口述中国的名胜古迹；听写《中国名胜词典》中关于晋祠条目的文字；将课文的内容与之对照，看哪些内容被写出来了，哪些没有被写出来，是否有出入，二者谁写得好；作者在悠久的历史文物和优美的自然风景之间，更看重前者，为什么不先写前者？作者是如何抓住特征进行说明的？作者是怎样进行艺术渲染的？可以说，纷杂的问题背后，时刻有一双隐形的“结构之手”在控制着，调节着。特别是第二节课引导学生对文章总分结构的具象感知，使课堂教学立刻有了形散神聚的艺术效果。

而魏书生《统筹方法》一课的教学，之所以被王荣生批为“没有课程的视野”“不在课程与教学内容上除旧纳新”“效率几乎为零，很可能为负”，[④] 正是缺失了文本结构视角。如让学生脱离文本语境，死背“万事俱备，只欠

① 方智范. 理解与创新：人本中心的透视与解读[M]. 济南：山东教育出版社，2012：133.

② 爱因斯坦. 培养独立思考的教育[C]//爱因斯坦文集（第 3 卷）. 许良英等，编译. 北京：商务印书馆，1979：310.

③ 潘新和. 语文：表现与存在（上）[M]. 福州：福建人民出版社，2004：151.

④ 郑桂华，王荣生. 语文教育研究大系（中学教学卷）[M]. 上海：上海教育出版社，2007：55.

东风”“不无裨益”的意思；作者明明讲统筹方法是一种安排工作进程的“数学方法”，课文图 1-3 是最本质的说明，可是教者却花大量的时间去画课文图 1-1——非数学方法的图示；作者明明说统筹方法在“企业管理和基本建设中，以及关系复杂的科研项目的组织与管理中”，都可以应用，教者却引导学生从做饭做菜、开运动会等日常生活中举例，这不仅与“数学”没有关系，而且还偏离了作者限定的范围。从文本结构的“头”到“身”到“尾”，都发生了可怕的误判，因而产生教学内容选择的谬误。

当然，非文学文本的结构形式有时也会显得很隐蔽。这时，我们绝不能以“逻辑顺序”这个正确而空洞的词汇打马虎眼，草草收兵，而应深入探查，将作者的理路，或者说文脉彻彻底底搞个明白。非常有趣的是，这类文本的结构识别难度虽然较大，但是其文学韵味倒是很浓郁的。通常的情况是，结构一旦被厘清，教学的“图谱”往往随之会很快被建构。运筹帷幄，决胜课堂的潇洒便可以轻松实现。试想，如果洞悉利奥波德《大雁归来》的辐射结构——无声的飞翔、抵达目的地的欢叫、玉米地中的辩论、忧郁的叫声、联合的号角、集会时的鸣叫，这些内容都是以“野性的诗歌”为核心灵魂散逸开来的，还能对大雁的生活习性、迁徙命运、类人灵性不认真凝视，对作者爱到深处的情感无动于衷吗？如果把握汪曾祺《端午的鸭蛋》一文“习俗中的端午鸭蛋——远近闻名的端午鸭蛋——端午鸭蛋的乐趣”这一流水式的结构，还会对他以“慢”牵引审美情趣，以“名”点染审美情趣，以“事”放大审美情趣，①将习俗介绍融入叙事的艺术，还有他现代士大夫式的风雅，对故乡的挚爱之情熟视无睹吗？

黑格尔说过：“把自己的灵魂注入一个精美的模型，并让它在里面逗留片刻；听听因自己发表高见而激起的配有热情和青春的音乐的回声；把自己的气质像输送稀薄的流体和清幽的异香一般输入别人的身躯，这确是一种享受。”②文本的结构形式恰恰是这样令人亲切的模型。

以上所论“结构”，侧重的是“篇结构”，诗意观照当然也要关注“段结构”“句结构”。段与段之间的相互作用，可以逼挤、催生出意义、灵魂，句与句，词与词之间，一样可以做到。明乎此，方可领悟教学整体观，发展观的真正要义。

---

① 汲安庆. 小小鸭蛋情趣多[J]. 语文学习，2009（9）：33-35.

② 王尔德. 道连·葛雷的画像[M]. 荣如德，译. 济南：山东文艺出版社，1999：40.

仍以《端午的鸭蛋》为例。在文章的第一段，汪曾祺如数家珍地罗列了故乡高邮的七大主要习俗：①系百索子；②做香角子；③贴五毒；④贴符；⑤喝雄黄酒；⑥放黄烟子；⑦吃十二红。虽然对每种习俗的介绍都笔墨简省，但是依然能感受到作者娓娓道来的纡徐之风。因为这是典型的烘云托月之法：不紧不慢地让前面六大习俗依次亮相之后，才让“主人公”端午鸭蛋出场，且是夹在“十二红”中的其他“红”之中，如苋菜、油爆虾，不是一下子具备了“千呼万唤始出来，犹抱琵琶半遮面”的艺术效果了吗？看似不经意，似乎还有拉拉扯扯的嫌疑，却是为“大牌的”端午鸭蛋压轴式的“现身”造足了势。“慢出场，细描述，却活色生香，饶有趣味，只因其间浸透了作家对故乡深眷的爱。”

说到词与词相互作用，催生了意义、灵魂，《端午的鸭蛋》中更是不乏其例。比如，介绍儿时做鸭蛋灯笼的一段——

……敲去空头，不把蛋壳碰破。蛋黄蛋白吃光了，用清水把鸭蛋壳里面洗净，晚上捉了萤火虫来，装在蛋壳里，空头的地方糊一层薄罗。

作者是60多岁时回忆故乡这一习俗的，倘若把做鸭蛋灯笼当作10岁左右的趣事，那么这中间竟有50年的时间跨度。50年，多少事情会灰飞烟灭啊，可是儿时做鸭蛋灯笼的过程竟然还历历在目，这不能不算是一个奇迹。“萤火虫在鸭蛋壳里一闪一闪地亮着，好看极了！”这该激起作者多少美丽的想象，挽住多少创造的欢愉，又会折射出他对童年生活多么深情的怀念。相信老人写这句话时，一定又浮现了儿时那好奇而甜蜜的笑脸，还有捏着鸭蛋灯笼和其他伙伴嬉戏时发出的清脆的笑声。往事，因为用心而清晰，因为用情而快乐。

最后说说诗意观照的“修辞视角”。

人教版高中必修2在《修辞无处不在》一文中，将修辞分为三类：语音修辞（押韵、对偶等，使语句富有节奏，优美动听）、词语修辞（如古人所说的“炼字”）和语句修辞（如古人所说的“炼句”，并告诉学生：修辞远不只是比喻、拟人等修辞格，凡是对语言进行选择、调整，使语言表达更加鲜明、生动、妥当的，都叫修辞。人教版高中必修1在《新词新语与流行文化》一文中，对“低保、作秀、炒鱿鱼、生物入侵”等新兴词汇产生的原因，及其存在、使用的合理性也做了阐释，并鼓励学生注意搜集，积累、感受时代的脉搏，研究它们与社会文化发展的关系。在《修辞》一文中，还特地介绍了词语搭配的变异现象、词类活用现象，如“捧起清清的湖水，吻一吻手中的月亮”。这些知识，显然融会了当下修辞学理论最新成果的精髓，对非文学文本的解读和阅读教学具有重要的启示。

事实上，在很多成功的教学案例中，都有修辞视角的诗意观照。缘于此，课上得实在而灵动，新鲜而活泼。于漪的《晋祠》一课的教学实录中，就有不少这样的例子。比如针对描写晋祠自然景物的一句总起句“晋祠的美，在山，在树，在水”，她故意质疑：“晋祠的美在山、树、水，可以不可以？”学生通过讨论、朗读，很快就明白了：课文中的排比句加强了语气，显得很有气势，给读者的印象比较深。还有的学生竟从中看出了“由高到低”的顺序。这本是很丰硕的收获了，可是于老师没有止步，继续启发道：“山怎样？”学生齐说：“巍巍的。”于老师趁势引导：“再看课文，把晋祠——”学生立刻齐答：“抱在怀中。”〔师做了一个“抱”的姿势〕“因此它的顺序是什么？”学生恍然大悟，异口同声地说：“由外到内。”于老师就势点染：“在山，在树，在水，读起来有气势，而且上口，用排比的写法是好的。刚才几位同学讲得很好〔指部分板书〕这些是说明对象。这些说明对象的特征抓得对不对呢？〔手指板书〕说明文要‘明’，就得把说明对象的特征抓准。”①

一看就懂，似乎毫无技术含量的一句话，被她从修辞的视角一观照，立刻挖掘出了如许的深意和奥妙，相信这不仅会使学生明悟到作者的言语表现之美，更会体味到她教学过程中的探索之美。

三、诗意观照中须注意的几对“关系”

在非文学文本的解读与教学中，诗意观照还应注意把握以下几对关系。

1. 深与浅

非文学文本的语言以明晰、周密、准确见长，看上去一览无余，通体透明，似乎并无多少深意，不值得细品。于是，学生带着问题自学，老师负责核对答案的方式便成了教学的常态。文本被弱化成电视、洗衣机一类的说明书，教师则退化成一个虚拟的安装师傅。“教”成了“把白话翻译成另一个说法的白话”的重复，②“学”则成了相关信息的检索、重组和记忆，情趣没

① 郑桂华，王荣生. 语文教育研究大系（中学教学卷）[M]. 上海：上海教育出版社，2007：55.

② 中央教育科学研究所. 叶圣陶语文教育论集（上）[M]. 北京：教育科学出版社，1980：183.

了、美感没了、科学精神、论辩智慧……都没了。

这当然是极其粗浅的陈见。同样的现象、事理，为什么有的人说得生硬枯燥，还啰啰唆唆，讲了老半天依然让人一头雾水？即使你调动了全部的心力、意志去倾听，也无法掌握其言说的核心。而有的人三言两语，立刻就能让你洞明事理，熟知对象。再艰深、再复杂的道理、事物，经他一说，立刻变得浅显易懂，趣味无穷。他讲得再多，你都不嫌累。甚至有听了还想听，读了还想读的冲动。无他，这里除了有他精细的观察、新鲜的体验、深刻的思考之外，还有不为人知，却坚韧地存在的言语表现艺术。所谓“深人见其深，浅人见其浅”。优秀的非文学文本不是不“深”，而是缺少发现“深”的眼睛，体验“深”的心灵。

见“深”通常与见“意”紧密相连。比如，你能从汪曾祺对袁枚《随园食单·小菜单》中关于“腌蛋”一条貌似客观、寻常的引文，发现这位老爷子竟然和鸭蛋、高邮形成牢固的战略联盟，甚至融为一体，有一种童心未泯的特征，那么你就真的见出“深意”了。这种深意当然不是特指那种艰深的形而上之思，别人都不懂，唯有你懂，才叫深；也指潜藏在文字背后的一些很家常、通俗的思想、情感、心理、欲望等能显示个性特质的东西，别人未觉察出来，你却仿佛用一双大观之眼发现了，这也叫“深”，而且是令人心服口服的“深”。

见这种“深”通常由“形”入手。因为语感强调的正是对“语言和语境关系”的感受，对“言语行为意义”的感知，“实际上是经由语言透过语言又超越语言去感受语言使用者的内心——他的情感和思维”。[①] 见“言”不见“人”，阅读层次永远都深不起来。试想，汪曾祺在浩如烟海的古代典籍中，竟然能清晰地记得关于故乡鸭蛋的描述出自何处——《随园食单·小菜单》，并视为骄傲的法宝，有滋有味地一个字、一个字地抄录下来，生怕别人暗讽自己自说自话，多不容易啊！袁枚是他不喜欢的作家，可是看不喜欢的人的文字都“觉得很亲切，与有荣焉”，这不是童真得可爱，又是什么呢？“童心未泯”的这一感悟正是在文本的整体语境中，透过语词组织中的矛盾、特异处，捕获了作者的心灵密码。

见“深”更关联着见“美”。人性美、人情美、思想美、风俗美、形式美、创造美……美的文字背后一定有一双美的眼睛在，有一颗美的心灵。见

① 李海林. 李海林讲语文[M]. 北京：语文出版社，2008：78.

不到“美”，“深”也无从谈起。王尚文说：“优秀的论说文并不是只向读者简单地告知某一道理，而是表现为一个探索、论证的过程。这一过程不是直线进行的，而是曲线发展的，如音乐的节奏那样有快有慢，有长有短，如同绘画的运笔那样有疏有密，有浓有淡，显得婀娜多姿，新奇迭出。”[①]可是，我们的老师是怎么观照论说文的呢？要不在引论、本论、结论这一大而无当的框架中进行海量而茫然地训练，要不将之技术化为这个“式”，那个“法”，如“总分总式”“对照式”“层进式”“引、议、联、结式”，还美其名曰“写作秘籍”“论证法宝”“接地气”，然后按图索骥，照模子拼装，乐此不疲。美被践踏了、玷污了、摧毁了，写出来的文章还能有深意吗？

强调探寻非文学文本的“深”，不是为了故意刁难学生，自显深邃，而是为了让学生感受更高层次的浅而能深，深而能美，美而能新，深浅互洽的言语表现魅力。达不到这样的境界，非文学文本的解读与教学只能味同嚼蜡、人见人厌。

2. 粗与细

如果说对“深浅”关系的把握，主要是着眼于非文学文本解读与教学的“高度”和“深度”的话，那么对“粗细”关系的把握更关注“厚度”与“精致度”。

关注“粗细”之间的关系，一是源于文本创作的实际。在非文学文本中，同样存在着笔墨分布的艺术。何处该细绘，何处该勾勒？为什么这个地方需要细绘，那个地方可以勾勒？都是需要考究的。缘于此，往往可以借此见出作者的匠心。这种知识，不纯粹是现代作家所知晓，古人也懂。你看，虽然是按季节顺序介绍三峡水的特点，但郦道元首先写的是夏水，大有异军突起的感觉，而且浓墨重彩地渲染的也是夏水，共40个字，突出其“急”的特点；其次是春水、冬水，二者是合在一起写的，共35个字，主要突出其“清”的特点；最后才是秋水，真是少之又少，只有一个字“肃”，还是和“林寒”“猿鸣凄异”的特征结合在一起写的。粗细如此分明，显然是有一定的写作考量的。

韩愈的《马说》借千里马自况，写尽了所有怀才不遇者的辛酸，表达了对当时统治者不识人才、埋没人才的极大悲愤。文章叙议结合，互为表里。关于千里马的象征性刻画，作者主要写了3个内容：①千里马的悲惨结局

---

① 王尚文. 人文·语感·对话[M]. 上海：上海教育出版社，2010：7.

（祇辱于奴隶人之手，骈死于槽枥之间）；②艰难的现实（一食或尽粟一石，食马者不知其能千里而食也）；③与主人无法心气相通的悲酸（策之不以其道，食之不能尽其材，鸣之而不能通其意，执策而临之，曰：“天下无马。”）在这“三主”之中，“与主人无法心气相通的悲酸”显然是“主中之主”，整个文章的结构如同钱塘江潮，一浪盖过一浪。至此，达到了悲愤情感的高潮。以叙引论，论寓其中。因为有了这种张力弥满的蓄势过程，所以后一句“其真无马邪？其真不知马也”，对统治阶级的控诉、鞭挞一下子就达到了巅峰，颇具震撼人心的力量。

二是源于学生知识的实际。奥苏贝尔的认知同化理论认为，意义学习是通过新信息与学生认知结构中已有的有关概念的相互作用才得以发生的；由于这种相互作用的结果，导致了新旧知识的意义的同化。[①] 实际上强调的就是在旧知的基础上建构新知。维果茨基的“最近发展区理论”说到学生的发展有两种水平：一种是现有水平，指独立活动时所能达到的解决问题的水平；另一种是可能的发展水平，也就是通过教学所获得的潜力。两者之间的差异就是最近发展区。教学应着眼于学生的最近发展区，为学生提供带有难度的内容，调动他们的积极性，发挥其潜能，使其超越最近发展区而达到下一发展阶段的水平，然后在此基础上进行下一个发展区的发展。接受美学认为，读者有一种“期待视野”，当文本提供的视野和读者的期待视野距离过大时，作品就会难以理解而失去吸引力。反之，如果距离太小，读者又会因太熟悉而对作品不以为然。

这些学说为我们在教学中把握“粗与细”的关系，提供了极好的方法论启示：属于学生知识势力范围的内容，或即使越出，他们也能“跳一跳就摘到”的内容，完全可以粗讲、少讲，或不讲；当他们处于半懂不懂，似懂非懂，很想弄懂却又力不从心的情况下，或离期待视野太远，再怎么跳都无法摘到时，则需要细引、巧助、妙点。当然，还有一种特殊情况需要引起高度注意，那就是：任你怎么细引、巧助、妙点，学生也无法弄懂，也就是说处于孔子所描述的“举一隅不以三隅反”（《论语·述而》）的状态时，完全可以“粗处理”；与之相反的是，当学生处于似乎非常熟知，熟知到已经无感的状态，请他讲解却又无法言明的时候，则需要“细处理”。

从这个角度讲，艺术地处理好“粗与细”的关系，也涉及了对“扶与

① 施良方. 学习论[M]. 北京：人民教育出版社，2001：233.

放”的辩证把握，体现了课堂教学的柔韧度和灵活度。当下很多老师受“弘扬学生主体精神”说的影响，不敢讲，也不敢引，生怕“剥夺学生思考权”的大帽子扣在自己头上，于是出现了学生误说、不会说，也听之任之的“暗胡同”教学现象，[①]彻底放弃了“细处理”“精处理”，这正是对“粗与细”关系把握不当的体现。不仅遏制了学生智慧的发展，也妨碍了学生自我思想的生长。

优秀的教师从来不会这么偏执。他们听从真知的呼唤，遵循艺术的真谛，在粗与细的把握上，总能悠游从容，化平庸为神奇。钱梦龙《死海不死》一课的教学，在这方面堪称典范。

在这一课中，死海的地理位置，人在死海里为什么不沉，死的三种含义，文本的科学性、知识性特点，游弋、执迷不悟等词语的理解，他都轻松掠过，而对约数与确数的含义、用法，小品文的特点，文章的趣味性，高精尖难题“死海数百年后可能干涸，作者的推断依据是什么”，他则巧妙地加以细化、放大。更令人感佩的是，无论粗处理，还是细处理，他基本上都是在和学生商量的情况下决定的。其中，对高精尖难题的探讨成了教学中的神来之笔，其细致处理所带来的求真之趣，思考之美，达到了令人叹为观止的地步。

不妨将其与学生所探讨时的启悟之问罗列如下：

①课文最后这一段说死海数百年后可能干涸，我先问你们，作者推断的根据是什么？

②那么，死海水面下降的原因是什么？

③现在请大家听好了，我出的难题是：按照作者这样的推算的思路和方法，死海真的会干涸吗？

④这样吧，我把问题再具体化一些：死海海水的蒸发量大于约旦河输入的水量，是作者认为死海将会干涸的原因，你认为死海的蒸发量是不是一个不变的常量？

⑤请注意，天气变化或地壳的变动等等这类偶然的因素不在我们的考虑范围以内，何况死海盆地的气候干旱少雨，全年的降水量加在一起不过50~60厘米。刚才你把我出的难题解释得很好，怎么自己倒忘了？请你从作者计算思路这个角度去思考：即使按照作者的计算，死海的蒸发量会不会发

① 鲁迅. 鲁迅全集（第4卷）[M]. 北京：人民文学出版社，1981：270.

生变化？

⑥大家说说，海水的蒸发量和海面面积是什么关系？

⑦既然死海海水的蒸发量随着死海海面的逐渐缩小而减少，那么结果会怎样呢？

⑧对啦！当死海海水的蒸发量等于约旦河水的输入量的时候，死海就死不了。当然了，那时的死海也不会像现在这样无边无际，波涛起伏，而是死也死不了，活也活得不像样，这是一种什么状况？

〔生（齐）：半死不活！（笑声）〕

于无疑处生疑，这需要怎样的严谨和细心！向权威质疑，这需要怎样的勇气和自信！严密的逻辑推理，地理、气象、数学等学科知识的集约运用，不同思想溪流的交汇，终致疑而能胜，这又是怎样的酣畅和潇洒！有人说："听钱梦龙老师的课，就像欣赏一台高水平的交响乐，而钱先生就像一个高明的指挥，乐队的每一个音符都不是指挥演奏出来的，但每一个音符又都有指挥的影子。"① 这种教学境界的实现，与他对深与浅、粗与细关系的天才运筹，应该不无联系吧。

3. 内与外

这对关系涉及了教学的"广度"和"新度"。在非文学文本的教学中，为了验证或质疑文中的观点，或为了拓展学生的经验边界，深化他们的认知体验，增加教学的新鲜感，很多老师喜欢将课外的材料引进课堂，形成文本内外、课堂内外的互动。这本来是一件好事情，但是因为把握不当，出现了许多令人哭笑不得的现象，诸如例说不当、阐释错位、比例失常、融合不良，等等。

最典型的例子莫过于郭成杰例说冯友兰人生境界理论的例子。在郭老师看来，李逵"为杀人而杀人"，是自然境界的人；武松"为报仇杀人"是功利境界的人；鲁智深符合"宇宙的一员，自觉地为宇宙的利益做各种事情"的标准，是天地境界的人。② 这种"文内观点文外证"的做法，遭到了王荣生的否定，理由有二：①对哲学论文体式的把握不当。哲学论文通常"以你生而为人的一般经验为基础，系统地提出可能提出的最深刻的问题，作出审慎而清晰的回答"，"要回答哲学的问题，除了思考以外，别无他法"。言下

① 郑桂华，王荣生. 语文教育研究大系（中学教学卷）[M]. 上海：上海教育出版社，2007：42.

② 郭成杰.《人生的境界》课堂实录[J]. 现代语文（教学研究版），2006（1）：80-81.

之意，只需分析、总结、解释文本中现成的一般经验即可，不必外寻例子加以验证。②与哲学论文的阅读方式极不般配。因为“用各种人物，事例去坐实地教学人生境界学说，混淆了人我，搅乱了学说”。[①] 何以如此，他援引瑞德帕兹的一段关于如何读懂深奥著作的话，代替了自己的分析——当我们读一部需要精读的深奥著作时，我们必须试着从所给例子的背景上领会作者的定义，并且将其转化成自己的词语定义，使我们可以在日常会话中用自己的语言描述作者的例子。一旦我们将作者的实例与自己的定义融为一体时，我们就已经将作者的思想变为当代人耳熟能详的措辞。用这种方式，我们就使艰深之作变得易于理解了。”[②] 其中的道理无非是指：只要将文本中的例子弄熟，弄透，在参悟了其间的思想后，还能用当代的熟词表达出来，就万事大吉了。

如此的解释显然不能令人信服。

第一，以自己的一般经验去分析、总结、解释他人的经验、思想，固然没错，但是“只”这样做，未免就有落入空对空的玄虚的危险，使理解成了纯粹的概念游戏。更何况，自己的“一般经验”不一定与作者完全契合。倘若不能化合，依然是文外的经验。而经验通常包含着很多“坐实”的例子。这如何能避免？一定非要“只”和作者的经验高度契合不可，那么自我的视野、经验的边界、思想的深化又该如何达成？“和实生物，同则不继。”（《国语·郑语》）如果没有“异质”思想、经验的碰撞、激活，只求高度地化合、一致，这样的分析、总结、解释怎能创新呢？尼采曾把教师称为“一种必然的恶”，正是因为教师只知“灌输给学生有限的视角和狭隘的视野”。[③]

第二，只限于弄熟文本所给的例子，参悟作者的“定义”，再用自我熟知的当下“措辞”去表达，岂不是变相的鹦鹉学舌？这种定义熟知之后，不能去解释生活中的大量经验事实，那么这样费尽心力的熟知和复述，又有何实践意义呢？更何况，冯友兰本人在阐释别人的思想时，也会用文外的例子“坐实”论证的，比如他在说到“出世的哲学”时，用了释迦牟尼的思想“人生就是苦难的根源”，柏拉图的观点“身体是灵魂的监狱”，还有中国道

① 王荣生. 听王荣生教授评课[M]. 上海：华东师范大学出版社，2007：322.

② 彼得·A. 瑞德帕兹. 阅读的革命：怎样读难懂的书[M]. 北京：中国科学技术出版社，2001：69.

③ 弗里德里希·威廉·尼采：尼采全集[M]. 杨恒达译. 北京：中国人民大学出版社，2011：1.

家的学说“生命是个赘疣，死亡是除掉那个瘤”。[①] 如此，又何必硬要画地为牢，局限自己的思想呢？奥苏贝尔早就表达过这样的意思：在教学生掌握一般的、包摄性较广的命题时，除了要唤起学生已有的有关概念之外，还需为学生提供一些不曾了解的事例，以便使学生较全面地掌握该命题。[②] 因此，外寻例子证明文本的某个观点，不仅没有错，而且很有必要。关键是看外引的内容是否真正有助于掌握文本中的相关概念、命题。

但郭成杰的例说的确也存在问题。

李逵的杀人是否“顺着他的本能”或“其社会的习惯”，并无“觉解”？鲁智深是否了解到了“超乎社会整体之上的更大的整体——宇宙”，是否“是社会的一员”，也是“宇宙的一员”，是否真的在为“宇宙的利益而做各种事”？这些问题如果没有得到可靠的论证，就匆忙定性，生拉硬扯地往相关的境界中套，肯定是有失妥当的。

这便引出一个问题：文本以外的资料该如何合情合理地引入课堂教学？

就上述案例，结合当下刊物上登载的有关非文学文本的教学实录，教学设计，我们至少应该注意以下几点。

（1）正确。外引内容的正确其实是基于对文本中的相关论点、概念、论证方式、论证过程的准确认识的基础之上的。认识正确了，外引就不会发生方向性的错误，哪怕援引反面的质疑、批判观点。同理，在说明性质的文类教学中，也要注意在正确理解作者说明意图、说明方法、说明艺术的前提下去外引资料。唯其如此，丰富学生对说明对象的性质、用途、特征、历史、现状、实用价值、科学价值，或审美价值等方面的认知，使课堂教学真正地科学化、丰富化、生动化起来，才会成为可能。事实上，外引资料如果离开了“正确理解”这个前提，无论对写作，文本解读还是课堂教学，都会适得其反。达不成教学目标不说，还会误导学生的认知，影响他们言语表现力的正常发展。郭成杰老师外引水浒人物，例说自然境界、天地境界；魏书生老师引导学生外引烧菜做饭、开运动会的例子，阐释统筹方法，之所以被视为失当，正是因为对文本中相关概念、定义的理解不准确。

（2）自然。这一原则强调的是外引资料和课堂教学内容的和谐相融，或者说是基于文本实际、教学实际的一种自然生成，绝非生硬、机械地拼凑、

① 冯友兰. 中国哲学简史[M]. 北京：新世界出版社，2004：7.

② 施良方. 学习论[M]. 北京：人民教育出版社，2001：229.

组装，甚至将其作为掩饰教学平庸、肤浅的遮羞布。于漪老师外引《中国名胜词典》中的晋祠条目与课文比照，让学生感受二者不同的表现方式、风格、妙处，深化对说明文文体特征，表现艺术的理解，这是自然；钱梦龙老师在学生回答死海的地理位置出错时，立刻扼要引出巴基斯坦和巴勒斯坦的地理方位知识，这也是自然。外引资料不拘时段，可以在教学的起始，丰富感性积累，促进思维“热身”；也可以在中间阶段，引类联想，推进思维的深化；还可以在末尾阶段，或造势、或点睛，既可让思维得以刷新、拓展，也可使课堂丰满多姿，余韵绕梁。

（3）适度。“正确”突出的是不要“错引”“乱引”，“自然”突出的是不要“笨引”“死引”，“适度”突出的则是不要“滥引”或“不引”。有活力的语文课堂一定是跨越时空、跨越学科的不同生命之间富有生气的精神对话，生命体带着各自的经验、生活、思想参与交流本是题中应有之义，所以外在生活的“不引”是不可想象的。但是，无论教师，还是学生，对外在生活的引入，也不能太泛滥，以致造成喧宾夺主，本末倒置的乱象。

某教师执教《胡同文化》，“用大量的胡同图片和新闻链接，让学生在幻灯片上进行《胡同文化》的学习”，结果使文本反而“变成了教学的累赘”，[①] 遭到很多学者的批评，个中原因，正是“滥引”。

这种情况并非个例。

王荣生教授曾就《人生的境界》一课的教学做过调查，所选的26个课例——多发表于国内知名的语文期刊，“大量援引史料和事例”，去“例说境界，外向质辩作者观点”的比比皆是。[②] 甚至出现“在以问答讨论的形式，调侃幽默的口吻，深入浅出地说明哲学、价值观、世界观、境界等相关概念后”，要求学生“打开书本，最多用五分钟时间看完课文”，然后直奔外引资料，“分举大量事例”，依次漫谈诸如“境界的高低由什么来决定”，“处于自然境界的人依据什么来做事情”等问题的现象。这还没完，教者又接着用日本法律规定的“失主必须拿出财物一定比例的金额给捡到东西的人作为报酬”的事例，以及组织“玉海隆福大厦打假应该胜诉还是败诉的法庭辩论”等，让学生质辩作者把义和利对立起来的观点合适与否。

乍一看，教师的思路是没有问题的。深入浅出地阐释重要概念，分举大

① 郭丽丽.“守”与“放”的平衡艺术：也谈阅读教学的有效性[J].中学语文，2014（2）.

② 王荣生.听王荣生教授评课[M].上海：华东师范大学出版社，2007：315.

量事例，和学生探讨文中的重点问题，引资料质疑作者的观点。没有一定的阅历和学养，还做不到这一步。但是，这些颇具深度和挑战性的设计却建立在“五分钟”读完一篇难度不低的哲学随笔的现实基础上，学生连读完尚且很困难，感性记忆、理性认知几乎都未来得及建构，就匆忙外引大量资料，还要进行深度讨论，这怎么能达到理想的教学效果呢？

“日盈则昃，月盈则食。”（《周易·系辞传》）在非文学文本的教学中，处理“内与外”的关系，亦然。

（发表于《北京教育学院学报》2014年第4期，作者：汲安庆）

学理依据与策略方法：宏观视野下语文文本的深度解读

新课程改革实施二十多年来，中国语文教育经历了从“师本”到“生本”、从“讲堂”到“学堂”、从“知识”到“能力”、从“知识灌输”到“核心素养培育”的范式转型。这一变革的核心在于通过语文文本的深度解读，培养学生的自主精神与批判性思维，实现“知、情、意、行”的全面发展。然而，当前语文教学仍面临着文学资源匮乏、[1]批评理论滞后、批判性思维缺失、科研意识淡薄[2]等现实困境。

语文教材是《语文课程标准》的重要物质载体。它凭借具体明晰的内容与直观易懂的呈现方式，将课程标准的指导理念转化为生动具体的教学实践，从而有效落实课程标准的教育要求。它不仅具有扎实的学理性，同时又蕴含着丰富的文学性，是语文教学的重要依据和学生学习的重要资源。语文文本解读是语文教学的核心环节，是教师、学生与文本进行深度对话的过程。深度解读语文文本的能力是教学改革的关键，是教师必备的硬功夫，影响着老师对文本的理解力、对教学的设计力、对思维的引领力、对实践的整合力以及对教学效果的评价力等。

一、教育融合：语文与文学的多维交织

在探寻语文与文学的深邃内涵及其交织关系时，我们仿佛踏入了一片充满诗意与智慧的广袤原野。什么是语文？语文，作为语言文字的精妙结晶，既承载着工具性的坚实基石，又蕴含着人文性的灵动光辉。叶圣陶先生以其深邃的洞察力，将语文定义为“应付生活”的必备技能。语文宛如一把开启

① 刘冬蕊，楚爱华. 语文课文学资源的匮乏及对策[J]. 天津师范大学学报（基础教育版），2015（4）：52-56.

② 楚爱华，王振丹. 走出中小学教育科研的焦虑[N]. 光明日报，2021-09-07.

社会交往之门的钥匙，让语言在信息传递的长河中流淌不息。然而，语文的内涵远不止于此，有学者认为语文是言语经验，这一观点强调了语文教育中言语表达和创造的重要性。潘新和教授的“言语生命动力学”理论为这一观点提供了理论支撑：“语文教育能与人的言语生命特性统一，语文教育的目标能与人的言语生命欲求契合，使言语学习与言语活动成为人的自发需要和自觉追求，这才是真正的以‘人’为本的教育。”[①]潘新和先生关注学生的言语生命和精神成长，主张语文教育应从“阅读本位”转向“表现本位”。他提出的语文是“人的言语生命欲求和存在性需要”，恰似在马斯洛需求理论的高峰上，为语文插上了精神的翅膀，使其从工具的范畴跃升为满足个体生命价值、塑造人格、培养情感与审美情趣的灵动之源。

文学是什么？叶嘉莹先生称其为“生命的必需”，像阳光、空气和水一样不可或缺；安徒生说是生活的“荆棘”，虽然艰苦但却催生勇敢无畏的生命之花尽情绽放；巴尔扎克赞其为搔痒耙，能给人带来愉悦；此外，还有柏拉图的“镜子”说，维柯的“诗情智慧”说，海德格尔的“诗意栖居”说等。“什么是真实？你看到什么，听到什么，做什么，和谁在一起，有一种从心灵深处满溢出来的不懊悔也不羞耻的平和与喜悦。”“这个世界缺的不是完美的人，而是从心底给出的真心、正义、无畏与同情。”这是电影《无问西东》中梅贻琦校长的一段话，没有僵硬的说教，却用文学彰显着“真实”教育所散发出来的力量，以及平和、公正、勇敢、仁爱的人格魅力。“世界于你而言，无意义无目的，却又充满随心所欲的幻想。但又有谁知道，也许就在这闷热令人疲倦的正午，那个陌生人，提着满篮奇妙的货物，路过你的门前。他响亮地叫卖着，你就会从朦胧中惊醒，走出房门，迎接命运的安排。”战火纷飞、硝烟弥漫的沟壑旁，吴岭澜用无比美好的嗓音轻诵着泰戈尔的诗句，用文学的诗意抵抗残酷的战争和满地的狼藉，给人带来一场壮美的精神洗礼。

作为语言的璀璨明珠，文学是语言的艺术，是人类情感与智慧的深邃表达。“醉后不知天在水，满船清梦压星河。”古往今来，不知多少文人墨客，在人生的旅途中，也曾有过与唐珙类似的沉迷与忘我。他们因为文学的滋养忘却了尘世的喧嚣与纷扰，于虚幻与现实的交织中，因文学得到心灵的慰藉与解脱。

---

① 潘新和. 语文：表现与存在（上）[M]. 福州：福建人民出版社，2017：10.

语文为文学创作提供了坚实的语言根基，而文学则为语文教学提供了审美的范例与思想的源泉。在当下教育的广袤原野中，二者紧密携手，精妙地编织出一幅绚丽多彩且深邃厚重的教育图景。在这幅画卷中，学习者得以在语言的浩瀚海洋中汲取知识，锤炼思维；同时，又能在文学的璀璨宇宙中眺望星河，在知识与精神的双重滋养下，成长为兼具智慧与情怀的完整个体。

二、文本深度解读的学理依据与实践价值

（一）文本深度解读的学理依据

1. 语文科本质的内在要求

文本解读是语文科实现工具性与人文性、实践性与综合性相统一的核心路径。语文“一体四面”，是语文本质的具体化和实践化。通过对文言、文章、文学、文化等维度的综合运用，语文教学能够更好地实现培养学生语言能力、思维能力、审美能力和文化传承能力的目标。同时，听、说、读、写作为语文学习的四种基本能力，是语文科的核心要素，与语文本质相辅相成，为语文教学提供了清晰的路径和方法，有助于全面提升学生的语文素养。

语文文本具有认知、实践、审美和教育等多种功能。叶圣陶先生提出“教材无非是个例子”，这一观点强调了语文教材的示范性和引导性。同时也表明，语文文本需通过深度解读，才能更好地转化为提升学生语言建构与思维发展等核心素养的载体。如果仅停留于表层释义，例如在教学《藤野先生》时，仅解析“师生情谊”的叙事结构，而不还原当时“弱国子民”的原初语境，就会割裂叙事分析与家国情怀之间的逻辑关联，容易导致主题窄化，进而造成语文文本的认知功能、审美功能、教育功能等无法完整实现的缺憾。

2. 诠释学视域下的意义再生产

在诠释学视域下，文学作品的意义再生产是一个动态且开放的过程。德国接受美学家沃尔夫冈·伊瑟尔（Wolfgang Iser）提出，经典文本普遍存在着“召唤结构”（The “Calling Structure” of the Text）。这种结构通过文本中的空白（gaps）与不确定性（ambiguities），召唤读者积极参与，进而引发读者的情感共鸣。伊瑟尔认为，文学作品本质上是一个充满空白点与未定点的图式化结构（schematic structure），这些空白点与未定点构成了文本的

“召唤结构”，驱使读者凭借自身经验和想象力去填补空白，从而实现作品意义的生成。这种“召唤结构”不仅激发了读者的主动性，促使他们对文本进行加工，还在一定程度上引导了这一过程。

此外，伊瑟尔还提出了“隐在读者”（implied reader）的概念，指出文本的召唤结构中内嵌了一个“隐在的读者”，而现实中的读者只是“隐在读者”的部分实现。这一理论凸显了文本与读者之间的互动性，以及读者在文学作品意义生成中的关键作用。在文学作品的阅读过程中，意义的再生产并非由文本单方面决定，而是通过读者对文本中的空白与未定点的填补来完成。这种互动过程赋予了文学作品无限的可能性，使得每一次阅读都成为一次独特的意义生成过程。

德国哲学家伽达默尔（Hans-Georg Gadamer）则进一步指出，文本意义是在“历史视域与读者视域融合”时动态生成的。其“视域融合”理论强调，读者的理解过程是一个不断突破自身视域、与文本视域实现融合的过程。在这个过程中，文本的“召唤结构”与读者的“隐含读者”角色相互作用，使得文本的意义在不同的读者及不同的阅读时刻得以不断丰富和深化。

借助伊瑟尔的“召唤结构”理论与伽达默尔的“视域融合”理论，我们深刻认识到，文本解读并非仅仅聚焦于文本本身，更在于读者的积极参与和互动。正是这种参与和互动，使文本的解读成为一种动态的、创造性的过程。以《爱莲说》为例，若仅停留在对“出淤泥而不染”这一比喻的背诵层面，而忽视周敦颐理学思想与当代廉洁自律、克己奉公精神之间的跨时空对话，则会抑制文本意义更大空间的生成潜能。莲花的“出淤泥而不染”不仅象征着君子的高洁品质，还反映了作者对理想人格的追求。只有通过深度解读，我们才能真正理解《爱莲说》的深刻内涵，实现文本意义的动态生成和丰富拓展。

3. 文本深层结构的符号学阐释机制

结构符号学的代表人物费迪南·德·索绪尔（Ferdinand de Saussure）提出，符号的能指（signifier，即形式）与所指（signified，即概念、意义或思想）之间并非固定对应，而是存在着文化编码的“裂隙”（gap）。填补这一“裂隙”的过程，实质上是通过深度解读来揭示文本深层结构与潜在意义的过程。例如，在鲁迅的《药》中，“人血馒头”这一符号的表层意义是“治病良药”（能指），而其深层所指则指向封建迷信对人性的吞噬，以及由此引发的意识形态批判。这一“裂隙”不仅体现为一个具体的物象，更是一个隐喻，暗示了革命者的牺牲未被民众理解、反而沦为迷信的“良药”。

“由于文学作品的感性特征往往给读者一望而知的感觉，但这仅是其表层结构，深层密码却是一望无知甚至是再望仍无知的。因此，文学需要解读，深刻的解读就是深层解密。让潜在的密码由隐性变为显性，并化为有序的话语，这是提高文学文本解读有效性的艰巨任务。”① 孙绍振先生认为，文学作品的价值和功能就体现在对文本的深度解读上，深度解读就是深度解密。王安石在《游褒禅山记》中曾言：“入之愈深，其进愈难，而其见愈奇”，这一洞见恰与文本深度解读的奇妙体知不谋而合，体现了深度解读过程中通过对语言之美、逻辑之严和思想之深的不断探索与发现，而带来的极度愉悦的审美体验和情感体验。

（二）文本深度解读的实践价值

1. 教学目标的精准定位

“课文读解，前后关系着四种文本。第一文本是作者创作的原初文本；第二文本是经编者删改，加了提示、注释等的课文本身；第三文本是教师读解，并结合学生实际撰写的教案；第四文本是教师以教案为底本，向学生讲述的口头文本。这四种文本所传输的信息或意义，可能完全一致，但多数情况下是有出入的。教师的读解很可能失误，特别是讲授、表达，心头不同于笔头，笔头异于口头，在心思、笔录和口述的过程中，也会发生表达的变形，损害了传递的准确性。”② 蒋成瑀先生提出的“四重文本”理论为语文教学提供了深刻的理论支撑，强调教师在教学过程中必须进行深度解读，以确保教学目标的精准定位。该理论指出，教学过程中涉及的四种文本，各有各的功能：第一文本承载着作者的原始意图与思想，第二文本的目的在于适应教学需求，第三文本是教学目标的具体化，第四文本是教学目标实现的关键环节。这四种文本所传递的信息或意义虽可能一致，但在多数情况下可能会存在差异，甚至可能出现教师解读失误或表达变形的情况，从而影响教学目标的准确性。

在教学实践中，教师需通过对第一文本的深度解读，挖掘其核心思想与价值，为教学目标的设定奠定基础。然而，编者对课文（第二文本）的删改

① 孙绍振. 文论危机与文学文本的有效解读[J]. 中国社会科学，2012（5）：168-184，208.

② 蒋成瑀. 语文课读解学[M]. 杭州：浙江大学出版社，2000：56.

可能导致其与第一文本存在差异，因此教师在制定教学目标时，需结合第二文本的特点，考虑编者意图与教学要求，以确保教学内容与教材编排相一致。教案（第三文本）是教师根据第一、第二文本以及学生实际情况撰写的个性化教学设计，而教师在课堂上以教案为底本讲述的口头文本（第四文本）则是教学目标得以实现的最后环节。在实际教学中，教师往往会根据学生的反应和课堂的具体情况灵活调整教学策略。因此，精准定位教学目标显得尤为重要，否则很容易偏离教学方向。

例如，在教学鲁迅的《药》时，教师通过对原初文本的深度解读，明确了“人血馒头”这一符号的象征意义，这是教学目标的基础。结合教材中的注释和提示，教师调整了教学目标为“通过注释理解‘人血馒头’的象征意义”，并设计了小组讨论活动，引导学生逐步理解这一符号的深层含义。在讨论中，学生可能会偏离主题，探讨“迷信和超自然现象”。此时，教师需立定脚跟，将学生引导回教学目标。可以说，对文本的深度解读不仅有助于学生更好地理解课文，也便于教师精准定位教学目标，使教学活动更具针对性和有效性。

2. 课堂效能的本质提升

在基础教育领域，关于一堂好课的衡量标准的探讨从未间断。尽管众说纷纭，但有一点已成共识：文本的深度解读是实现课堂效能本质提升的关键维度。当前，许多课堂教学仍停留在浅层次的知识复述与记忆性提问阶段，无须学生深度思考，无法激发学生的思维潜能，这显然不利于学生思维能力的培养与提升。深度问题因其挑战性，能够有效地激发学生的学习兴趣与积极性，进而激活其思维。许多教学名师，如钱梦龙先生的“曲问”“深题浅问”，程翔老师、宁鸿彬老师在授课过程中的理性导引等，都是通过深度解读文本，引领学生逐步走向深入，培养思维能力，实现举一反三效果的好例子。

深度并非无度，理想的深度应是让学生“跳一跳”能够触及。教师需精心创设情境，层层设疑、环环相扣，引导学生走向深入，从而提升课堂效能。“文章写了哪几重境界？哪一重境界是作者推崇的？为什么？”“至此，我们可以深刻地领会到，作者写作本文的目的除了……之外，还有更深的用意，那就是……”深度解读文本不仅是对知识的深入挖掘，更是对学生思维能力的培养，如同在知识的海洋中架起一座桥梁，让学生能够从已知迈向未知，从浅显走向深刻，进而实现课堂效能的质的飞跃。

文本深度解读与课堂效能提升之间的关系并非孤立存在，还需与其他教学维度（如温度、宽度、密度等）协同作用，方能实现课堂教学的全面优化。在宽度方面，教师要分清主次，精准选择与课堂教学密切相关、有利于提高课堂效率的知识向学生展示。以《岳阳楼记》为例，老师要拓展添加的东西很多，比如“登高情结”“朋党政治”“留给我们的文化思考”等，但限于课时，这些可以留到课下研讨。滕子京“豪迈自负，罕受人言”，“打算岳阳楼竣工之后，凭栏痛哭以泄其愤”以及范仲淹“二岁丧父，随母改嫁”，“志在致君尧舜”等有关的文学史料，应该放在课堂上展示。这对于全方位了解滕子京的性格及苦闷情感、范仲淹的家庭变故等遭际以及致君尧舜的政治理想等，都是非常有益的。[①] 同时，教学密度的掌控也极为重要。教师需要经过长时间的摸索和总结，才能使课堂教学平稳有序、节奏协调、密度连贯。良好的教学密度往往伴随着严密的逻辑结构，就如同精心编排的舞蹈，每一个动作、每一个节奏都恰到好处，最终使课堂教学在有限的时间内达到最佳效果。

3. 精神人格的诗意成长

语文文本不仅具有经典的审美性，还蕴含着丰富的文化内涵和深厚的历史底蕴。经过时间的沉淀与筛选，它们凭借独特的艺术魅力和思想价值，为学生提供了丰富的审美体验和精神滋养。这些经典文本，宛如璀璨星辰，以优美的语言、生动 的形象、深刻的思想和丰富的情感，共同编织出人类文化最为绚烂的华章。它们引导学生在阅读中感受语言之美、思想之深和文化之广，从而培养学生的审美情趣和人文素养。同时，这些文本还激发了学生对优秀传统文化的热爱与传承，从而为他们的精神世界打下坚实而美好的基础。

姚斯提出，“期待视野”是阅读者累积的阅读经验和潜在认知结构的体现。他强调，在阅读作品之前，读者的思维并非一片空白，而是像伽达默尔所指出的那样——读者已经拥有先前的经验和理解。文本解读作为读者与文本“对话”的一种交流活动，其本质是解读主体的能动性参与行为。这种参与行为需要读者调动深度情感体验，将心灵全然投入到文本之中。当课堂以深度阅读的参与行为进入文本的意义世界和感情领域时，师生便会突然发现

① 楚爱华. 一堂好课，应该有几“度”[N]. 光明日报，2017-06-08.

自己仿佛正与作家促膝交谈。生命的本相、真理的告诫，作家正一一地向对话者展现。此时，师生会感受到生命被照亮、灵魂被唤醒的惬意，进而使精神和人格得以成长和丰盈。

三、语文文本深度解读的策略方法

在语文教学中，深入解读文本是提升学生语文科的核心素养、培养其思维能力和审美情趣的关键环节。语文文本不仅具有经典的审美性，还蕴含着丰富的语文思维特质，如诗意性、模糊性、整体性和无限性等。这些特质要求教师在文本解读时，既要引导学生从语言文字的表层意义入手，深入挖掘文本的内涵与价值，又要结合多元视角与方法，帮助学生跨越时空与文化隔阂，与文本及其创作者进行深度对话。

1. 掘深

深度挖掘与整合文本背后的文化资源与历史语境。运用文化研究法（Cultural Studies Approach），通过对文本所处的历史、社会、文化语境进行深度剖析，揭示文本所承载的文化内涵与价值观念。在此基础上，教师要引导学生在理解文本表层含义的同时，更要潜心深挖文本背后深刻的文化底蕴与思想内涵。

伯牙善鼓琴，钟子期善听。伯牙鼓琴，志在高山，钟子期曰："善哉，峨峨兮若泰山。"志在流水，钟子期曰："善哉，洋洋兮若江河！"伯牙所念，钟子期必得之！子期死，伯牙谓世再无知音，乃破琴绝弦。终身不复鼓。

很多老师在讲解这篇课文时，教学流程往往是：先放《高山》《流水》的古琴曲，接着进行诵读和翻译，最后揭示主题（知音情结）。很少有人会追问：朋友死了，伯牙难过可以理解，但为什么非得"破琴绝弦""终身不复鼓"？其他乐器也有知音，为什么没有如此决绝的举动呢？①

除伯牙之外，经考察，其他琴人也有类似"友人死"，遂"破琴绝弦""终身不复鼓"这样的举动。其实，这与中国丰富的古琴文化密切相关。首先，古琴是一门严肃的音乐艺术，寄托着古人天人合一、尊道崇圣的神圣信仰。其制造过程就充满了神秘色彩："昔神农氏继宓羲而王天下，亦上观法于天，下取法于地，近取诸身，远取诸物，于是始削桐为琴，绳丝为弦，

① 楚爱华. 伯牙摔琴为哪般：从伯牙绝弦看古琴的知音情结[J]. 语文建设，2013（22）：38-40.

以通神明之德，合天地之和焉。”古琴选用梧桐制作，长三尺六寸六分，象征着一年；上圆下方，模拟天地；十三徽，代表十二个月加一个闰月；古琴有七根弦，分别代表金、木、水、火、土、君、臣。在古琴身上，体现着天、地、人三者在至高境界的完美结合。其次，琴人们大多具有凌俗高洁、凛冽孤傲的个性，他们视古琴为高尚人格的表征，将其作为超越世俗、寄托志向的首选乐器，例如《红楼梦》中的林黛玉，《林兰香》中的燕梦卿等。再次，古琴不仅是一门弹奏艺术，更是一门驰骋想象的听觉艺术，对听琴者的要求很高，遇到一个知音实属难得。明白了这些，伯牙“破琴绝弦”“终身不复鼓”的决绝举动也就不难理解了。

深挖历史文化背景，还可以帮助我们深刻理解文本的寓意，明白作者潜藏着的良苦用心。以《藤野先生》为例，了解鲁迅留学日本时期，中国社会正值动荡不安、民族危机深重之时，如“三·一八”惨案等，我们就能深刻体悟鲁迅对藤野先生的感激之情。这种感激之情，不仅仅是因为个人的恩情，更是在民族危亡之际，一位日本教师对他的尊重与鼓励。再比如，吕毖《明小史》卷六《宣德纪·骏马易虫》记载：

宣宗酷好促织之戏，遣取之江南，价贵数十金。枫桥一粮长以郡督遴觅，得一最良者，用所乘骏马易之。妻谓骏马所易，必有异，窃窥之，跃出，为鸡啄食。惧，自缢死。夫归，伤其妻，且畏法，亦自缢焉。

了解了明宣宗朱瞻基酷爱斗促织的真实故事，我们就会深刻地认识到，《促织》“小儿化虫”悲剧故事的背后，隐藏着作者何等痛心、何等深刻的批判！①

2. 纠谬

以问题意识为先导，多维度培养批判性思维能力。在文本解读和语文教学中，批判性思维的培养是提升学生文本解读能力和思维能力的重要途径。学者们认为，质疑和反驳是批判性思维的主要表现形式，理解和发展是批判性思维必经的两个阶段。可以说，求实、公正、开放、全面是批判性思维最重要的四个文化特征，这些特征要求学生在阅读和思考过程中须保持客观、理性和多元的视角，警惕“多元陷阱”，即在尊重作者意图和文本语境的基础上，进行合理的多元解读。

例如，在解读《陈太丘与友期行》时，教辅材料通常认为：本文主要描

① 楚爱华，刘冬蕊.《促织》“小儿化虫”情节细读[J]. 语文建设，2013（4）：43-44.

写了两个人物，一个是无信无礼的客人，另一个是知理善辩的陈元方。我们不禁要问：陈太丘呢？他只是一个次要角色吗？

质疑原因如下：首先，“题目”在文章中占据着至关重要的地位，堪称文章的“点睛之笔”。而“陈太丘”三个字就出现在这篇文章的题目中，值得深思、不容忽视；其次，陈元方和客人的行为和态度，都可以看作是陈太丘人格和教育理念的外在体现。

从陈元方身上，我们可以看到陈太丘的影子。

魏晋时期，各家族普遍重视教育，孩子们在博学的祖、父辈的精心栽培和各种场合的磨砺下，对儒家典籍、老庄玄学驾轻就熟、了如指掌，涌现出一大批“少有俊才”的早熟型神童。那么，陈家是不是也这样呢？

宾客诣陈太丘宿，太丘使元方、季方炊。客与太丘论议。二人进火，俱委而窃听。炊忘著箅，饭落釜中。太丘问：“炊何不馏？”元方、季方长跪曰：“大人与客语，乃俱窃听，炊忘著箅，饭今成糜。”太丘曰：“尔颇有所识不？”对曰：“仿佛志之。”二子长跪俱说，更相易夺，言无遗失。太丘曰：“如此，但糜自可，何必饭也？”

可见，陈家也非常看重对子辈的教育。有《后汉书》评价为证：对陈太丘的评价是“寔在乡闾，平心率物。其有争讼，辄求判正，晓譬曲直，退无怨者。至乃叹曰：‘宁为刑罚所加，不为陈君所短。’”对陈元方的评价是“纪字元方，亦以至德称。兄弟孝养，闺门应和，后进之士皆推慕其风。”由此可见，陈元方确实是父亲教育成功的有力证明。

从客人身上我们也看到了陈太丘的影子。不高兴了开口便骂，知错了马上就改，一个活脱脱的“直筒子”形象。作为朋友，这难道不是坦诚正直又率性任真的陈太丘的写照吗？

再次，古代小说还有一种“不写之写”的传统。比如著名的“三顾茅庐”故事，毛纶、毛宗岗父子评价曰：

此篇极写孔明，而篇中却无孔明。盖善写妙人者，不于有处写，正于无处写。写其人如闲云野鹤之不可定，而其人始远；写其人如威凤祥麟之不易睹，而其人始尊；且孔明虽未得一遇，而见孔明之居，则极其幽秀；见孔明之童，则极其古淡……不待接席言欢，而孔明之为孔明，于此领略过半矣。[①]

---

① 罗贯中.《三国演义》毛评本[M]. 济南：齐鲁书社，1991：449.

至此，我们完全可以得出结论：陈太丘才是本文真正的主人公。①

再以蒲松龄的《狼》为例："狼亦黠矣，而顷刻两毙，禽兽之变诈几何哉？"果真如此吗？在哺乳动物中，狼的智商是非常高的。它善于伪装，穿梭于丛林与荒野中，具有极强的适应力和应变能力：既懂得进攻，也懂得退却，既能孤军奋战，也善于群体进攻。而且它们还有严格的组织和纪律，为了群体的利益甚至可以牺牲自己的生命，因此能在残酷的动物世界中长期立于不败之地。我们可以设想，如果屠户不迅速果断地出手毙狼，如果屠户不转到麦场后面寻狼，很难说胜利者就是屠户。屠户只是险胜，蒲松龄的"止增笑耳"并不能让人信服。

再比如苏轼的《书戴嵩画牛》："此画斗牛也！斗牛力在角，尾搐入两股间。今乃掉尾而斗，谬矣！"牧童因为长期和牛为伴，对斗牛观察细致，似乎最有发言权。然而潘庆玉老师在讲课中将《书戴嵩画牛》与曾敏行的《独醒杂志》有关的记载进行联结，并展示了多幅戴嵩所绘的姿态各异的斗牛图，通过比较阅读，潘老师否定了牧童认知的片面性，有理有据地得出了自己的观点："眼见不一定为实。"

课讲到这里，思维的折叠和翻新已经让人大跌眼镜了。但有意思的是，潘老师并未就此罢休，而是执意将批判性思维的培养进行到底：布置作业，让学生代替苏轼写一封道歉信。这种独特的作业设计，巧妙运用了批判性思维的纠谬法，让学生在角色扮演中，对苏轼的言行展开深度剖析，挖掘其中潜在的逻辑漏洞与不合理之处，并借助道歉信的形式，实现了对这些谬误的纠正与反思。这一过程不仅深化了学生对经典文本的理解，更锻炼了他们质疑权威、独立思考的能力，带给我们诸多启发。

3. 拔高

基于多维理论视角，深度拓展升华文本主题。哲学人类学关注人类作为"语言动物"的本质特征，以及人类如何通过语言和艺术表达去理解自身经验。文学作品作为人类经验的隐喻表达，不仅是对现实的反映，更是对人类内心世界的深刻揭示。美国学者乔治·斯坦纳在《语言与沉默》中指出："文学艺术是一种'隐喻经验'，我们随时出入其中，经历某种'在场感'与'缺席感'。"斯坦纳的这段话不仅揭示了文学艺术的本质，还为我们提供了

---

① 楚爱华，刘晓春. 一个不容忽视的背影：品读《陈太丘与友期行》中的"于无处写"[J]. 中学语文教学，2014（11）：49-51.

一个从哲学人类学视角解读文学作品的新路径。

文本层次分析理论认为，鉴赏一部文学作品往往从三个层次着手：意象层、联想层和深层内涵层。这与古代文论中的“言”“象”“意”审美结构类似，都是对文本由表及里的多层次审美剖析。许多经典文本看似平淡，却深藏若虚，让历代读者神思远驰、回味无穷。究其原因，就在于那潜藏在作品浅层内容下的深层内涵，蕴含了人类灵魂与肉体背后隐匿深邃而又真实的秘密，体现着人生与人性精辟而深刻的哲理。①

以《天净沙·秋思》为例，小令的意象层包括藤、树、鸦、桥、水、家、道、风、马、阳等十种意象，这些全是郊外行路所见之物。“天涯”意象更是将视野拉远定格，强化了郊外古道的空间感。最后镜头聚焦在“人”的意象上，勾勒出一幅秋风瑟瑟、人在旅途、天涯孤独、游子思归的悲苦断肠图。

联想层则包括枯、老、昏、小、流、人、古、西、瘦、夕、断肠等修饰上述意象的词语。这些词语在色彩上偏于枯老、昏暗、衰败，在情感上倾向于悲哀、绝望。其中，“昏鸦”“西风”“夕阳”三个意象都是中国古代文学中具有颓废、衰亡的特定文化内涵的原型符号。小令的节奏是一词一顿，一句三顿，三句九顿，释放出漂泊动荡之感，也散发出木然疲惫的凄凉。在元朝统治的近百年间，传统士人赖以进身的科举制被屡次取消，使得文人失去了上升的通道，这种背景下的漂泊感和孤独感更为深重。“九儒十丐”，文人的社会身份极为低下。他是谁？要到哪里去？他为什么断肠？

深层内涵层：中国传统哲学讲究“道器合一”“道寓于器”，主张“道不离器”“器以涵道”。从哲学的角度来看，蕴含在这首小令里的“道”是什么？有没有在更高的层次上涉及更为深刻的具有人类共性的命题？无路的目的和无目的的路使行路成为必然，使人成为永远的过客、流浪者。这种漂泊感和孤独感不仅是个人的体验，更是人类共有的情感。②

再比如柳永的《雨霖铃》，除了男女离别相思之外，我们还可以进一步追问：还写了什么？那就是“路在何方”的问题。从自然物象、社会物象到心灵营构物象，视野渐次移拉外延，为隐藏在别离背后的深沉情感提供了释

① 武树峰，楚爱华. 例谈立体型阅读教学的建构[J]. 语文建设，2017（1）：32-33.

② 于泓珊，楚爱华. 行在路上：一个关于人类的永恒命题：《天净沙·秋思》解读[J]. 中学语文教学，2015（1）：48-50.

放的可能。从眼前之实见到未来之虚拟，思绪不觉腾挪远眺；在时间叙述中由当下穿梭到将来，再由将来返回当下，又从当下再次出发，再次穿越时空跳跃到将来。往昔虽未提及，却悄无声息地包蕴其中，使整首词呈现出九曲回肠、腾挪变换的回环式结构。

是什么让作者如此心事重重、吞吐含蓄、欲语还休？可以看出，从别离伤悲到失落绝望，作者情志愈发深沉、凝重、绝望。众所周知，柳永词善于写实：眼中景、胸中情、心中事，甚至“奉旨填词柳三变”那难以言说的苦情，都被作者巧妙地凝聚成笔下之词。真挚的情感、细腻的描写和深刻的社会洞察力，使他的作品成为宋词中的经典。路在何方？谁能说在他举目远眺时，那映入眼帘的灰蒙蒙的远方，不是他内心雪露风霜的写照呢？①

清代文人梁章钜在《退庵随笔》中写道：“贪游名山者，须耐仄路；贪食熊蹯者，须耐慢火；贪看月华者，须耐深夜；贪看美人者，须耐梳头……看书亦有宜耐之时。”这段话的意思是，深度阅读需要耐心、专注和时间的投入，才能真正领略文学作品的魅力与智慧。当然，文本深度解读的方法很多，绝不仅限于掘深、纠谬、拔高这三种，但这三种方法无疑具有独特且不可替代的价值。

总之，掘深有助于深入挖掘文本背后的文化资源与历史语境，使解读更具文化底蕴；纠谬能够培养批判性思维，促使读者对文本中的逻辑漏洞与认知偏见进行反思；拔高则从哲学、人类学等多维视角提升主题，赋予文本更宽广的学术价值与现实意义。这三种方法相互补充、相互促进，共同构建起一个立体且多元的文本解读体系，为深入解读文本提供了有益的理论方向与实践路径，其重要性不容忽视。

（作者：楚爱华）

① 楚爱华，孙玉娟. 路在何方：《雨霖铃》深层意蕴解读[J]中学语文教学，2017（3）：60-62.

性质特点与方法路径：微观视角下语文文本的深度解读

在语文教学领域，文本解读始终占据着核心地位。微观视角下的语文文本深度解读，不仅是对文本细节的精准剖析，更是对文本内在逻辑与文化内涵的深度挖掘。在微观层面的深度解读中，通过对题目、字词、修辞、句式、结构等微观元素的精细剖析，不仅能重构文本的语义生成路径，更能解码作者隐匿于文字之下的思想脉络与情感律动。它超越了传统解读的泛化与浅表，以一种更为系统科学的方法，为语文教学注入深度与精度。这种深度解读不仅有助于培养学生对文本的敏锐感知力和精细分析力，还能引导学生在微观与宏观的交互中，构建起对文学作品的立体认知框架，实现从文本理解到文化洞察的跨越，进而推动语文教学从知识传授向素养培育的深度转型。

一、语文文本深度解读的性质

文本深度解读的性质，不仅决定了解读的路径与方法，更影响着解读的广度、深度等艺术效果及价值。明确解读的性质，不仅能够帮助读者更好地把握文本内涵，而且会给读者带来更加丰富、深刻的阅读体验。

1. 解释学视域下的意义三维生成机制

在解释学视域下，文本解读的意义生成机制呈现出复杂的三维结构，即理解—解释—建构。这一过程并非简单的线性推进，而是动态的、交互的，涉及文本、读者、语境等多方面因素的协同作用。

理解是文本与读者的初步对话，是文本解读的起点。在这一阶段，读者基于文本所提供的信息和语境，凭借自身的先见（包括已有的知识、经验、文化背景等）对文本进行初步感知。比如解读《我与地坛》时，读者首先会基于自身对生命、死亡、亲情等的理解，去感知文本中史铁生所表达的生死哲思。解释是在理解的基础上对文本意义进一步的阐释和深化。在这一阶段，读者试图通过分析文本的结构、语言、修辞等元素，去挖掘文本的深层意义。解释学强调文本的“召唤结构”，即文本中存在大量的“空白点”和“未定点”，这些空白需要读者通过自身的经验和想象力去填补。例如，“死是一件不必急于求成的事，死是一个必然会降临的节日”这一生死观的表达，读者需要结合文本的具体情境，如史铁生的残疾经历、母亲的早逝等，以及自身的生命体验，完成对这一生死观深刻内涵的解释。建构是在二者的基础上对文本意义的内化和生成。建构的意义不再是文本的原意或单一的解释，而是读者通过与文本的深度对话，并结合自身经验所生成的新的意义。例如，《我与地坛》中的生死哲思，对于不同的读者来说，可能会产生不同的内化结果。有的读者可能会从中获得对生命脆弱性的深刻认知，有的读者可能会从中汲取面对困境的勇气，还有的读者可能会从中反思自身对生死的态度等。建构会随着读者主观经验的变化而变化，是读者实现意义动态内化和生成的过程。

2. 现象学框架中的主体间性对话模型

以胡塞尔（E. Husserl）为代表的现象学，强调主体间性是人类认知和理解的基础。在他看来，主体间性不仅仅是主体与客体之间的关系，更是主体与主体之间的关系。这种关系是通过共情（empathy）和身体间性（inter-corporality）实现的。在现象学框架中，主体间性对话模型强调主体之间的动态互动和意义建构。这种对话模型不是单向的信息传递，而是双向的、动态的交互过程。主体间性对话模型的核心在于“我—你”的关系，即对话双方在互动中的相互理解和意义建构。

胡塞尔提出，意识的本质在于其意向性，即意识总是指向某物的。这种意向性不仅包括对客观事物的感知，也包括对他人体验的感知。解读就是读者、文本与作者的交互对话。读者通过文本与隐藏在文本背后的作者相会，解读主体和创造主体以文本为媒介进行灵魂的碰撞和沟通。解读作为一种对话交流活动，读者通过对文本符号的解码，不仅要再现作者创造的艺术形象，还要主动参与，“渗入自己的人格、气质、生命意识，重新创造出各具特色的艺术形象，甚至开拓、再构出作者在创造这个艺术形象或艺术意境时所不曾想到的东西，从而使文本的意义更为丰富而具有厚度、深度和力度”。[①] 比如对《故都的秋》的解读，就需要读者跨越时空与郁达夫共情，同时辨析郁达夫情感的普遍性与特殊性，使文本从“符号物境”升华为“情感意境”，实现主体间的意义流通。

3. 生成认知理论下的意义交互生成机制

生成认知理论（Enactivism）强调认知过程是主体与环境之间的动态交互。该理论强调认知过程的具身性，认为认知活动与身体经验密切相关，主体通过身体与环境的交互感知去理解世界。这种具身性不仅包括感官知觉，还涉及身体的运动和情感体验。例如，在阅读《秋天的怀念》时，读者通过自身的经验及对母爱的认知，对母子之情的理解，以及身体感知的共鸣，如心跳的加速、眼眶的湿润、手心的微汗等，与文本中的母爱细节产生情感上的共振，从而生成对母爱更深一步的个性化理解。

生成认知理论强调意义的生成是一个动态的交互过程。主体通过与环境的交互并结合自身的经验，生成对世界的理解。这种理解不是凝固的，而是动态的、开放的，随着读者经验的积累和变化而不断演进。因此，在文本解读中，读者通过与文本的交互，不断调整自身的理解，从而生成新的意义。这种意义建构不是单向的，而是双向的。一方面，文本为意义生成提供框架，另一方面，读者的生命经验为这一框架注入具体内容。正是通过读者与文本之间的互动，实现了意义的动态生成。这种生成过程不仅丰富了文本的内涵，而且使读者在解读过程中实现了自我认知的提升。

二、语文文本深度解读的特点

1. 深刻性：突破表象的思维洞察

语文文本的深度解读之所以深刻，在于它能够穿透文本的表层意义，深入挖掘其内在的思想、情感、文化内涵以及作者的创作意图。庞德说，在伟大的作品面前有一种“突然成长”的感觉。孙绍振先生说，深度解读就是深层解密。庞德所说的“突然成长”的感觉，正是文本深度解读过程中读者从“一望无知”到“奇峰耸峙”的认知转变。而孙绍振先生所强调的“深层解密”，则是实现这种转变的关键。这种解读要求解读者具备敏锐的洞察力，能够从文本的字里行间发现隐藏的线索，去揭示文本背后更深层次的意义。

《孔乙己》，他很热情地教我“茴”字四种写法时，“我愈加不耐烦了，

① 曹明海. 文学解读学导论[M]，北京：人民文学出版社，1997：26.

努着嘴走远”。我背后又没长眼睛，怎么看到孔乙己“极惋惜”的样子呢？还有，文末提到小伙计最后一次见到孔乙己，说孔乙己用手“走”着来的。很奇怪，手怎么能走呢？为什么不用“爬”字呢？

《阿长与〈山海经〉》，一开始鲁迅是瞧不起切切察察、琐碎规矩多的阿长的，最后笔调却陡然发生了逆转。“仁厚黑暗的地母啊，愿在你怀里永安她的魂灵。”他信鬼吗？如果不信，他为什么还这样说？

《荷花淀》，为什么没有对水生嫂的外貌描写？

《祥林嫂》，祥林嫂从不爱说话，到喋喋不休地说，到不说了。其间发生的变化，说明了什么？白头绳的含义是什么？鲁四老爷没有说过一句完整的话，为什么？“寿”字的含义是什么？贺家坳作为一个与鲁镇对应的互文性存在，有什么含义？作者和祥林嫂，一个是外来者，一个是逃离者，都是鲁镇圈子文化之外的人。两人有着神秘的互文和重复关系，比如一个胖了，另一个也胖了等。有什么深刻的含义？

《雷雨》中，侍萍离开周家前，为周家生了两个儿子。那周家为什么还要赶她走？三十年后，侍萍见到了周朴园，为什么要述说自己不幸福的婚姻？剧情结尾，周家人死的死、疯的疯，为什么独有周朴园安然无恙？

这些思考都指向对文本的深度探索，指向伽达默尔所言的“无限的意义生成”的审美境界。

2. 客观性：文本规约与主体创造的辩证关系

文本解读过程中，客观性与主观性之间存在着相互依存又相互制约的辩证关系。文本作为一种客观存在，具有自身的结构、语言、主题和文化背景，这些因素共同构成了文本的内在规约，对解读活动产生限定作用。而解读者的知识结构、生活经验、审美趣味和价值观念等主观因素，也会影响对文本的理解。文本的规约性为解读提供了基础和框架，而解读者的主观能动性则为解读注入了创造性和多样性。只有在文本规约与主体创造之间找到动态平衡，才能实现对文本的合理解读：既尊重文本的客观性，又能充分发挥解读者的主观能动性。否则，就会造成对文本的主观臆断和过度延伸，走上偏离文本主旨的歧途。

比如，有些老师将《荷塘月色》的主题解读为“对黑暗社会的不满和反抗”，认为朱自清的“不宁静”是由于对社会现实的愤懑。这就过度强调了文本与政治的关系，而忽略了文本中作者复杂而美好的情感。《清平乐·村居》，有的教师将词中的“醉里吴音相媚好”中的“醉”，解读为对现实的逃避，显然忽略了文本恬淡自然的感情基调。《皇帝的新装》，有教师将其解读为“整个故事是对封建统治阶级的深刻批判”，同样，这种解读也是偏颇的，因为他忽略了童话本身的讽刺和幽默效果。

只有把握好文本客观制约和读者主观创造之间的关系，才能在解读中走向文本深处那片迷人的风景。比如《祝福》，通过聚焦“春天”这一意象，可以更深刻地感受到祥林嫂命运的悲剧性：立春时，丈夫死掉；孟春时，被迫改嫁；暮春时，痛失爱子；迎春时，走向死亡。祥林嫂的一生似乎与春天的生机和希望背道而驰。这是一个没有春天的女人，其命运被封建礼教和社会的冷漠无情地吞噬。这种解读方式不仅揭示了祥林嫂悲剧命运的深刻内涵，也让我们对封建社会的残酷和人性的冷漠有了更深刻的认识。祥林嫂悲剧的“无凶手”架构，恰是文本客观性与解读主观性在深刻维度上的完美统一。

3. 创新性：解构与重构的思维跃迁

解构是创新性解读的第一步，要求解读者打破传统的、既定的解读模式，深入文本内部，对文本的结构、语言、主题等进行细致的剖析和质疑，发现文本中隐藏的细节和潜在的意义。在此基础上，通过重构意义、视角和叙事，解读者创造出新的解读视角和理解方式，从而实现思维的飞跃和解读的创新。

寻隐者不遇

贾岛

松下问童子，
言师采药去。
只在此山中，
云深不知处。

比如贾岛的《寻隐者不遇》，我们可以通过设置一系列既有趣又深刻的问题来激发创新思维：这是一首抒情诗还是叙事诗？主角是作者吗？形式上有什么特殊之处？ 隐者是谁？贾岛曾是僧人，后因遇到韩愈而还俗，那么他为何要拜访隐者？这些问题看似简单，却能有效解构我们对诗歌的传统认知。特别是对诗中寓问于答、层层递进的结构形式的深入分析，以及对苍翠劲松、悠悠白云等意象的叠加和隐者品行的揣摩，不仅重构了我们的认知，提升了我们的思维能力，还赋予了我们一种余音袅袅、回味无穷的美感。再比如潘庆玉老师对苏轼《书戴嵩画牛》的解读。他设计了一个关键问题："牧童说得对吗？"通过引导大家深入思考这一问题，潘庆玉老师成功解构了原有的认知。接着，他进一步引导大家对比戴嵩所画的多个斗牛图，最终得出一个颠覆性且富有创造性的结论：大家（包括苏轼）都错了，牛嬉戏的时候并非必须"尾搐入两股间"，"掉尾而斗"的现象是存在的。结论的创新性令人拍案叫绝！

4. 审美性：从"感知美"到"创生美"

通过感知文本中的语言、形象、情感和意境之美，读者首先获得初步的审美体验。在此基础上，通过情感共鸣、想象联想、跨媒介创作以及文化哲思等方式，读者能够进一步生成新美，实现从感知美到创生美的思维跃迁。

语文，是中华优秀传统文化美的渊薮，承载着千年风雅与智慧精粹，如诗如画，美不胜收。那些可爱的充满灵性的字符，能让我们在干枯的冬天眺望到姹紫嫣红的未来，嗅到遍布天涯的青草的气息。"泪眼问花花不语，乱红飞过秋千去。"摇曳的秋千、飘零的花雨、伫立的佳人，尽管格调伤感，但那又是一幅多么诗情画意的场景啊！语文，更是一座蕴含智慧之美的宝库。在这里，我们可以聆听到圣哲先贤修身做人的谆谆告诫，可以惊艳于苦难的中华民族一次次在文学之巅肆意绽放的艺术之花，可以体察到在命运与时代的取舍面前，文人士大夫如何在血与泪的权衡之后安顿自己的灵魂：闲适陶渊明东篱把酒的淡泊明志，忧患范仲淹耿耿于心的家国情怀，深沉欧阳修"三乐"背后的沧桑孤独，睿智苏东坡与天同化的超越旷达……在波涛汹涌、汪洋恣肆的智慧之美的海洋里，谁能不被醍醐灌顶呢？①

通过阅读帮助学生认识语文之美、发现语文之美，进而创造语文之美，是语文阅读教学的最高境界。比如，阅读《祝福》，学生被祥林嫂的悲惨命运所打动，教师可以假设：如果祥林嫂穿越到当下这个时代，请代替"我"对其进行开悟式劝说，以升华主题；阅读《荷塘月色》，学生可以通过想象，写下自己的感悟或创作相关的诗歌、绘画，或者进一步想象自己与作者一同漫步荷塘、分享彼此的心境；将《庄子·逍遥游》中领悟到的庄子哲思，融入自己的生活创作中等。

---

① 楚爱华. 还语文应有的魅力[N]. 光明日报，2019-02-19.

三、微观视角下语文文本深度解读的方法与路径

美国教育家肖恩说:“在我的课堂上，我不教英语，我教学生。我努力使学生成为批判性的阅读者、熟练的写作者和明智的思考者。”这段话如一盏明灯，为我们照亮了语文阅读教学的前行方向。它深刻地揭示了教育的本质——不是单纯地传授知识，而是引导学生学会学习、学会思考、学会表达。在微观视角下对语文文本进行深度解读，正是实现这一教育目标的重要途径。

1. 题目解析法：意象解码与思维激活

题目，是文章的灵魂，凝聚着作者的匠心独运与深邃意蕴。“题好一半文”，一个精心雕琢的题目，或隐喻文章主旨，或暗示情感走向，或勾勒场景氛围，往往蕴含着丰富的内涵。题目意象作为能指，通过其独特的形式和象征意义，指向更为深邃的所指——即作者的思想情感、文化内涵以及对世界的独特认知，等待着我们去深入解读与探寻。

当我们聚焦题目时，若能从问题着手，敏锐地捕捉到其中的关键信息并深入解码，便能迅速激活思维的火花，精准把握文章的脉络与精髓。比如：

《装在套子中的人》原名《套中人》，两个命名有何不同？哪个好？

《少年闰土》的重点是“少年”还是“闰土”？为什么？

《黔之驴》，为什么发生地是黔，而不是别处？驴和虎所占篇幅近乎相同，为什么不叫《黔之虎》？

《藤野先生》原名《吾师藤野先生》，原名有何不妥？

《智取生辰纲》，如果主人公换成李逵，还能智取吗？

《植树的牧羊人》，原名叫《植树的男人》，二者有何不同？主人公植树时间和放蜂时间都很长，为何不叫《放蜂的牧羊人》？

《我与地坛》为何不叫《我和地坛》？二者一样吗？为什么？

掌握题目解析法，学会从题目入手，解码意象、激活思维，不仅能让我们在阅读理解中如鱼得水，增强对文本的深度解读能力，还能使我们的语文学习之旅在趣味中蕴含学术性，在探索中彰显思辨性，潜移默化地提升我们的鉴赏水平。

2. 矛盾探疑法：张力结构中的思想碰撞

矛盾探疑法，就是通过对文本矛盾的精准识别与深入剖析，揭示出隐藏

在表层叙事之下的复杂思想内涵。经典的文学作品往往并非线性叙事的简单呈现，而是通过精心构建的张力结构，将矛盾元素巧妙编织其中。这种张力结构，本质上是不同思想观念、价值取向乃至人物性格之间的激烈碰撞。它不仅打破了文本的单一维度，更赋予作品以立体感和深度，彰显着作品的丰富性和多义性。

矛盾探疑法宛如一把锋利的解剖刀，精准地切入文本的核心肌理。它要求读者超越字面意义，从文本的矛盾对立中探寻作者的隐喻、象征以及深层的创作意图。比如：

《故都的秋》，是郁达夫于 1934 年 8 月 17 日创作的一篇散文，当时他从杭州经青岛前往北平，仅用四天时间便写下了此文。他本身是浙江人，为什么对地处北方的故都北平有着深深的眷恋？创作这篇文章时明明是在北平的夏天，为什么却写北平的秋天？

《陋室铭》，“无丝竹之乱耳”，丝竹是高雅之音，作者为什么称之为乱呢？

《背影》，“我身体平安，唯膀子疼痛厉害，举箸提笔，诸多不便，大约大去之期不远矣。”据考察，父亲写这封信时大约是在 1925 年，父亲去世时是在 1945 年。这样看来，父亲距离“大去之日”还有近 20 年的时间。时间并不短，可父亲为何强调自己“大约大去之日不远矣”呢？

《登高》，对仗严格，犯了写诗的大忌。为什么还是经典？

《爱莲说》，“菊之爱，陶后鲜有闻”。事实并非如此，陶渊明之后菊之爱仍大有人在。作者为何这样不顾事实地说话呢？

《林教头风雪山神庙》，林教头明明有花枪，为何还要买别的杀人武器呢？

《念奴娇·赤壁怀古》，赤壁之战时小乔已经出嫁了十年之久，苏轼为何罔顾事实而谎称“小乔初嫁了”呢？三国时期英雄辈出，他为何只推崇周瑜一人？

《烛之武退秦师》，烛之武拜见秦伯，谈及晋国，为何不直接称呼“晋”，却偏偏称其为“邻”？

《再别康桥》，“轻轻的我走了，正如我轻轻的来；我轻轻的招手，作别西天的云彩”。招手是孩童的动作，作为成年人，他为何不说摆手？

《荷塘月色》《采莲赋》内容的热闹、情感的热烈、风格的华丽以及主题的积极向上，与安静环境的宁静、清幽、质朴和孤独形成了鲜明的对比，显得很不协调。是否该删？

矛盾探疑法不仅可以帮助读者理解作品的内在逻辑，更能促使读者对作品所反映的社会现实、人性本质以及文化背景进行深度反思，从而把握作者的创作动机与时代的精神脉络。

3. 文本细读法：语言肌理中的意义生成

文学是语言的艺术，其独特魅力源于语言形式的微妙与深层意蕴的交融。可以说，每一个词语、每一处修辞、每一段结构都蕴含着作者独有的匠心与情感。通过文本细读，我们能够深入挖掘这些语言形式所承载的深层意蕴，从而更好地理解文学作品的内在逻辑与美学价值。文本细读法作为一种深入解读文学作品的方法，其目的就是通过对语言肌理的细致剖析，揭示出隐藏在文字背后的丰富意蕴。

《秋夜》，我的后院有两棵树，一棵是枣树，还有一棵也是枣树。为什么非得拐弯抹角？为什么不直说“我的后院有两棵枣树”？

《孔乙己》，我到现在终于没有见——大约孔乙己的确死了。“的确”是确数词，“大约”是约数词，两个放在一起是什么意思？有违和感吗？为什么？

《荷花淀》，水生嫂说：“你总是很积极的。”怎么理解？这里是句号，改成感叹号行吗？二者有什么不同？

《大卫·科波菲尔》，年仅十岁的科波菲尔去船长那里借刀叉，初次相见、没有任何交集、没有任何信息来源，怎么瞄了一眼就能推断出邋遢女人不是明媒正娶？科波菲尔每次看到米考伯的妻子，都是一个抱着孩子的姿势。什么意思？

《祥林嫂》，祥林嫂嫁给贺老六，生了儿子，身份已经有了改变。当她丧夫失子再次回到鲁镇，为什么大家仍然叫她祥林嫂？

《红楼梦》，黛玉一见宝玉，便吃一惊，心下想道：好生奇怪，倒像在哪里见过一般，何等眼熟到如此！宝玉看罢黛玉，因笑道：“这个妹妹我曾见过的。”脂砚斋评曰：“一存于中，一发于外，可见文于下笔推敲的准稳，方才用字。”两人外在表现有何不同？暗含着哪些性格？

宝玉只能“在厅上干转，怎得个人来往里头去捎信，偏生没个人”。脂砚斋评曰：“写小儿情状如画，令人一叹。”哪个字写得好？好在哪里？

语言不仅是文学的载体，更是其艺术本质的核心。文本细读法不仅可以提升读者对文学作品的理解深度，还可以培养读者对语言艺术的敏锐感知能力，进而深入剖析文学作品的内在肌理，洞察其背后隐含的文化意蕴与审美价值，从而在学术层面实现对文学本质的深度把握与系统认知。

4. 比较视野法：跨域对话中的认知升级

比较视野法即将不同文化、不同历史背景、不同文学传统的作品或现象放在一起进行对比与对话，以便突破单一视角或文学传统的局限，发现那些隐藏在差异之中的共性与独特性。作为一种重要的研究方法，比较视野法无疑为我们提供了一种跨域对话的全新视角。

同一首诗的上下句对比，从色彩、动静和心理感受上，形成巨大的美学张力：

六月二十七日望湖楼醉书

苏轼

黑云翻墨未遮山，白雨跳珠乱入船。

卷地风来忽吹散，望湖楼下水连天。

同一个形象对比，可以看出一个人优点、缺点交织的立体人格：

《王戎不取道旁李》：王戎七岁，尝与诸小儿游。看道边李树多子折枝，诸儿竞走取之，唯戎不动。人问之，答曰："树在道旁而多子，此必苦李。"取之，信然。

王戎有好李，卖之，恐人得其种，恒钻其核。(《世说新语》)

同一个人、同一种行为在不同情境下产生不同结果的对比，不仅可以丰富人物形象，还能更加深刻地反映周围社会环境的变化：

刘姥姥一进大观园：求援，得到物质上的帮助，奠定了与贾府的关系基础。

刘姥姥二进大观园：感恩，通过逗趣赢得了更多赏赐，展现了她的智慧和幽默，进一步融入了贾府。

刘姥姥三进大观园：报恩，通过救巧姐赢得了贾府的感激，体现了善良和侠义，成为贾府命运的转折点。

不同的人在同样地点做同样事情的对比，文化不同、身份不同、视角和感受不同，三者互为补充，互为衬托，不仅展现了人物性格的多样性，而且从不同的侧面丰富了该地方的文化内涵：

贾政参观大观园：代表权威与责任，注重礼仪和规范，感受复杂。

林黛玉参观大观园：偏重细腻与情感，注重自然美和诗意，感受忧伤与孤独；

刘姥姥参观大观园：突出新奇与对比，注重奢华与趣味，感受惊叹与羡慕。

同中有异的对比：

祥子与闰土的比较；

孔乙己与范进的比较；

鲁智深与林冲的比较；

《促织》与《变形记》的比较；

《窦娥冤》的“六月飞雪”与《俄狄浦斯王》的“三重诅咒”比较。

异中有同的对比：

苏轼词与李清照词的比较；

《巴黎圣母院》与《悲惨世界》的比较；

《哈姆雷特》与《李尔王》的比较。

总之，这种跨越时空与文化的对话不仅有助于我们更全面地理解文学的本质与多样性，还能促使我们在认知层面实现质的飞跃，进而构建起一个更加多元、立体、开放的文学研究格局。

5. 文哲思辨法：存在主义视域下的生命叩问

文哲思辨法，即从存在主义的视角出发，深入探讨文学作品中蕴含的生命意义和存在价值。这种方法结合了文学的丰富性和哲学的深刻性，通过对文学文本的批判性分析，揭示个体在面对荒诞世界时的孤独、焦虑和自由选择，以及如何在无意义的世界中寻找或创造意义。

法国以注重文化哲学思辨而著称，其高考题带给我们深刻的启发。比如：

“我是谁？”这个问题能否以一个确切的答案来回答？

能否将自由视为一种拒绝的权利？

我们在做文本解读的时候，要有意识地超越表层含义，上升到文化哲学的层面，进一步思考文本“寓道于器”的深刻内涵。郑振铎的《猫》，被很多人误认为是散文，这是不对的。作者曾专门撰文解释：那篇文章里有我家猫的影子。就是说《猫》不是以写实为主的散文，而是以虚构为主的小说。那我们就不要在感情上过度纠缠，而要将注意力放到对生命的思考上——生命的存在性和特殊性，生命的本质和意义。具体到我们读者，还要反思自己身上有没有猫的影子，有哪只猫的影子等。阅读《我与地坛》，尽量联想到苏格拉底的哲学三问，并结合文本，思考“我是谁？”“死亡意味着什么？”“如何面对苦难？”等问题。

再比如：

《老人与海》，探讨“坚韧与命运”：老人圣地亚哥在与鲨鱼搏斗中展现了怎样的精神？为什么老人最终没有带回大马林鱼？这是否意味着他的失败？你认为命运与个人努力的关系是什么？通过《老人与海》，引导学生思考坚韧不拔的精神和命运的关系，以及在困境中如何保持希望和勇气。

《孔乙己》，探讨“人性与社会”：孔乙己的形象反映了怎样的社会现实？孔乙己的悲剧命运可以避免吗？为什么？你认为社会应该如何对待弱者？你是不是也是看客中的一个？通过《孔乙己》，引导学生思考人性的弱点和社会的冷漠，以及如何在社会中实现公平与正义。

《沁园春·长沙》，探讨“青春与理想”：毛泽东在词中表达了怎样的青春理想？为什么？毛泽东认为“数风流人物，还看今朝”，你认为青春的意义是什么？如何实现自己的青春理想？通过《沁园春·长沙》，引导学生思考青春的价值和意义，以及如何在时代中实现自我价值。

《岳阳楼记》，探讨“忧乐观”和“社会责任感”。范仲淹提出的“先天下之忧而忧，后天下之乐而乐”是什么意思？这种忧乐观对现代社会有什么启示？你认为一个人应该怎样承担社会责任？通过《岳阳楼记》，引导学生思考个人与社会的关系，以及如何在个人利益和社会利益之间找到平衡。

这种构建高阶哲学思维的研究方法不仅有助于我们更全面地理解文学的本质与多样性，还能促使我们在认知层面实现质的飞跃，进而构建起一个更加多元、立体、开放的文本研究格局。

6. 文眼捕捉法：关键词语的诗性阐释

文眼捕捉法即通过寻找和分析文学作品中的关键性词语或句子来揭示作品的主旨、情感、意境和结构脉络。文眼（或诗眼）是一部作品的灵魂，也是作品中最具表现力和凝聚性的部分，能够帮助读者快速抓住作品的核心思想和情感基调。刘勰在《文心雕龙·风骨》中曰：“沉吟铺辞，莫先于骨。故辞之待骨，如体之树骸……结言端直，则文骨成焉。”骨，即主心骨，类似于传统的诗眼、文眼。严羽在《沧浪诗话》中指出，诗歌创作有三个关键之处："曰起结，曰句法，曰字眼。"其中，字眼（诗眼、文眼）是作品的点睛之笔，能够使全篇增色。

文眼在文学创作和鉴赏中具有极其重要的作用。它能够揭示主旨，奠定感情基调，升华意境，统摄全文，增强文章的艺术感染力。文眼有的是字词，比如：

《周总理，你在哪里》——找；

《闻官军收河南河北》——喜欲狂；

《钱塘湖春行》——春行；

《江城子·密州出猎》——狂；

《陈情表》——孝；

《湖心亭看雪》——痴；

《黄鹤楼》——空；

《故乡》——变；

《陋室铭》——德；

《爱莲说》——爱；

《背影》——背影；

《捕蛇者说》——毒；

《李贺小传》——奇；

《蜀道难》——难；

《琵琶行》——同；

《出师表》——忠；

《蒹葭》——从；

《故都的秋》——暖；

《沁园春·长沙》——独；

《烛之武退秦师》——退；

《声声慢》——愁。

有的是句子，比如：

《醉翁亭记》——醉翁之意不在酒，在乎山水之间也；

《岳阳楼记》——先天下之忧而忧，后天下之乐而乐；

《荷塘月色》——这几天心里颇不宁静；

《滕王阁序》——落霞与孤鹜齐飞，秋水共长天一色；

《春江花月夜》——江天一色无纤尘，皎皎空中孤月轮。

文眼（诗眼）的位置灵活，或在题目，或在篇前、篇中抑或篇尾。但无论在哪里，都承担着支撑、贯通全文的重要作用。黄庭坚《答洪驹父书》曰："句中有眼，篇中有眼。句眼在前，则后句必应；句眼在后，则前句必承。篇眼在前，则后篇必应；篇眼在后，则前篇必承。篇眼在中，则前后必贯。"意思是说，如果诗眼在前，那么文章后面的内容就必须与之呼应。如王安石的《泊船瓜洲》，"绿"字是诗眼，放在句首，引领了后面整首诗的意境；如果文眼在中间，那么前后的内容必须与之贯通。如王勃的《滕王阁序》，诗眼是"落霞与孤鹜齐飞，秋水共长天一色"，位于文章中间，那就要承上启下，支撑首尾且升华意境；如果文眼在后，那么文章前面的内容就必须与之相承接。如宋祁的《玉楼春》，"红杏枝头春意闹"，"闹"字是诗眼，放在句尾，那就要承接前面的诗情，并要将整首诗歌的意境做动态升华。

文眼捕捉法不仅有助于读者快速把握文学作品的核心内容，还能提升读者的文学鉴赏能力和审美水平。通过这种方法，读者可以更深入地理解作品的内在逻辑和情感脉络，从而更好地体会文学作品的美学价值。

四、小结

存在主义教育家马丁·布贝尔（Martin Buber）在《我与你》一书中曾指出："教育的目的不是告知后人存在什么或必会存在什么，而是晓谕他们如何让精神充盈人生，如何与'你'相遇。"这一观点深刻揭示了教育的本质，即教育不应仅仅局限于知识的传递，而更应注重于引导个体在精神层面，与他人、与世界建立深刻而真实的关系。

文本解读就承担了这种教育功能。作为一种"二度体验"，读者通过阅读作品对作者所表达的内容进行理解，同时又借助自己的生命体验去重新诠释和感受作品所蕴含的深意。这种"二度体验"不仅是对作品的逆向探索，也是一种再生创作，是读者结合自己的生命体验和情感对原生文学进行的再创造。其作用和价值与原生文学同等重要，不容小觑。

当然，文本深度解读还需要有丰富的文学批评理论的积累。这既包括现代西方文论，如女性批评理论、符号学理论、新批评理论、马克思主义文学理论、精神分析批评理论、后殖民主义理论、新历史主义理论、解构主义理论和生态批评理论等，也涵盖中国古代文论中涉及到的诸多经典创作方法，比如草蛇灰线法、火中生莲法、层层追险法、犯中求避法、伸缩抑扬法等。只有将这些理论和方法融会贯通，才能在文本深度解读中游刃有余，实现创新式阅读或存在式阅读。限于篇幅，此处无法对这些理论展开详细论述，相关探讨将留待后续专文详述。

（作者：楚爱华）

第二章

语文解读实践

散缓背后的精到
——从三重结构看《饮酒（其五）》的表现艺术

陶渊明的诗在其生活的年代及其后的南北朝，基本上是默默无闻的。

作为好友，颜延年在《陶征士诔》中只赞誉了陶渊明的高洁人格，对其诗作并未给予充分肯定。陶渊明离世后六十年，沈约的《宋书》将其列入《隐逸传》，对其诗学贡献也未加以重视。齐代刘勰的《文心雕龙》，评论了历代诗人，竟无一字提及陶渊明。梁代钟嵘的《诗品》，也只是将陶渊明列入中品，位居陆机、潘岳之下。

这种被冷落的命运，或可从苏轼的赞美性评价中获悉原因。“质而实绮，癯而实腴”（宋代蔡正孙《诗林广记》前集卷一），“初看若散缓，熟看有奇句……大率才高意远，则所寓得其妙，造语精到之至，遂能如此，似大匠运斤，不见斧凿之痕”（宋代阮阅《诗话总龟》前集卷九）。审美接受中，人们只看到“拙”的一面——“质”“癯”“散缓”，完全忽略了“妙”的一面——“绮”“腴”“精到”，并形成了肤浅、偏激的集体共识，诗作被埋没就会成为必然。

苏轼的过人之处，正在于从别人的目盲处、偏激处，看到了陶渊明诗歌创作的伟大超越，使人更清晰、更自觉地聚焦陶渊明独特的诗学追求和美学风格——大抵欲造平淡，当自组丽中来，落其华芬，然后可造平淡之境（葛立方《韵语阳秋》）。

冲淡、散缓的背后，有着别样的精到和丰腴，这在《饮酒（其五）》一诗中有着鲜明的体现。由结构视角审视，更能发现这一为苏轼所未具体论析的艺术创造秘妙。

一、逻辑结构：心远·景美·真意

解读《饮酒（其五）》，人们通常会拨开纷繁的意象，聚焦于心远、景美、真意三个关键词：为什么说“心远”了，所居之地就自然偏远了？南山本是陶渊明家乡的寻常景物，朝夕相见，为什么采菊东篱时，竟有初见的惊喜？出于诗歌创作的含蓄要求，陶渊明感慨“此中有真意，欲辨已忘言”，他没有明确道出的“真意”到底指什么？

心远，表面上写的是远离车马的喧嚣，实际上是对富贵、权势、功名的一种远离。对富贵、权势、功名无欲无求，复归本心，求其放心，即使深居闹市，生命也会走向宁静和澄明，所谓“无念则静，静则通神”也。陶渊明身居茅屋，家徒四壁，对车马喧嚣，听而不闻；对别人车马的豪华，视而不见，正源于此。因此从“心远”中，不仅能看出陶渊明对“天下熙熙，皆为利来；天下攘攘，皆为利往”（司马迁《史记·货殖列传》）社会现象的鄙弃，也能看出他对自我“爱丘山”本性的坚守，对“心远”能力形成的自豪。

说到景美，人们通常会征引苏轼的解读：“因采菊而见山，境与意会，此句最有妙处。近岁俗本皆作‘望南山’，则此一篇神气都索然矣。”（陈善《扪虱新话》）何以“见”（xiàn，意同“现”）优而“望”劣，是因为“望”是有意观赏，心情平淡，而“见”则含了意外发现的欣喜。另，“见南山”亦可解为“南山见”，动作主体由“我”转换成“南山”，更能将南山的活泼、会心，“我”与“南山”神遇、契合的悠然与惊喜和盘托出。之所以在此时发现南山的悠然之美，是因为心远能力的形成，审美的天眼打开了。

关于“真意”的解读，人们多从“山气”“飞鸟”两个意象切入。陶渊明为何只说“日夕”佳，不说“清晨”佳？无他，归家的山气、飞鸟，正是作者心灵的归家，真我的归家，这暗合了“日夕当归”的文化传统——“日之夕矣，羊牛下来”（《诗经·君子于役》）；“日出而林霏开，云归而岩穴暝”（欧阳修《醉翁亭记》）；“枯藤老树昏鸦”（马致远《天净沙·秋思》），而“清晨”无法传递这样的意蕴。

这样的解读新意和深意兼具，但是并未解释其间逻辑理路：由心远而发现了美景，发现了真我，因而喜不自禁。这种理性的骨架，显然是受了玄言诗以诗谈玄风气的影响，但又巧妙地规避了“理过其辞，淡乎寡味”（钟嵘《诗品序》）的弊病。清空内心的名利欲望，自性的阳光便会葳蕤生长，这是道家虚室生白思想的另类呈现，因此本诗所具有的哲理品格，带有普适性的启发意义，很好地实现了共识和独识的相乘，颇有白居易称道的“文思何高玄”的特色（白居易《题浔阳楼》）。

这种理性逻辑作为一种隐秘的结构性存在，像盐溶于水一般自然，却又成为抒情的有力载体，甚至就是抒情的本体，成了后世一个永远令人仰望的艺术高峰。在杜甫《望岳》、王维《辛夷坞》、苏轼《题西林壁》，龚自珍《己亥杂诗（其五）》等诗作融理入象、融理入事、情理交融的努力中，我们依稀能感受到陶诗艺术追求的精神赓续。只不过在理、情、理想抱负、生命意识的和谐融汇，还有与文化母题的会通上，没有《饮酒（其五）》做得更天然罢了。

孟浩然在《本阇黎新亭作》诗中写道：“弃象玄应悟，忘言理必该。静中何所得？吟咏也徒哉！”借了佛学和道家哲学中的“弃象忘言”说，提倡诗歌创作的抒情言志、表情达意不必太直露，要有弦外之音，象外之旨。这方面，陶渊明做得极为出色，因此他的诗歌有冲淡而丰腴的特色，也就毫不奇怪了。

值得一提的是，诗人触及了日夕当归的文化母题，却并没有迟暮、生别离或归而不得之类的忧伤。联系“羁鸟恋旧林，池鱼思故渊”（《归园田居（其一）》）等诗句，将“羁”与“还”比照阅读，作者倍增其欢乐的内心触之可及。悠然的南山，美丽的山岚，归巢的鸟儿，这些意象所渲染的美好境界正是诗人获得自由、回归真我后幸福之情的写照。这种对日夕当归文化传统的既融又反，使本诗抒情的个性和艺术性显得特别鲜明。

二、抒情结构：超然·悠然·陶然

诗中的这种理性表意结构，与其独特的抒情结构是浑然统一的。《饮酒（其五）》的抒情结构显得更为隐蔽。

从表面形式上看，全诗似乎只是在抒“悠然”之情——采菊东篱下，悠然见南山。但深入文本的内部，便会发现更为丰富的情感在跃动。

诗人为什么不说结庐在浔阳或结庐在柴桑，偏偏要说结庐在“人境”？“人境”对应的是“仙境”，诗人如此措辞，不就内在地表明他是以仙人自居吗？所以，透过这种独特的措辞，诗人超然、飘然的心情一下子就跃然纸上了。还有诗人欣赏山气、飞鸟时所说的那两句诗——此中有真意，欲辨已忘言，景色美得让人忘却言说，或不知道该用怎样的语言表达，这正是天人合一的陶然之情的体现，用叔本华的话说就是“自失于对象之中了，也即说人们忘记了他的个体，忘记了他的意志”。[①] 因此，诗歌中还流淌着一条“超然→悠然→陶然”的情脉。

这种一波三折的情感结构，在后世很多散文作品中也有体现。比如鲁迅的《阿长与〈山海经〉》，里面有“厌恶→敬佩→憎恨→敬重→怀念”这样一条情脉，被有的学者称为“蓄水式”结构——形象地说，鲁迅散文的抒情方式就像一个蓄水的过程，不是一下子把水位抬到很高，而是慢慢地蓄积水位，甚至中间还有多次的涨落，到了最高值，文章就戛然而止，同时又不会让水漫出堤坝，而是看起来波平浪静，却又暗流涌动。[②] 朱自清的散文《匆匆》里面有“疑惑→后悔→焦虑→沉思→疑惑”这样一条波澜起伏的情脉，将所抒发的情感表现得灵动多姿。不过，《饮酒（其五）》的情脉并没有它们的大起大伏，不断质变，也没有更为具象，更为明显，这便很好地揭示了诗歌文类的特点——情脉虽富于变化，有流动之美，但相对单纯、含蓄。

沿着“超然→悠然→陶然”这条情脉优游涵泳，沉潜玩绎，还能发现另一种同样隐秘的“关系形态”——对车马，竭力排斥、否定；对南山，主动接纳、融入。这令人情不自禁地想到了马丁·布伯的“关系本体论”——

真正决定一个人存在的东西，不是“我思”，也不是与自我对立的各种客体，而是他自己同世界上各种存在物和事件发生关系的方式。布伯用两个原初词“我—它”与“我—你”来表示这种方式……他认为“我—它”关系并非真正的关系，因为“人生不是及物动词的囚徒。那总需以事物为对象的活动并非人生之全部内容”。真正的人类关系应是“我—你”关系，在“我—你”之间才能达到生命的相遇和实现。[③]

陶渊明与“车马”正是“我—它”的关系，与“南山”“山气”“飞鸟”则是“我—你”的关系。结合诗中“超然→悠然→陶然”这条情脉，我们甚至可以说，诗人与“南山”“山气”“飞鸟”的关系就是“我—我”的关系。也就是说，“南山”“山气”“飞鸟”不是它，不是你，而是自我的另类体现。木心说：“读陶诗，是享受，写得真朴素，真精致。不懂其精致，就难感知其朴素。不懂其朴素，就难感知其精致。他写得那么淡，淡得那么奢

---

① 叔本华. 作为意志和表象的世界[M]. 石冲白，译. 北京：商务印书馆，1982：249.

② 郑家建. 藏在纸背的眺望[M]. 福州：海峡文艺出版社，2013：43.

③ 王文鹏，贾喜玲. 子学时代教育理念与当今高等教育观念变革[M]. 长春：东北师范大学出版社，2011：177.

侈。”[1] 或源于此。

以摆脱名缰利锁束缚的仙人自居，超然于人世间；复归于婴儿，能在寻常的景象中得到美趣，悠然自得；在山气、飞鸟中求其放心，找到真我而陶然自得。这些丰富的情感看似散缓，其实都是指向一种情感的抒发——找到真我，回归真我的大欣悦、大幸福、大自豪、大快乐，显得极其精到而天然。又因为，这些情感看似朴素、普通、平淡，其实自有迥异于世俗的明丽、超拔和浓郁，其浓度、质地、表现形式都是极化的，又很好地凸显了诗歌的文类特征。只不过内隐较深，很难被人觉察，但这反而使诗歌意蕴丰腴的特征更形象、突出了。

三、意蕴结构：心远·心喜·心坚

说到意蕴，其结构表现得最为隐蔽。

心远是诗人的直抒胸臆——“问君何能尔，心远地自偏”，一目了然。心喜是心远的衍生，从南山、山气、飞鸟等意象，诗人欲辨已忘言的心理，还有隐蔽的情脉，稍加分析，亦可见出。但是文本深层结构中的“心坚”意蕴，不仔细寻绎，还真很难发现。

首先，心远的“远”字本身就隐含着内心反省、挣扎和突围的艰难——作者引以为豪的“远离”能力，不是天生的能力，而是通过艰难的意志努力，不懈地与世俗、与心中的另一个自我抗争的结果。其次，诗人有意突出简陋的“庐”和豪华车马的鲜明对比，也体现了内心斗争的激烈，意志努力的艰难以及成功突围后欣悦之情的浓郁与深沉。另外，通过互文性阅读观照，从诗人前后龃龉的措辞亦能见出——《归园田居（其二）》中明确写了“野外罕人事，穷巷寡轮鞅。白日掩荆扉，虚室绝尘想”。也就是说，陶渊明此前写的是住在穷巷，后面写的诗却说是住在喧嚣的“人境”。为什么用词上会出现如此巨大的反差？这是否更能折射他心远的艰难，坚守真我的笃定？

如是，称上述艺术表现是对陶渊明“三仕三隐”，内心彷徨、挣扎、突围的诗意概括，也未尝不可。

其实，心远的艰难努力，在陶渊明其他作品中已经得到印证。比如，“开荒南野际，守拙归园田”（《归园田居（其一）》）中的“拙”，显然是整

---

① 木心. 文学回忆录[M]. 桂林：广西师范大学出版社，2013：234.

个世俗社会扔给陶渊明的评判，陶渊明非但没有改弦更张，反而要更努力地坚守。其中的艰辛，可想而知。再如《饮酒二十首序》中描述：“余闲居寡欢，兼比夜已长。偶有名酒，无夕不饮。顾影独尽，忽焉复醉。既醉之后，辄题数句自娱。纸墨遂多，辞无诠次。聊命故人书之，以为欢笑尔。”“闲居寡欢”“顾影独尽”等词语可谓写尽了内心坚守的孤独和感伤。在《形影神》这篇文章里，他更是直接让“神”辨自然以释“形”“影”之苦。“形”指代人企求长生的愿望，“影”指代人求善立名的愿望，“神”以自然之义化解了它们的苦恼。形、影、神三者，分别代表了陶渊明自身矛盾的三个方面，三者的对话恰恰反映了他人生观中的冲突与调和。联系两晋南北朝士族鄙视劳动的历史——颜之推《颜氏家训》就说：“多见士大夫耻涉农务。”《南史·到溉传》记载：到溉先祖曾担粪自给，别人骂他“尚有余臭”。在这种语境下来看陶渊明的心远，何其艰难，又何其伟大。从另一个角度说，他诗中的“心远”“守拙”“绝尘想”等词语，也可视为“心坚”的宣言或对自我灵魂下达的绝对律令，更令人仰之弥高。

《饮酒（其五）》写成十年后，陶渊明离世。虽然信奉“死去何所道，托体同山阿”（《拟挽歌辞（其三）》，但是此时的陶渊明，活得还是比较艰辛的。断酒已成常态——上引的“偶有名酒”已经有所暗示，采菊是吃的，因为无酒可泡。《归园田居》组诗中写到的种豆、除草，其实也能见出其生活的艰辛。《示庞主簿邓治中》更是直言：“夏日长抱饥，寒夜无被眠。造夕思鸡鸣，及晨愿乌迁。”《有会而作》写到其晚年的境况：“弱年逢家乏，老至更长饥。菽麦实所羡，孰敢慕甘肥！”在这种穷困逼仄的生活中，还坚持放弃官场，远离富贵和权力，岂不需要付出惊人的意志努力？

因此，陶渊明诗歌中的酒是掺着泪的，泪为诗情，酒为文字；他的乐是夹杂着苦的，乐为抗争，苦为坚守。本诗对心远、心喜、心坚的复合心绪的书写，展现的正是这种至情至性、坚忍超拔的人格风景。文中写到了“菊花”，后世不少诗人也在赞美菊花，比如宋代朱淑真说：“宁可抱香枝上老，不随黄叶舞秋风。”（朱淑真《黄花》）苏轼赞美道：“荷尽已无擎雨盖，菊残犹有傲霜枝。”（苏轼《赠刘景文》）这种不随波逐流的傲岸个性也正是陶渊明自身人格的写照。谈到菊花，人们便会想到陶渊明。在清贫而艰辛的生活中，他的精神活出了菊花的傲骨，活出了菊花的清芬，也活出了生命的诗意。

总之，《饮酒（其五）》的逻辑结构、情感结构、意蕴结构虚实相生，显隐交映，彼此交融，完美实现了散缓和精到、朴拙和巧妙、冲淡和丰腴的浑然统一，读之令人回味悠长。

（发表于《语文建设》2021 年第 1 期，作者：汲安庆、杨一鸣）

路在何方：《雨霖铃》深层意蕴解读

《雨霖铃》一直是业内关注和探讨的热点，目前学界成果大致集中在以下几个方面：①抒发了恋人别离的悲苦；②情景交融、虚实相生；③慢词在词发展史上的地位和演变；④柳永词特殊的视野和视角；等等。综合以上成果，笔者发现，不管哪种结论，“恋人之间的别离之苦”都是学界对这首词的核心认知。在高中语文课堂观摩教学中，《雨霖铃》也是老师们的常选篇目。教师借助多媒体通过细读文本引导学生体会其中的虚实错综、情景交融，进而感受男女主人公之间的离愁别绪。

《雨霖铃》确实抒写了恋人之间那断肠的别情。可离愁别绪是古代文学经久不衰的传统母题，此类题材叠床架屋、多如山积，为什么《雨霖铃》却能成为千古名篇？仅仅是它独特的言情手法吗？还有没有更深层次的情感、意义和象征？答案应该是肯定的。笔者认为，除了别情之外，还有更深一层的文化内涵至今未被学界关注，即“路在何方”的问题。对此，笔者试从以下三个角度进行探析。

一、从自然物象到心灵营构物象，视野渐次移拉外延

诗歌是诗人心灵的吟唱和情志的投影。作为诗人情感的载体，物象的选择对于展现诗人的内心情感来说尤为重要。“圣人立象以尽意”。[①]“夫象者，出意者也；言者，明象者也。尽意莫若象，尽象莫若言”。[②]物象主要包括自然物象、社会生活物象和心灵营构物象等三类。本词涉及的物象主要有：蝉、亭、雨、门、帐、舟、手、眼、波、霭、天、节、酒、岸，风、月、情、人。这些客观物象本来是不含任何情感的，但一旦加上修饰性的形容词或动词等，就成为被作者所用、以表达某种特定思想感情和主观情志的意象

① 黄寿祺，张善文. 周易译注：系辞传上[M]. 上海：上海古籍出版社，2004：526.

② 王弼. 周易略例：明象[G]//郁沅，张明高，编选. 魏晋南北朝文论选. 北京：人民文学出版社，1999：68.

了。在这首词里，上述物象经过作者情绪的渲染成为以下意象：寒蝉、长亭、骤雨、都门、帐饮、兰舟、执手、泪眼、烟波、暮霭、楚天、清秋节、酒醒、杨柳岸、晓风、残月，风情、何人等。词人从耳目所及缓缓起笔，大量运用冷色调浓墨重彩地渲染了凄清悲凉的氛围，勾勒了一幅烟雨迷蒙的深秋傍晚别离图。如表 1 所示。

表 1 《雨霖铃》中物象与意象

物象	意象	视野	内涵
蝉、亭、雨、门、帐、舟	寒蝉、长亭、骤雨、都门、帐饮、兰舟	近处	景
手、眼、波、霭、天、节	清秋节、执手、泪眼、烟波、暮霭、楚天	渐远	人
酒、岸，风、月、情、人	酒醒、杨柳岸、晓风、残月，风情、何人	更远	未来之路

一个深秋的傍晚，寒蝉凄凉地鸣叫着。骤雨刚刚停歇，面对划船人不停地催促，在长亭边饯别的恋人不得不含泪哽咽地分手。放眼望去，路途一片迷茫灰暗，要去的远方在沉沉的暮霭中望不到尽头。在这冷落的清秋节日里，离别更加让人苦痛肠断。不知道今夜酒醒之后会流落到哪里？想必一定是在长满别离杨柳的岸边，孤身一人面对着凄冷的晓风残月吧！在以后年复一年的岁月里，没有心爱的人在身边，即便内心有风情万种，又将说与谁听呢？

诗人由景到人再到未来之路，由“近”到“渐远”再到“更远”，像电影慢镜头一样逐步移拉外延，渐次由自然意象过渡到社会生活意象，最后定格在心灵营构的意象之中，为隐藏在别离背后的深沉情感提供了释放的可能。

二、从眼前之实见到未来之虚拟，思绪不觉腾挪远眺

柳永之前的离别诗，立足当下怀想未来情境者极少。如温庭筠的《菩萨蛮》：“照花前后镜，花面交相映，新帖绣罗襦，双双金鹧鸪。”晏几道的《临江仙》：“记得小苹初见，两重心字罗衣。琵琶弦上说相思。当时明月

在，曾照彩云归。”前者在时间叙述上倾向于聚焦在当下的点上，后者呈现的则是从此时折返到彼时的单线式结构。

而柳永的《雨霖铃》却一反常规，他立足于“执手相看泪眼”的当下，随着目光的远眺虚拟将来，“念去去，千里烟波，暮霭沉沉楚天阔”。但又不止步于将来，而是将目光收回后再次回到现实，“多情自古伤离别，更那堪，冷落清秋节”。紧接着，又穿越时空从当下再次揣摩遥想未来，“今宵酒醒何处？”“此去经年，应是良辰好景虚设。”也就是说，《雨霖铃》不仅增加了“将来”这一时间刻度，还在时间叙述中由当下穿梭到将来，再由将来返回到当下，又从当下再次出发，再次穿越时空跳跃到将来，往昔虽未提及，却悄无声息地包蕴在其中了，使整首词呈现出九曲回肠、腾挪变幻、回环勾连的结构。

是什么让作者如此心事重重、吞吞吐吐、欲语还休？或者说，是什么触碰了作者内心深处的痛？在传统社会，对于任何一个男性文人来说，每个人的内心深处几乎都潜伏着一个比情爱更为重要的情结，那就是——功名。功名何在？路在何方？这才是潜藏在这首词里面让人为之震撼的不死灵魂。

三、从别离伤悲到失落绝望，情志愈益深沉凝重

早就有人发现柳永的词善于写实。宋人项平斋曰：“学诗当学杜诗，学词当学柳词。”还说二人“皆无表德，只是实说”而已。① 清人刘熙载也持这样的观点：“柳耆卿词，昔人比之杜诗，为其实说无表德也。余谓此论其体则然，若论其旨，少陵恐不许之。”② 说两人在诗词写作上都有写实风格，但柳永的词在叙事技巧、情感表达上比杜甫还胜一筹。

与其他传统文人相比，柳永一反借他人酒杯浇自己胸中块垒的惯性写作，而是另辟蹊径，将自己眼中所见、胸中之情、心中之事一并融入自己的词作中，轻灵而不板滞，从容而不造作，从而使作品具有了撼人心魄的精神力量。《雨霖铃》也不例外。那么作者心中之事到底是什么呢？

中学老师在讲授《雨霖铃》时，提到作者政治失意时，多用惯性话语笼统地一带而过，如“和苏轼一样，在政治上很不得意”等。其实，这是欠妥当的。且不说苏、柳二人性格迥异，就是二人的政治身份和政治立场也有很

---

① 施蛰存. 宋元词话[M]. 上海：上海书店出版社，1999：479.

② 刘熙载. 艺概笺注：卷四词曲概[M]. 王气中，笺注. 贵阳：贵州人民出版社，1980：313.

大的差异。苏轼儒道兼备，曾一战封神、名重京师，虽然屡屡被贬，但总能做到随遇而安，一方面是性情旷达使然，另一方面是他深知朝廷上总会有人赏识他，所以即使偶有悲观也仍心存期盼。

但柳永不一样。他出身官宦世家，对功名看得较重。但屡屡落第的事实和他叛逆的性格，终于让他在第三次落第后，于悲愤交加、失望至极之时发出了“忍把浮名，换了浅斟低唱”的忤逆语。后被宋仁宗知道，在他第四次科举时直接就被抹去名字：“且去浅斟低唱，何要浮名！”这句话从皇帝嘴里说出来，无异于晴天霹雳。也就是说，柳永以后再参加科举考试的机会几乎等同于无，即使参加了，要想获取功名也不大可能了。对于一个唯一可以靠此获得仕途之阶、立身扬名的男性文人来说，这无异于被判了政治死刑。

他心灰意冷，无奈地自嘲“奉旨填词柳三变”，从此与科举疏离，以被世人耻笑的浮浪身份出没于烟花柳巷、歌楼舞场，居无定所、漂泊流浪于海角天涯，直至在穷困中孤寂地死去。这首词就写于他离开汴京与恋人作别、准备去外地羁旅之时。谁能说在他举目远眺时那映入眼帘的灰蒙蒙的远方，不是他内心的风霜雨雪呢？那迷幻恍惚的未来，正是他此时此刻内心极度虚无的写照。路在何方？《雨霖铃》所传递的作者内心的真实情感，是与恋人天各一方的忧愁和悲伤，更是对前途的失望、无望和深深的绝望。

《雨霖铃》的词牌曲调，以声情的婉转哀怨为特点。据《杨贵妃外传》和《明皇杂录》记载，原是唐明皇在四川栈道细雨迷蒙中听到铃声怀念杨贵妃而作的悼亡词。王灼《碧鸡漫志》卷五曰：“今双调《雨霖铃慢》，颇极哀怨，真本曲遗声。”[①] 柳永选用这一词调，通过一对恋人的离愁别绪，抒写自己的人生绝望，不仅使作品具有柔婉凄恻、如泣如诉的艺术魅力，同时又赋予作品以深沉悲凉的哲理沉思和人生况味。

总之，在《雨霖铃》里，随着视野的渐次拉远，词人思绪不觉腾挪远眺，从眼前的别离伤悲到未来之路的失落和绝望，情志愈益深沉凝重。在课堂教学中，老师要带领学生从眼前之景到胸中之情，再到心中之痛，逐渐深入体味和探索，才能够真正地贴近词人，聆听词人的呼吸和心跳，触摸词人真实而鲜活的灵魂。这样的课堂才能够在立体中生动，在生动中立体，从而让学生受益更多。

（发表于《中学语文教学》2017 年第 3 期，作者：楚爱华、孙玉娟）

---

① 王灼. 碧鸡漫志[M]//王灼集. 李孝中，侯柯芳，辑注. 成都：巴蜀书社，2005：295.

无思之思，一个关于数字的疑问

——《水调歌头》(明月几时有)细读

《水调歌头》(明月几时有)是苏轼有名的咏月怀人词作之一，被誉为中秋词之绝唱。南宋胡仔《苕溪渔隐丛话》曰:“中秋词，自东坡《水调歌头》一出，余词尽废。”除却明月意象惯有的飘逸空灵，这首词更以豪放旷达著称，如胡寅《酒边词》云:“及眉山苏氏，一洗绮罗香泽之态，摆脱绸缪宛转之度，使人登高望远，举手高歌，而逸怀浩气，超然乎尘垢之外。”尤其是“但愿人长久，千里共婵娟”一句，历来为人所称道，成为世代传颂的经典名句。

我国的诗歌作品灿若星辰，历来有引数字入诗以加强节奏韵律、创造文学意境的传统。它们在诗行间跳跃，如同灵动的音符，赋予诗句以独特的性灵之美。如:“两个黄鹂鸣翠柳，一行白鹭上青天。窗含西岭千秋雪，门泊东吴万里船。”(杜甫《绝句》)“南朝四百八十寺，多少楼台烟雨中。”(杜牧《江南春绝句》)“一道残阳铺水中，半江瑟瑟半江红。”(白居易《暮江吟》)“身无彩凤双飞翼，心有灵犀一点通。”(李商隐《无题》)为了增强气势，一些豪放派作家更是引较大数字单位——“万”字入诗，以夸张的浪漫主义笔法渲染气氛，如:“黄河远上白云间，一片孤城万仞山。”(王之涣《凉州词》)“瀚海阑干百丈冰，愁云惨淡万里凝。”(岑参《白雪歌送武判官归京》)“天台四万八千丈，对此欲倒东南倾。”(李白《梦游天姥吟留别》)等。苏轼是北宋豪放词派的创始人，《水调歌头》(明月几时有)是其代表作，学生有可能会问：为什么是“千里共婵娟”？“万里共婵娟”不是更大气磅礴吗？

这是一个看似简单，实则深刻触及苏轼创作原则及创作技巧的问题。语文学界关于《水调歌头》(明月几时有)的论述虽不少，但迄今为止尚无人专门探讨这一问题。本文对此做出解析，并力争换一种新的角度解读该词，进而管窥苏轼的创作技巧，从而为课堂教学和当代写作提供艺术借鉴。

问题一：苏轼善于用数字吗？

不用“万里共婵娟”是不是因为苏轼不善于用数字？毕竟引数字入诗是

创作主体的个性行为。阅读过《苏轼诗集》和《东坡词》后，得出的结论是否定的。苏轼不仅喜用数字，而且善于用数字。现将一些经典诗词列举如下：

表 1　苏轼诗句中使用数字的句子

出处	诗句	数字
《江城子·乙卯正月二十四日夜记梦》	十年生死两茫茫。 千里孤坟,无处话凄凉。 相顾无言,唯有泪千行	十、千、千
《水调歌头·黄州快哉亭赠张偓佺》	一千顷,都镜净,倒碧峰。忽然浪起,掀舞一叶白头翁。 一点浩然气,千里快哉风。	一千、一、一
《念奴娇·赤壁怀古》	大江东去,浪淘尽,千古风流人物。 乱石穿空,惊涛拍岸,卷起千堆雪。 人生如梦,一尊还酹江月。	千、千、一
《石苍舒醉墨堂》	近者作堂名醉墨,如饮美酒消百忧。 兴来一挥百纸尽,骏马倏忽踏九州。	百、一、百、九
《临江仙》(夜饮东坡醒复醉)	夜饮东坡醒复醉,归来仿佛三更。	三
《有美堂暴雨》	十分潋滟金樽凸,千杖敲铿羯鼓催。	十、千
《定惠院寓居月夜出次韵》	万事如花不可期,余年似酒哪禁泻。 竟无五亩继沮溺,空有千篇凌鲍谢。	万、五、千
《食荔枝》	日啖荔枝三百颗,不妨长作岭南人。	三百

从上表可以看出，苏轼诗词中数字的运用繁复纷杂、多变不拘，有一、三、五、十、百、千、万等。

笔者据汉籍全文检索系统对《东坡词》一书进行检索，以上数字出现的频率分别为:“一”字 170 次，“千”字 76 次，“三”字 58 次，“五”字 58 次，“万”字 32 次，“百”字 19 次，“十”字 17 次等。最常用的数字是“一”和“千”，“万”字使用频率属于中等。

问题二：是受密州与济州实际距离的限制吗?

我们认为，是，但又不完全是。

众所周知，苏轼与弟弟苏辙情深义重，感情非同一般。两人年龄相仿，一起长大，一起读书，又同时考中进士。兄弟之间彼此唱和，写给对方不少情真意切的诗词，表现了兄弟二人亲密无间的手足之情。尤其是对苏轼打击较大的乌台诗案，苏辙一直与哥哥同生死、共患难。苏轼被捕入狱，苏辙为之四处奔走，恳求皇帝撤销自己的一切官职为兄长赎罪。苏轼被囚后，以为自己将不久于人世，于狱中给弟弟写下绝笔诗："是处青山可藏骨，他年夜雨独伤神。与君今世为兄弟，再结来生未了因。"苏辙看后肝肠寸断，伏案痛哭。苏轼出狱时，苏辙亲往迎接，并以手掩苏轼口，提醒耿直的哥哥以后要三缄其口。拳拳之心、骨肉之情感人肺腑！

这首望月怀人之词，就是在丙辰中秋苏轼欢饮达旦、大醉之时写给弟弟苏辙的。苏轼杭州任满，为了能有机会见到久别的弟弟，主动请求调到条件艰苦的密州。可惜的是，密州虽然与弟弟任职的济州距离不远，苏轼却一直无缘与弟弟相见。到作者写这首词的熙宁九年，二人分别已有五年之久。作者在中秋这个万家团聚的节日里，举杯望月，感叹自身孤身寂寞以及政治遭际，对远在异乡的弟弟充满了深切的怀念之情。

密州距离济州只有 200 千米，很显然在"千里"之内。问题是这首词并不仅仅是写给子由的，"作此篇，兼怀子由"（至于主要写给谁，学界争论不一，在此不赘）。细读这首词，从"我欲"到"又恐"至"何似"，作者的情感经历虽然迂回曲折，但经过最后的哲理深思以及对宇宙人生的深切叩问，他最终超越了自我，在杳冥静默的沉思中将自己与天地万物融为一体。他所抒发的情感和祝愿，显然"突破了个人私情的狭隘圈子，升华为一种具有全人类意义的哲理思考"。[①] 此时作者的"小我"已不存在，取而代之的是一种逍遥自由的精神境界，一种无限深远浩瀚的宇宙意识。因此，我们认为作者完全可以摆脱"千里"的地域限制，用更为广阔的"万里"与此情此景相匹配。

还是回到先前的问题：苏轼完全有理由、有条件使用"万里"一词，为什么非用"千里"不可呢？

苏轼在《续养生论》中曾提出过"无思之思"一说，"凡有思皆邪也，而无思则土木也。孰能使有思而非邪，无思而非土木乎？盖必有无思之思焉。"也就是说，从"有思"到"无思"再到"无思之思"，这个思维扬弃的过程实际上就是一个逐渐虚我、无我的过程。这是一种万象澄澈的心灵世界，只有处在这样一种境界中，作家才能做到思如泉涌、心到笔到，即苏轼所言"行于所当行，止于所不可不止"。《水调歌头》（明月几时有）中，苏

① 仲红卫. 从寂寞到寂寞的解脱：细读苏轼的《水调歌头·明月几时有》[J]. 淮南师范学院学报，2009（2）.

轼与天地同化就是这种“无思之思”的艺术境界，它为下一步创作中的笔随心走提供了心灵上的准备。

“吾文如万斛泉源，不择地皆可出。在平地滔滔汩汩，虽一日千里无难。及其与山石曲折，随物赋形，而不可知也。”① 无疑，作为具有深厚文学修养的文学大家，苏轼具有较强的文学语感和文学自觉。“万”字在数字单位中属于极高者，它的使用多出现在极端浪漫主义作品中，此类作品多夸张玄虚，与现实有较大的距离和隔阂。苏轼这首词虽有浪漫主义的成分，但与之相比更具现实理性和哲学思考，其飞扬浪漫始终与现实人间紧密相连，“万里”不适合这首词的文学语境。“随物赋形，而不可知也”，选择“千里”就是作者在无意识状态下“随物赋形”的结果。

此外，文学批评理论认为，创作主体虽然在整个文学创作中具有举足轻重的作用，但创作客体也并非逆来顺受，它限制着创作主体的运作权力，控制着创作主体对语言的操作和风格的选择，并形成一种审美的强力结构。② 在古代，因为交通条件所限，望月怀人，在诗歌传统上多以千里为适中，如“美人迈兮音尘阙，隔千里兮共明月”等。太远不现实，太近又不便于表达思念之苦。苏轼有着深厚的文学造诣，他凭借敏锐的文学直觉“随物赋形”，在创作中选择“千里”而非“万里”。这一选择，正是他在潜意识中受到“望月怀人”这一创作客体的控制和约束，无意间做出的绝佳抉择。它不仅精准地把握了距离感——无论是与弟弟的相隔，还是与他人的距离，都显得恰到好处；更在继承传统诗歌的基础上，不自觉地推陈出新，为作品赋予了更为开阔的文学意境和深邃的哲学思考。

当然，笔随心走也好，随物赋形也罢，这一切都以写作者心灵的“无思之思”为先决条件。只有在“无思之思”的前提下，创作者才能神与物游，达到与天地同化的至高境界，作品自然也就不工自工了。这是“千里共婵娟”一语引发的疑问带给我们的思考，也给课堂教学和当代写作带来很多启发，值得关注和深思。

（发表于《语文建设》2016 年第 19 期，作者：刘冬蕊、楚爱华。原文发表时题目为《由“千里共婵娟”中“千里”想到……》）

---

① 苏轼. 苏轼文集[M]. 茅维，编，孔凡礼，点校. 北京：中华书局，1986：2069.

② 徐岱. 小说叙事学[M]. 北京：中国社会科学出版社，1992：76-79.

反常合道：也谈《江城子·密州出猎》之“狂”

苏轼一生三起三落，几遭宦海沉浮，却始终宠辱不惊、去留无意，保有豁然达观的心境。他极少以“狂”态示人，但《江城子·密州出猎》却是一个例外。该词一反往日的平和淡定，陡然以“狂”起笔，上阕狩猎，下阕请战，场景热烈狂放，气场宏大磅礴，最后以一个牵黄擎苍、拉弓射箭的征西英雄作结，给文学史留下了罕见的“另一个”苏轼形象。

关于《江城子·密州出猎》中的“冲天”之“狂”，学界成果有限，大致有旷达本性说、超越逆境说和人生快意说等。以上说法多围绕“狂”的内涵进行探讨，至于作者究竟“狂何在”“狂何为”“狂何以”，则缺乏整体观照及逻辑串联。尤其是其“反常合道”的诗词创作主张，很少有人想到和此词之“狂”关联起来。本文拟从以上角度对此进行系统探讨。

一、狂何在？

词的开篇，一个飞马狩猎的旷世枭雄呼啸而过：只见他头戴锦帽，身穿貂裘，飞鹰走犬，逐逝追奔。后面的队伍千骑相随，浩浩荡荡。在其一马当先的带领下，千军万马席卷平冈……这是何等的雄武纵狂！

接下来词人一面勇擒三兽，一面自比三雄，飙狂之气，直冲霄汉！一狂，狩猎报知百姓。不仅报知百姓，而且能一呼百应，倾城而动，足见其对威望的自信。二狂，笃定矢不虚发。不仅能一发中的，所射之物也非寻常，乃是山中之王，足见其对武功的自信。三狂，敢自比孙郎。孙权十九岁即掌人权，成为一方诸侯，而后又在群雄割据中打下了江东基业，故历代有志之士多视孙权为理想将才。但像这样毫不谦让直接自比孙权的，苏轼大概是历史上的第一人。

据《苏轼文集》记载，苏轼酒量不佳，曾自言“平生有三不如人，谓着棋、饮酒、唱曲”，[1]但这并不能阻止东坡频频举杯。酒是让他远离痛苦的良药，是打开他心灵的密码，更是激发他潜在情感的狂飙。“会挽雕弓如满月，西北望，射天狼”，看似是无心的酒后狂言，实则是他壮志抱负被长期压抑后的一次喷发。

纵观全词，在酒的助力下，苏轼之“狂”无处不在：飒美衣着是其形貌之狂，骑马射虎是其行为之狂，自比孙郎是其心志之狂，征讨西夏是其胆魄之狂……可以说无一处不是狂放之言，无一字不显狂放之志。“狂”，《说文解字》解释为：“狾犬也，……古文从心。”[2]本义多为贬义。后在一些语境中也可用作褒义，如“不得中行而与之，必也狂狷乎！狂者进取，狷者有所不为也”。[3]朱熹认为：“狂者，志极高而行不掩；狷者，知未及而守有余。”[4]结合词人平生“奋厉有当世志”的入世情怀，我们完全可以认定：本词当属志士之狂，属执着进取而非孤傲狂妄之意。

二、狂何为?

本词开创了苏轼豪放词的先河。“狂词”一出，如异军突起，惊艳了整个词坛，《宋词简史》甚至将其列为“豪放词派第一”。它“突破了倚声填词的传统题材限制，极大地扩大了词境，指出作词的向上一路，促进了词体的变革”。[5]那么，该词如此狂，意欲何为呢？

其一，对情爱题材的有意突破。苏轼一反“词为艳科”的束缚，主张诗词同源。《江城子・密州出猎》以狩猎、出征之事入词，而非离愁别绪、闺情绮怨等俗事。“一扫风花出肝肺，密州三曲月经天。”[6]该词以健笔粗豪勾勒出的英雄形象，刷新了唐五代花间词“柔情女儿”的缠绵悱恻。刚健的题材为词坛注入一股雄强之气。

其二，对开阔境界的致力追求。词作以“老夫聊发少年狂”起笔，紧接着从多方面、多维度描摹其狂态，由表及里、由形入神，最终狂气达至巅峰，以“西北望，射天狼”缩结全词，气象恢宏雄放，在艺术境界上解构了

① 苏轼. 苏轼文集[M]. 北京：中华书局，1986：2369.
② 许慎. 说文解字注[M]. 段玉裁，注. 郑州：中州古籍出版社，2006：476.
③ 论语[M]. 南昌：江西人民出版社，2016：647.
④ 张岱年. 中国哲学大辞典[M]. 上海：上海辞书出版社，2014：90.
⑤ 张毅. 唐宋诗词审美[M]. 天津：南开大学出版社，2013：224.
⑥ 夏承焘. 唐宋词欣赏[M]. 天津：百花文艺出版社，1980：76.

花间词精细深婉之遗风。在用语上，苏轼以议论入词，大量用典，比如“亲射虎”“遣冯唐”“射天狼”。借他人之酒杯浇自己之块垒，使情致融于故实，以历史联结现实。如此，既弥补了议论的空泛之弊，又于豪放狂直中增添了几分厚重与沉稳，此乃前人纤丽柔媚之词所不能及。

其三，对音律藩篱的自觉疏离。李清照曾责怪苏轼句“不协音律”（《能改斋漫录》），其实苏轼并非不懂音律，只是出于豪放词风不拘一格的需要，“不喜剪裁以就声律”[①]而已。好的文字应自然流淌，不能苛守音律，否则就会形成文脉的自戕。从东坡得意自述“作得一阕，令东州壮士抵掌顿足而歌之，吹笛击鼓以为节，颇壮观也”[②]句中，我们可以想象当时众人嘹亮高亢、词曲和谐的壮观场景。“近却颇作小词，虽无柳七郎风味，亦自是一家。”[③]突破音律板滞的藩篱，“摆脱绸缪宛转之度，使人登高望远，举手高歌，逸怀浩气超乎尘垢之外”，[④]正是词人追求的目标。

三、何以狂？

究竟是什么使苏轼于超然洒脱之外，突然宣泄出满腔的“狂气”呢？有人认为这源于苏轼辅佐君王、造福百姓的理想抱负。[⑤]结合史实来看，这种说法不无道理。《密州出猎》写于宋神宗熙宁八年（1075 年）苏轼任密州知州之时。当时北宋边疆危机重重，西北战事吃紧。西夏不断入侵宗地，北宋朝廷与之三次交战，均以失败告终，最后以每年送钱送物来换取边境片刻的安宁。积弱积贫的北宋王朝这般任人宰割，怎不令人怒火中烧、心急如焚呢？苏轼虽是文官，但年少时就怀有武将之志，经常读兵书，练箭术。报效国家，驰骋战场，是他自小就有的梦想。

苏轼在本词中戏称自己“老夫”，但实际上他当年才三十九岁，正值人生壮年、满腔抱负亟待施展之时。又恰逢乱世呼唤英雄，因此他迫切地渴望跃马疆场以驱逐鞑虏。当尊王攘夷的民族情结成为北宋士人的群体意识时，当保国安民的历史责任注入士人生命时，当刚健有为的豪迈精神融为人的气

① 王辉斌. 唐宋词史论稿[M]. 武汉：武汉大学出版社，2018：127.

② 苏轼. 苏轼文集[M]. 北京：中华书局，1986：1560.

③ 苏轼. 苏轼文集[M]. 北京：中华书局，1986：1560.

④ 苏轼. 东坡集[M]. 夏华，等，编译. 沈阳：万卷出版公司，2014：20.

⑤ 殷寒君. 读懂“狂”字背后的选择和坚守：执教《江城子·密州出猎》[J]. 语文教学之友，2021，40（5）：27-30.

质时，苏轼长期积聚的雄健力量就驱使他在创作中不由自主地进入“处以得狂”的自觉状态。他的焦灼期许落到笔尖，便构成了言狂意妄、剑拔弩张的艺术张力。矢志不移的报国忠心愈真挚，就愈急切；愈急切，就愈狂妄；愈狂妄，就愈动情。值得注意的是，从熙宁七年到元丰二年（1074—1079年）因时局动荡，北宋词坛悄然出现了一股政治化倾向。苏轼并非有意与此苟同。寻象探心，我们不难发现，在借词传志、借老成“狂”的文字虚象下，向外界显示其“老”当益壮的生命状态，以求有一天能实现自己的报国之志，才是其沉潜于文心的真实之象。

“狂”还是他纾解自己远离京都、孤独忧愁的一种独特表达。熙宁四年，（1071年）苏轼上书直言变法之弊，遭到变法派群臣的反对。因政见不合，失意的词人只好离京远去，一直到元丰二年，远离政治中心长达八年之久。长期压抑的苦闷，再加上与兄弟各奔西东、与妻子阴阳两隔，苏轼未到不惑之年便已显现出“尘满面，鬓如霜”的老态。积郁已久的苏轼只得在文学的世界中舒吭一鸣，以“老夫聊发少年狂”的狂放豪气来对抗现实的凄凉苦悲。

可惜，在苏轼三起三落、多被弃置的荒寒人生中，“何日遣冯唐”不过是梦中的期盼，“西北望，射天狼”终归是醉后的幻影。弗洛姆说，文学即做梦，表达希望之梦或焦虑之梦。《苏轼词集》共收录苏轼词350首，其中提到“梦”字处就多达75次。“梦破五更心欲折”〔《蝶恋花》）春事阑珊芳草歇）〕，“觉来幽梦无人说。此生漂荡何时歇？家在西南，常作东南别”（《醉落魄·离京口作》）。我们无从知道梦醒后的苏轼如何于锥心的落寞凄冷中安顿自己的灵魂，但是单凭这些“梦”我们也不难推断，留一半清醒留一半醉，对于睿智的词人来说，是现实，是期许，更是痛苦和无奈。

“古典诗歌一般有三个空间向度：地理空间、社会空间和心理空间，对应着诗境、诗情和诗心。”① 心理空间的生成离不开社会空间，更离不开地理空间的触发。宋神宗熙宁七年，苏轼由杭州通判迁为密州知州，到任第二年冬写下此词。“北方之文豪放，□□（其弊？）也粗；南方之文缜密，其弊也弱。”② 从清新秀丽的杭州到广袤无垠的密州，风土人情也自是不同。北方有开阔的地势，密州有粗粝的民风，“居民普遍地以怯懦为羞耻，以武勇为

① 孟凡军. 古典诗词意蕴的立体建构：以柳永《雨霖铃》为例[J]. 中学语文，2016（25）：45-49.

② 程民生. 宋代地域文化[M]. 郑州：河南大学出版社，1997：6.

习俗。因而，豪放慷慨，雄风四起……为情绪所驱而舍生忘死，不畏后果。既是阳刚之美，又是粗犷之气”。[①]受其濡染，这片齐鲁大地成了孕育苏轼“狂气”的沃土。“古朴、淳厚、豪壮的民俗潜移默化地影响着苏轼的精神世界；而格调朴野的‘东州乐府’文化则是苏轼文学创作发生转折、飞跃的重要触媒。”[②]密州的旷远野趣与苏轼的率性天然契合，加之猎场雄壮氛围的熏染和触发，自然催发了这首千古“狂词”的豪迈诞生。

四、反常合道：苏轼诗词创作奇趣之妙的艺术自觉

《江城子·密州出猎》实现了词作从内容到风格狂放豪迈的统一，是苏词更是宋代词风发生明显转向的里程碑。此词的成功除了上文提到的诸多方面，还有一个更为重要的原因，即苏轼反常合道、极力追求诗词创作奇趣之妙的艺术自觉。

苏轼在《书柳子厚渔翁诗》中曾感叹：“诗以奇趣为宗，反常合道为趣。”[③]趣，不仅表现在作品的义理、宗旨、警语之趣，还在于作品反映出来的作者的审美妙趣、生趣、别趣、天趣等。前者如《题西林壁》：“不识庐山真面目，只缘身在此山中。”后者如《江上值雪效欧阳体限不以盐玉鹤鹭絮蝶飞舞之》：“青山有似少年子，一夕变尽沧浪髭。”在自然万物中找寻与人生的契合点，从而使诗歌充满了勃勃生机和妙理顽趣。诗词如何才能达到奇趣的境界，苏轼开宗明义地指出一条创作路径——反常合道。即看起来不符合常规常理的思维、规范、逻辑、道理等，但在情感真实、艺术真实上是合乎规律、合情合理的。可以说，奇趣是苏轼诗词创作的自觉追求，反常合道是其实现奇趣之妙的手段，是诗词创作通达艺术之巅的必由之路。

清代吴乔曾极力赞叹苏轼这一诗词创作主张：“子瞻云：‘诗以奇趣为宗，反常合道为趣。’此语最善。无奇趣何以为诗？反常而不合道，是谓乱谈；不反常而合道，则文章也。”[④]炊而为饭为文，酿而为酒为诗，“诗善醉”，与文章相比，诗词审美更倾向于直觉体悟、可意会而不可言传。因此“反常合道”就成了诗歌有别于文章的创作利器。苏轼一生潇洒从容、旷达淡泊，却

---

① 程民生. 宋代地域文化[M]. 郑州：河南大学出版社，1997：337.

② 张崇琛. 密州的文化氛围与苏轼知密州时期思想与创作的转变[J]. 齐鲁学刊，1999（1）：44-49.

③ 苏轼. 苏轼文集[M]. 北京：中华书局，1986：255.

④ 郭绍虞. 清诗话续编[M]. 富寿荪，校点. 上海：上海古籍出版社，1983：475-476.

在这首词中鲜明地塑造了一个貌狂、行狂、志狂、胆狂的“狂癫”的自我形象，和其他作品中惯常塑造的自我形象截然不同，反差之大让人瞠目结舌。但仔细揣摩，这又何尝不是苏轼内心压抑的“本我”的写照呢？那驰骋沙场、狂癫英勇的飒影，又何尝不是封建时代文人士大夫共有的英雄之梦呢？

曹明海教授提出：诗歌之中“有一种整体的完整的内在的‘旋律’或‘磁场’的设置。这种内在的‘旋律’和‘磁场’，其实也就是构成意象世界的张力联系”。[①] 如果说“狂”是本词的词眼，那么，“反常合道”则构成了本词意象世界巨大的张力联系，它凝炼诗情、凸显主旨，使全词围绕“狂”而交织成完整的“旋律”和“磁场”，既严整有序又舒放自如，从而使全词熠熠生辉，大放异彩。

（发表于《中学语文教学》2022年第7期，作者：楚爱华、廖国华）

① 曹明海. 文学解读学导论[M]. 北京：人民文学出版社，1997：200.

别样抒情：独感与共感相乘

——《念奴娇·赤壁怀古》的艺术表现秘妙探析

苏轼的《念奴娇·赤壁怀古》是公认的词作经典。

对其抒情艺术的探析，人们多聚焦于语言、词风、形象、间离手法等层面。称其语言“语语高妙闲冷，初不以英气凌人”（明·沈际飞《草堂诗余正集》）；词风豪放，“自有横槊气概，固是英雄本色”（徐釚《词苑丛谈》卷三），“须关西大汉，执铁板，唱‘大江东去’”（俞文豹《吹剑录外集》）。渲染周瑜形象也很有讲究——周郎是宾，自己是主。借宾定主，寓主于宾。是主是宾，离奇变幻，细思方得其主意处（黄苏《蓼园词选》）。还有间离手法的巧妙运用——上阕有意使眼前景物离开它的实际形象（面貌），表达一种“超越性的空间意识”，而下阕则有意用“联想”二字提起，拉开读者与古人的距离，传达一种“自然永恒、功业易逝的历史意识”……[①]

这些解读的确从不同角度揭示了苏轼艺术表现的秘妙，给人以启发，但仍觉不够辩证、深透。“高妙闲冷”表现在何处？真的是“语语”皆如此吗？全词真的清一色地表现出豪放之风吗？借周瑜抒情，融合中有“离奇”变幻，怎么个“离奇”？又是如何“变幻”的？用间离手法，仅是在表现理性的“空间意识”“历史意识”吗？这种空间意识、历史意识，与苏轼所要抒发的情感到底存在着怎样的关联？

要回答这些问题，尚需沿着文本的别样抒情处，做更深层次的探析。

一、反事实抒写中所释放的两极情感

《念奴娇·赤壁怀古》中的抒情，一反浅斟低唱，温柔缠绵之风，像火山喷发一般，格外汹涌强劲；又像海潮扑堤，冲天沃日。南宋李耆卿《文章精义》中谈到苏轼文风“如海”，是为确论。

① 方智范. 语文教育与文学素养[M]. 广州：广东教育出版社，2005：133.

这种强烈的情感冲击力，集中表现在苏轼对现实和历史的反事实抒写上。

反事实抒写，主要体现在上阕对“周郎赤壁”的描写上——乱石穿空，惊涛拍岸，卷起千堆雪。哪里是“周郎赤壁”，分明是一个叫“赤壁矶”的小土丘。“乱石穿空，惊涛拍岸”的壮阔景象，更是无从谈起。这一点，宋代诗人范成大已经指出：“赤壁，小赤土山也，未见所谓‘乱石穿空’及‘蒙茸、巉岩’之境，东坡词赋微夸焉。”（《吴船录》）不过，不是“微夸”，而是“海夸”。

反历史书写，更形象突出，表现有三：

一是小乔并非初嫁。所谓的“瑜纳小乔”发生于建安四年（公元 199 年），赤壁之战发生于建安十三年（公元 208 年），前后相隔近 10 年。

二是两人并非两情相悦的结合。陈寿《三国志·周瑜传》载：“瑜时年二十四，吴中皆呼为周郎，领江夏太守，从攻皖，拔之。时得乔公二女，皆国色也。策自纳大乔，瑜纳小乔。”“攻”“拔”“得”“自纳”等词已含蓄点明，周瑜娶小乔纯属抢掠，像抢得宝物一样纳入囊中。

三是“樯橹”并未灰飞烟灭。赤壁之战中，曹操兵败不假，但主力尚存。退回北方后，仍留大将曹仁镇守汇陵。周瑜与程普进军南郡，和曹仁隔江对峙。两军尚未交锋，周瑜先派甘宁前去占据夷陵。曹仁分出五六千兵马包围了甘宁，甘宁向周瑜告急。周瑜采用吕蒙的计谋，留下凌统守卫后方，亲带吕蒙去救甘宁，终于解围。周瑜率兵屯驻北岸，约定日期大战曹仁。周瑜亲自骑马督战，被飞箭射中右肋，伤势严重，退兵回营。公元 210 年，周瑜在整装取蜀途中病逝于巴丘，年仅 36 岁。也就是说，赤壁之战两年后病亡，灰飞烟灭的不是“樯橹”，而是“周瑜”。

满腹经纶，才华横溢的苏轼，不可能不知道这些事实。他在《与范子丰书》里就说过：“黄州少西，山麓斗入江中，石室如丹，传云曹公败所，所谓赤壁者，或曰非也。”在《赤壁怀古》中，他也明确点出“人道是”。

知道了，为何还一而再，再而三地反事实书写？无他，就是在“别有用心”地抒情，将错就错，酣畅地浇一浇心中的块垒，当然也是为最终的自我精神生命的重生蓄势。反事实地突出赤壁矶雄伟壮阔的气势，反历史地突出周瑜的爱情得意、战场得意、人生得意，实际上是在喻示自己建功立业的渴望，是多么的执着和强烈。这种渴望通过遥想周瑜表达得越强烈，返回现实看到自己华发早生，命运多舛，壮志难酬，状写内心的失落和孤独就越巨大、越深重。

不是吗？理想中的自我应该是笔下的周郎那样，年纪轻轻就爱情、事业、人生皆美。现实中的自我呢？尽管他也才华横溢——22 岁以绝对优势高中进士，深得宋神宗、欧阳修赏识；尽管他也抱负远大，勤恳工作，政绩突出——担任杭州通判以及密州、徐州、湖州知州的八年时间里可谓政通人和，但是命运几乎处处跟他对着干。中进士后的短短八年，他先后失去了母亲、妻子、父亲三位重要的亲人；他遭遇“乌台诗案”，险些送命；经多方营救，死里逃生，被贬至黄州担任团练副使的虚职，实际上是一个由地方官府看管的犯官。不得签署公事，除了微薄的实物配给之外，并无正常的俸禄，举家生计都遭到了威胁。《东坡八首序》里写到了这种窘境：“余至黄州二年，日以困匮，故人马正卿哀余乏食，为于郡中请故营地数十亩，使得躬耕其中。地既久荒，为茨棘瓦砾之场，而岁又大旱，垦辟之劳，筋力殆尽。”这怎么能不让他忧愤、痛心呢？

简言之，反事实的抒写，将得意与失意的两股情感巨浪撞击到一起，非常真切而独特地揭示了苏轼彼时跌宕起伏、汹涌澎湃的情感世界，也将诗词文类的“极化情感”特征揭示得淋漓尽致，从而“使感情负荷达到超常的强度”，形成一种个性化表达之美。①

这种冰火两重天式的抒情结构，后世诗文中亦能见到。文天祥的《过零丁洋》，一个劲抒写自己的辛苦、破败、惶恐、孤独之情，本以为要沉沦下去了，没想到在这些灰色情感的煎熬中竟然诞生出了华美的精神凤凰——人生自古谁无死，留取丹心照汗青！夏丏尊的随笔《无奈》从朋友的无奈说起——命苦不如趁早死，家贫无奈做先生，再写到基督的无奈、释迦牟尼的无奈，本以为要无奈到尘埃里去了，没想到他竟然反弹出一个坚定的信念——“用了‘死罪犯人打仗’的态度，在绝望之中杀出一条希望的血路”！②只不过相较于《赤壁怀古》从激昂断崖式下跌到失落，这两篇文本的情感势头正好相反。情感表现手法上也有明显不同，前两者非常明朗，而《赤壁怀古》表现得非常隐蔽。

---

① 孙绍振. 文学创作论[M]. 福州：海峡文艺出版社，2007：293.

② 夏丏尊. 夏丏尊教育名篇[M]. 北京：教育科学出版社，2007：13-14.

二、抒情的文体，哲理生发如影随形

词主情致，“是一个跟中国过去的载道的传统相脱离，而并不被它限制的一种文学形式”，它“突破了伦理道德、政治观念的限制，完全是唯美艺术的歌词”，追求“带有修饰性的非常精巧的一种美”，[①] 容易引起读者的联想。

不管是李清照欣赏的“情韵兼胜”(《四库提要·淮海词提要》)，还是张惠言倡导的“表现贤人君子幽约怨悱不能自言之情”(张惠言《词选序》，抑或王国维界定的“词之为体，要眇宜修”，[②] 基本上都是在“情”的范畴下论词的。言理是论、说、对策、奏疏等实用文体追求的表达功能，言志的诗，尤其是宋诗，也会言理。

但是，《赤壁怀古》竟然也言理了。不管是首句“大江东去，浪淘尽，千古风流人物”的触发，还是尾句“人生如梦”的咏叹，抒情的同时也是在言理。其间流贯的笔墨，无论是状写周郎赤壁的壮丽景观，还是渲染周瑜爱情、事业的完满，实际上同时完成了自然永恒，人生如梦的哲理传达，这使整首词在不知不觉间笼上了一层悲情的色彩，当然也为“一尊还酹江月”中的思想洞彻与精神新生埋下了伏笔。

客观说来，苏轼表达的理有一定的偏颇之处和矛盾性：长江之浪确可淘尽风流人物的肉体生命，却无法淘尽他们的精神生命，因为精神生命是会在后人的精神血液里流淌的。苏轼憧憬周瑜的风流洒脱，志得意满，不也说明周瑜的精神生命在苏轼身上得到了延续吗？荣辱交替，世事无常，确会有人生如梦之感。但是，如果坚定理想，不放弃，不沉沦，继续坚韧奋斗，一样可以在艰难厄运中，活出自己的精彩。苏轼不就是这样的卓越之士吗？对他来说，人生如梦，亦如诗如歌。所以，他才会说出惊艳世界、惊艳历史的一句话——问汝平生功业，黄州惠州儋州(苏轼《自题金山画像》)。

不过，这并不妨碍读者与之产生强烈的共鸣。因为这种个性化感悟，与词人真切、激越、悲痛、无奈进而升华出的释然、豁达之情，像太极图中的阴阳鱼一样，非常自然地融为一体且不断生化，形成了抒情和言理的绝配，很能打动人心。又因为是用宏大的物理空间，还有历史长镜头中的风流人物

---

① 叶嘉莹. 唐宋词十七讲[M]. 北京：北京大学出版社，2007：6-13.

② 王国维. 人间词话[M]. 西安：陕西师范大学出版社，2005：81.

来抒情言理，这使得悲情更悲，而精神新生后的通达、旷逸更显高贵。辅之以“物、壁、雪、杰”等入声韵的不断点击，更是令人有一种荡气回肠的代入感而欲罢不能。但这种如同鼓点击中心扉的共鸣，与深陷缠绵悱恻的《江城子（十年生死两茫茫）》中的共情，还是有所不同。总体上看，一刚一柔，清晰可辨。

融理入情，情理相生的艺术表现秘妙，必然使情感的抒发带有一定的普适性和象征性。即《念奴娇·赤壁怀古》抒发的并非仅仅是苏轼的一己之情，同时也折射出一个时代的面影，甚至表达了一类人的共同情感命运。拿壮志难酬的失落或忧愤来说，很多诗人的作品不都有过表现吗？“苦摇求食尾，常曝报恩腮。”（杜甫《秋日荆南述怀三十韵》）“自怜无旧业，不敢耻微官。”（岑参《初授官题高冠草堂》）“了却君王天下事，赢得生前身后名。可怜白发生。”（辛弃疾《破阵子·为陈同甫赋壮词以寄之》）

从这个角度说，苏轼反事实的尖锐抒情，还有如影随形的哲理思考，很好地实现了感性与理性的相乘，熟悉与陌生的相乘，进而也完美实现了独感与共感的相乘，因而更能引发超越地域，超越时代的共鸣。王国维盛赞苏轼“词之旷在神”，[①] 或缘于此。

三、“灰色尾巴”，依然成就千古绝唱

《念奴娇·赤壁怀古》中的别样抒情，还体现在所谓的“灰色尾巴”上——人生如梦，一尊还酹江月，被有些人视为充满了消极思想。

充满消极思想，为什么还能成为经典呢？这是需要进一步审辨和剖析的。

联系苏轼的人生命运看：一个抱负远大，满腹经纶，与民同乐，政绩突出的人，却在人生路上屡遭诬告，备受打击，这不就像梦幻一样令人恍惚吗？就像鲁迅从小康之家陷入困顿，感到了世态炎凉，看清了世人的真面目，苏轼从光鲜的湖州知州沦为黄州穷困潦倒的犯官，他感到人生如梦，不纯属正常吗？忠于内心而写，修辞立其诚，有何不可？

联想历史上的风流人物周瑜来看：生前何其叱咤风云，而今安在哉？不都是像杂质一样，被无情的江水淘洗得一干二净吗？在滔滔不绝的长江面前，须臾的人生不就像短暂而缥缈的梦幻吗？这种思想，在《赤壁赋》中被

① 王国维. 人间词话[M]. 西安：陕西师范大学出版社，2005：119.

苏轼借曹操生命的短暂与明月、长江的永恒对比，再次奏响。从特定的人与自然关系角度思考，这也是真理。

联系苏轼谙熟的道家文化来看，他的感叹更不足为怪。因为“人生如梦”本就是道家文化的宣言，“由道家宗师庄子蝴蝶梦为首发，沈既济黄粱梦、李公佐南柯梦继之，文学中的代表作有李白诗歌游天姥梦、汤显祖戏剧临川四梦、曹雪芹小说《红楼梦》等许多作品”。[①] 苏轼受其浸淫，遭遇命运重创时，心灵发生了感应，也是情理之中的事情。当然，这种感悟与苏轼在黄州定惠寺与僧人的交往、习染，应该也有一定的关系。

基于此，“人生如梦”的慨叹，既可以说是苏轼对自我人生命运的真实体验和认知，对冷酷社会现实的揭示和批判，也可以说是他对个体和宇宙关系的一种重新体认与思考。

那么，“人生如梦”是否真的充满了消极思想呢？

联系后一句“一尊还酹江月”，显然不是。尊，通“樽”，是商周时代盛行的一种大中型盛酒器，青铜制品，圆腹或方腹，长颈，敞口，口径较大，春秋后期已经少见。苏轼这里没有用“杯”，而有意用“尊”，自有一种非常庄重的仪式感在，有一种非常坚定的决心在。联系后面的动作“还”（通“环”，环绕之意）、“酹”，还有祭奠的对象——永恒的长江、明月，更能见出他精神的脱胎换骨——对永恒江月的尊崇，对名缰利锁、世事纷争的告别，对昔日梦想的放下，还有看透生活真相、顺命自适的释然和旷达。感伤和无奈应该还有，但绝无人生如梦的消极和绝望。这从《赤壁赋》中的感悟——唯江上之清风，与山间之明月，耳得之而为声，目遇之而成色，取之无尽，用之不竭，是造物者之无尽藏也，而吾与子之所共适，《定风波·莫听穿林打叶声》中流露的澄明、豁达心态——回首向来萧瑟处，归去，也无风雨也无晴，不难得到验证。

至于说联系他后来融入生活、热爱生活的事实——制作东坡肉、东坡饼，与家人躬耕东坡，与朋友诗词往还，更不能说他“人生如梦”的感慨中充满了消极思想。恰恰相反，他在荒寒的岁月里，用扎扎实实的劳作，与天地相参，和自我对话，硬是将苦难的人生慢慢活成了一首诗，活成了一曲歌。面对如梦的人生，生发无奈感、渺小感，纯属正常，关键是看他认识了

① 华明.诗词中对立与循环的张力：兼谈《念奴娇·赤壁怀古》的结构[J].南京师范大学文学院学报，2014（4）：49-53.

生活真相后的态度和行动。如果一味沉沦，今朝有酒今朝醉，活得如同行尸走肉，那么人生如梦的感慨的确充满了消极思想。反之，依然热爱生活，在黑暗中开垦光明，在绝望中种植希望，那么“人生如梦”的慨叹，充其量只是他别样的精神新生的前奏罢了。虽然看上去不那么英勇，不那么豪气干云，但一样真诚、有力、感人。

英国小说家伍尔夫的“双性同体”创作观认为：“在我们之中每个人都有两个力量支配一切，一个男性的力量，一个女性的力量。在男人的脑子里男性胜过女性，在女人的脑子里女性胜过男性。最正常、最适意的境况就是在这两个力量在一起和谐地生活、精神合作的时候。”① 强调不同性别的力量在同一部作品中“差异化”地共存。如果用这种理论来观照《赤壁怀古》，何尝不是具备双性同体的特色？豪放、旷逸体现了男性力量的一面，感伤、无奈体现了女性力量的一面。因此，《赤壁怀古》不仅具有双风（豪放与婉约）同体的特色，也具有双性同体的特色。如果将建功立业的渴望，视为词作中情感的光明色，将人生如梦的感叹视为情感的暗淡色，这篇词作还具有“双色同体”的奇观，更强化了抒情上独感与共感的相乘。

这些抒情特色，或许是《赤壁怀古》光耀千古，引发无数人共鸣、称颂的主要原因吧。

（发表于《语文建设》2022 年第 2 期，作者：汲安庆）

① 弗吉尼亚·伍尔夫. 一间自己的屋子[M]. 王还，译. 上海：上海人民出版社，2008：37.

意象营构：寻常中见奇雅

——《声声慢》（寻寻觅觅）篇性揭秘

李清照写词赏词，“奇雅”的美学追求十分鲜明。

在词中，她不无自豪地宣称“险韵诗成”（《念奴娇·春情》），“学诗谩有惊人句”〔《渔家傲》（天接云涛连晓雾）〕。这里的“诗”，当兼指词，或即指词。时人王灼评其词“能曲折尽人意，轻巧尖新，姿态百出”（《碧鸡漫志》卷二），充分肯定了其写作上的新奇的特点。赏词，李清照也很看重“奇”，评论李璟、冯延巳的词“语虽奇甚，所谓‘亡国之音哀以思’也”，这是从正面突出对“奇”这一美学标准的好尚。词为艳科，但是李清照却致力于俗中见雅。批评柳永词“大得声称于世，虽协音律，而词语尘下”（李清照《词论》，见南宋胡仔《苕溪渔隐丛话·后集》卷三十三），正是因为柳永的一些词忽略了对清雅的追求。

虽然所论皆侧重于语言，但在意象营构中，奇雅的美学追求也是一以贯之的。

一、意象统摄：让情语点化景语

诗词中的意象营构，不是开中药铺般一一陈列，更非拼盘式机械组装，而是要将之化为情思的血肉，形成一个有机的艺术生命体，这便需要有一个“灵魂”来统摄。

统摄主要表现为三种方式：一是以词眼来统摄，通常外化为一个表现作者主流情感或评价的词语，如白居易的《忆江南·江南好》，以“好”字统摄、点化所有意象；二是以核心意象来统摄，通常是最能集中体现作者心灵风景的一个意象，让其间蕴含的情思浸润其他所有意象，如辛弃疾《清平乐·村居》中的“溪”意象，既是人物活动的背景，又是人物清澈、明丽心情的折射，还是词人清宁、祥和生活愿景的隐喻，便具有这种表现功能；三是词眼与核心意象并用，形成一种异形同构的互文式抒情，如范仲淹的《苏幕遮·怀旧》，核心意象“斜阳”与词眼“愁”互为表里，共同抒发了难以排遣的旅思。

《声声慢》（寻寻觅觅）的意象抒情统摄性属于第三种。虽然“夕阳”意象并未正式现身，只是以一个比较抽象的时间词“黄昏”来取代，但是“词眼×核心意象”的抒情统摄模式本质上没有变。不过，在相同的抒情模式中，李清照的意象抒情统摄性依然有其独创之处，主要体现在所抒之情的内质上。

第一，相较于其他作者所抒之情的线条化、单纯化，李清照《声声慢》中所抒的情，可以说是网状化、复杂化的。一般说来，诗词中只要出现“夕阳”类意象，基本上赓续的是“日夕当归”的文化母题，表达的多是在报国与思乡、仕进与退隐等矛盾中所生发的一腔愁绪，相对比较单纯。李清照抒发的愁绪则不然：从大雁、黄花、梧桐、细雨等意象中流泻出来的表面上是丈夫离世所带来的孤独、悲伤岁月远去所引发的生命憔悴的焦虑、无奈，但因为内质上还融入了国家破碎，自己和丈夫赵明诚悉心搜集的大量文物沦丧所产生的痛楚与凄凉，的确不是一个“愁”字所能了得的。

第二，相较于其他作者所抒之情的自动自发，李清照所抒的情更多的是一种亡命天涯的被动、凄惶、无奈和绝望。比如，柳永的“草色烟光残照里，无言谁会凭阑意”〔《蝶恋花》（伫倚危楼风细细）〕，他的春愁也罢，乡愁也罢，都是自觉追求抱负实现受阻所生发的愁绪，只要他愿意“放下”，彻底“我不求人富贵”〔柳永《西江月》（腹内胎生异锦）〕，即可消弭一切忧愁，李清照的亡夫之愁、国破之愁、文物散失之愁、年华老去之愁，则更多的是外部的强加，不是她主动放下就可以根除的。也不是她喝几杯酒就能麻醉忘却的——三杯两盏淡酒，怎敌他、晚来风急！更不是她想逃避（比如躲进黑夜成一统，在写作《醉花阴》（薄雾浓云愁永昼）时，就有这样的期盼）就能逃避掉的——守着窗儿，独自怎生得黑！

第三，相较于其他作者所抒之情的大我化、公共化，甚至神圣化，李清照所抒之情更多体现出一种小我化、私密化、凡俗化的特征。比如，同是写愁，同是写喝酒，同是写不寐，范仲淹的愁中自有一种担荷天下重任的大我在〔《渔家傲》（塞下秋来风景异）〕，但是《声声慢》中，却只有一个被苦难的命运以及孤独、焦虑、哀恸等情感折磨得无比孤苦、凄惶、哀怨的小我形象。缘于此，李清照在当时就被指责“无顾藉”“无检操”（王灼《碧鸡漫志》、晁公武《郡斋读书志》）。可正是这种直面自我内心体验，并且在心灵的煎熬中对抗孤独的做法，使她的满腔愁绪分明染上了那个时代极其珍贵的女性独立的思想光华。

二、意象层次：与语脉水乳交融

李清照在意象营构中不仅注意抒情的统摄，还注意抒情的层次。

意象抒情的层次，文中至少体现有三。

一是从无意识到有意识。从开始的“寻寻觅觅”到哀叹“乍暖还寒，最难将息”，再到“三杯两盏淡酒，怎敌他晚来风急”，虽有“愁因薄暮起”的自发，但愁与失落到底从何而来，还处于无意识状态。有意识是缘于大雁的出现——不管是孤雁，还是成双成对的大雁，都让她敏感地意识到自己的失魂落魄、忧愁不安是因为孤独、偏执地认定是“旧时相识”——应该指的是“云中谁寄锦书来，雁字回时，月满西楼”那段美好时光，这怎么能不“一倍增其哀伤”呢？及至看到满地憔悴的黄花，她联想到自己大好年华的逝去，美丽容颜的凋谢，更是痛苦不堪。“梧桐更兼细雨，到黄昏、点点滴滴”一句，分明是将已经意识到的孤独、焦虑、痛苦等复杂情感悉数包容且放大了。梧桐秋雨的衰飒，很容易让人想到自身命运的萧条，所以成为古典诗词中常见的意象，如“春风桃李花开夜，秋雨梧桐叶落时”（白居易《长恨歌》），“梧桐叶上三更雨，别是人间一段愁”〔赵长卿《一剪梅》（霁霭迷空晓未收）〕，李清照的创新之处在于：不仅用梧桐秋雨的意象蕴含了自己的孤独、哀伤、焦虑，甚至恐惧，而且还放大了上述情感。梧桐已经让自己感受到了生命的衰败和孤独，没想到秋雨还来没完没了地刺激她——那点点滴滴的秋雨，构成了对自己听觉和心灵的双重虐杀，让自己无法沉入黑暗而眠，所以每一滴秋雨打在梧桐叶上，对心灵来说都是一种煎熬。一个“更”字，突出了痛苦的再次累加。在这种情形之下，她无望地发出了一声长叹：“这次第，怎一个愁字了得！”便显得格外惊心动魄。

二是哀愁累加与复杂化。从大雁到黄花、梧桐和细雨等意象，词人的哀愁是不断累加的，结合文本中的暗示词语，这种线索一目了然——大雁（伤心）→黄花（心碎）→梧桐+细雨（煎熬）。辅之以词人两次冲决而出的哀叹——“守着窗儿，独自怎生得黑”（恐慌），“这次第，怎一个愁字了得”

（悲恸），哀愁累积的线索更为明晰，且呈现出越来越复杂的态势。叹黄花憔悴的时候，何尝没有焦虑、无奈渗透其间？悲叹“这次第，怎一个愁字了得”时，何尝没有无人倾诉的凄惶和绝望伴随？恐慌，悲恸，绝望，但还是要忍，还是要熬，这便有了一种反抗孤独和绝望的意味。孙绍振先生认为词人此时“选择了认命，忍受时间慢慢过去”，体现了“整个生命的凄楚”，但又“不能简单归结为凄楚，因为，凄楚不完全是煎熬，其中还有超越煎熬，享受这种凄楚的诗意在内”，正是看出了哀愁之情的复杂化特点。①

三是抒情节奏不断在变。抒情层次，还表现在节奏的变化上。开始的七个叠词如急管繁弦，一下子将词人失魂落魄、凄凄惶惶的形象表现了出来，且为哀愁之情定下一个很高的调子；接下来无论是大雁、黄花、梧桐、细雨所构成的意境描写，还是“怎敌他晚来风急”“独自怎生得黑”的直接抒怀，尽管情感内质、强度、节奏上有所变化，但基本上呈现了抒情慢板的特点；最后一句“这次第，怎一个愁字了得”，再次加快节奏并戛然而止，却在读者心中掀起了万丈狂澜。这一抒情节奏与陶渊明的《归园田居（其一）》极为类似，只不过陶渊明一开始是连用尘网、羁鸟、池鱼三个密集的意象，开启抒情的快节奏，最后再以樊笼意象掀起一个释放自由之乐的小高潮，让节奏再次加快。李清照用叠词形成抒情节奏，开头七个叠词，结尾两个叠词，辅之以入声韵不断点击——“[声声慢]原来的韵脚押平声字，这里改押入声韵，调子变得急促凄厉”，② 创新的匠心，触之可及。

三、意象表现：法万千而道唯一

理想的意象营构，还应注意表现方法的丰富性。看似变化万千，却又在词眼的统摄下自然浑成。在这方面，李清照的《声声慢》（寻寻觅觅）堪称典范。

最醒目的要数色彩了，从头至尾，竟然看不到任何暖色调的意象。在晚来风急、梧桐细雨、守窗熬黑的凄冷语境中，连黄花这种看似暖色调的意象，也因憔悴损，还有黑暗与淫雨的侵凌，变得凄冷不堪，与词人冷清、凄惨的心境完全同构。真的像古希腊毕达哥拉斯学派所说的那样——人体就像天体，都有数与和谐的原则统辖着。人有内在的和谐，在碰到外在的和谐

① 孙绍振. 月迷津渡. 古典诗词个案微观分析[M]. 上海：上海教育出版社，2012：330-333.

② 李修生. 中国文学史纲（宋辽金元文学）[M]. 北京：北京大学出版社，2016：79.

时，“同声相应”，所以欣然契合。[①] 王富仁先生也指出：“全词的色彩是不鲜明的。内心情绪的不明朗、思路的不清晰，也被全词的色彩结构暗示着。”[②] 他由此还读出了一个灰色却又反抗灰色的李清照形象——心高气傲，富有才智，抱有理想，充满生命活力，却找不到施展自己才智的任何机会，找不到发挥自己生命力量的任何机会，找不到证明自身生命价值的任何方式。

与之相伴的，还有韵律抒情。全词从头至尾一律押入声韵——戚、息、急、识、摘、黑、滴、得，皆为入声字，犹如铁锤敲击，又像刀尖划过玻璃，非常尖锐、精准地传递了词人哀痛欲裂的心境，又不断击中读者的心扉，引起痛感的共振。何以故？与押缠绵缱绻的阳声韵不一样的是，押入声韵一般多表达的是急促、刚烈的情感，用苏轼的《江城子》（十年生死两茫茫）（江阳韵）与《赤壁怀古》（入声韵）一比照，便一目了然。对照周敦颐《爱莲说》中两次押入声韵（“直”“植”），以强调自己对莲花刚直品格的崇尚与坚守，也能感受到押入声韵的魅力之大，感受到作者的性情之刚。李清照连押八个入声韵，看似笨拙，却产生了岩浆奔涌的效果，岂能不撼人心魄？有人从李清照《词论》、咏史诗中读出了“倜傥的丈夫气”（沈曾植《菌阁琐谈》），其实从入声韵接天卷地而来的气势中，也能感应到这一点。哪怕凄婉哀伤，也不失骨子里的丈夫气，这就是李清照的人格特质，也是其作品独特的气质。

有必要一提的，还有声音的抒情。声音、画面和情感经验是抒情性文学作品的三个结构要素，[③] 情感经验总要投射到声音或画面上，形成情声并茂、情景交融的象征性表现。因此，赏析诗歌抒情的秘妙，必须从声音与画面切入。可是在具体实操时，人们往往会关注画面，忽略声音在意境中的表现力。即使关注声音与抒情的关系，也多关注平仄、双声叠韵、叠词、押韵、节奏这一类的“外声音”，对文本的“内声音”（内容层的声音）则不够敏感。拿《声声慢》（寻寻觅觅）来说，文中虽未提及声响动静，但细细读来，是能够想象品味出倒酒饮酒之声、疾风冷声、鸿雁鸣叫之声、菊花凋落之声、黄昏细雨淅沥之声的，这些声音表现着词人沉郁凄婉、孤单无依的心

① 朱光潜. 西方美学史[M]. 北京：人民文学出版社，1979：34.

② 王富仁. 旧诗新解（九）内感与外感，情绪与结构：李清照词《声声慢（寻寻觅觅）》赏析[J]. 名作欣赏，1992（5）：51-62.

③ 童庆炳. 文学理论教程（修订二版）[M]. 北京：高等教育出版社，2005：271.

情。还有一种更为隐蔽的静音。静音不代表空音，静音也是一种声音效果。“守着窗儿，独自怎生得黑”一句未写声音，但细细品味，还是能感觉到画面融进了声音——词人或坐或立，或凄凉踱步发出的身体与椅凳，还有衣服相互摩擦的声音，这些细微的声响，更能反衬出词人愁苦孤寂的心音。声音层的寂静与画面层的凄冷相乘，共同揭示了作者内心夜一样浓黑的忧愁。

最后，说一说抒情关系。马丁·布伯曾将人与外在事物的关系分为两种："我—它"与"我—你"。在他看来，真正决定一个人存在的东西，不是"我思"，也不是与自我对立的各种客体，而是他自己同世界上各种存在物和事件发生关系的方式。因此，他用两个原初词"我—它"与"我—你"来表示这种方式，认为"我—它"关系并非真正的关系，因为"人生不是及物动词的囚徒。那总需以事物为对象的活动并非人生之全部内容"。真正的人类关系应是"我—你"关系，在"我—你"之间才能达到生命的相遇和实现。①

用这一理论来审视李清照《声声慢》中的物我关系，不难发现，两种均有。与疾风、秋雨，均为"我—它"关系，黑夜对她构成压迫，让她在痛苦中煎熬，亦是如此。与大雁，应是"我—你"的关系，大雁曾是作者的好朋友，是爱情的忠贞信使。但是，马丁·布伯的两种关系无法解释"我"与黄花的关系。在《醉花阴》(薄雾浓云愁永昼)中，"我"与黄花绝对是"我—它"关系，因为黄花成了作者嫉妒的对象——你怎么能比我还丰满呢？但是到了《声声慢》(寻寻觅觅)中，黄花已悄然转换成李清照生命的表征，是典型的"我—我"的关系。这让意象抒情一下子进入了一个全新的境界，也更能让人体验到李清照此时的极度敏感，以及心碎之真，哀痛之深。

总之，不管是色彩抒情，韵律抒情，还是更为隐蔽的关系抒情，方法万千，抒情的"道"却是一致的，那就是：所有的方法，均指向复杂哀愁的抒发。

四、意象景深：在继承中发新声

李清照的意象营构，还触及了文本的深层结构：文化原型或文化母题层面，也在不知不觉中掘到了文本的超验结构：审美层面，这是作品的高层结

① 王文鹏，贾喜玲. 子学时代教育理念与当今高等教育观念变革[M]. 长春：东北师范大学出版社，2011：177.

构，主导着作品的意义[①]——本质上指的是隐喻的哲学层面，从而形成了意象表现的景深，令人回味无穷。

先说文本深层结构中的文化母题。在文学作品中，“有一种单一要素，如常规的情景、旨趣、事件、人物，甚至是不断出现的意象，都可以作为扩展叙事、形成新的文学作品的基础，成为母题”，[②]如采桑女母题、在水一方母题、日夕当归母题，等等。

落实到《声声慢》，日夕当归的母题也有。只不过，已经转化成了对青春的缅怀，对昔日美好爱情的追念，因为这些统统不复存在，日夕当归这个温暖的文化母题，在这里又演变出了黄昏对自我的压抑，这无疑是全新的审美开拓。菊花意象，也是一个文化母题，经陶渊明、唐太宗、杜甫、元稹、周敦颐、苏轼等人的使用，已逐渐形成了洁身自爱，傲岸不屈的比德传统。但是，这个传统象征在李清照这里再次发生了内涵的转换，成了自我美丽容颜，青春生命遭遇摧残的一种隐喻。不难见出，李清照的意象营构，在承继中发出新声的自觉已经深入骨髓了。在《词论》中，她评价贺方回“少典重”；评价秦少游“专主情致而少故实，譬如贫家美女，虽极妍丽丰逸，而终乏富贵态”；评价黄鲁直“尚故实而多疵病，譬如良玉有瑕，价自减半”，基本上都聚焦了创新，在借声发声中绽放属于我的个性。

再说说文本的超验结构——哲学层面。谈到诗词，人们会有一种审美的条件反射，以为诗歌除了哲理诗之外，都是抒情的，与哲学无关。殊不知，优秀的文学作品，都有隐喻的功能，哲理的品格，我国古人将“诗言志”的“志”解释为“心所念虑”（赵岐《孟子·公孙丑》注）、“心意所趋向”（郑玄《礼记·学记》注），其实已有了将“志”的内涵引向理性层面的倾向。在西方，从亚里士多德到但丁，再到黑格尔，再到现代派诗人，都很看重诗歌的哲理品格。黑格尔认为艺术品一方面要“每一部分保持各自特有的生气”，另一方面，“艺术的统一就应只是一种内在的联系，把各部分联系在一起，成为一个有机的整体，而且没有着意联系的痕迹。只有这样由精神灌注生命的有机统一体才是真正的诗。”[③]基于这样的认知来看《声声慢》，那种无处不在的外力压迫，那种无法逃离的生命困境，还有在孤独中煎熬、在煎

---

① 杨春时，俞兆平，黄鸣奋. 文学概论[M]. 北京：人民文学出版社，2002：107-113.

② 方智范. 语文教育与文学素养[M]. 广州：广东教育出版社，2005：135.

③ 黑格尔. 美学（第3卷·下）[M]. 北京：商务印书馆，1979：35.

熬中忍耐、在忍耐中抗争的行为，不是均可构成生命的隐喻吗？

总而言之，李清照词作中的意象营构，不仅注意了灵魂的统摄，抒情的层次，手法的丰富，还触及了文本的深层结构、超验结构，自然实现了独感与共感的相乘，写实与隐喻的相乘，熟悉与陌生的相乘，让她的抒情散发出非常清新、独特的艺术魅力。

（发表于《中学语文教学》2023 年第 9 期，作者：汲安庆、高雨杰）

行在路上：一个关于人类的永恒命题

——《天净沙·秋思》解读

《天净沙·秋思》是元曲作家马致远的作品，收录在人教版七年级上册的语文课本中。这首小令含蓄蕴藉、意境深远，有着奇特的“并列式意象组合”，是中国古代文学的经典之作，堪称元人散曲的绝唱。周德清《中原音韵》誉其为“秋思之祖”；近人王国维在《宋元戏曲考》中赞其为“纯是天籁，仿佛唐人绝句”，又在《人间词话》中称“有元一代词家，皆不能及此也”。周、王二人都给予其极高评价。值得我们深思的是，文学史上描写秋思之悲、羁旅之愁主题的作品很多，可谓汗牛充栋、多如山积，其中有意境者不乏其作，为什么只有它获得了如此高的盛誉？《天净沙·秋思》拥有庞大的读者群，无论古今、不遑中外，除了以上所提，还有没有更深刻的意蕴刺痛了古今中外读者们的神经，使之具有对整个人类更为普遍的意义？

就目前来看，学界对《天净沙·秋思》的解读大约有以下几个方面：①情景交融，富含意境；②黄昏悲秋，游子思乡；③用词精练，动静结合；④意象模糊，主旨多元等。“诗无达诂”，以上论述可谓见仁见智，但我们认为对《天净沙·秋思》的解读仅止于此还远远不够。除此之外，还有更深层的文化意蕴一直未被学界所注意，那就是行在路上的孤独者。这是人类一个极其沉重而又难以逃脱的命题，同时还具有哲学向度上的永恒意义。本文拟从鉴赏论的三个层次对此进行解读。

波兰文艺批评家英伽登在其《文学艺术作品》一书中曾经提出解读文学作品的四个层次：字音层、意义单位、图示化层面和被再现客体，统称为“文学作品四层次说”。考虑到文学审美是一个从阅读到欣赏再到鉴赏的循序渐进的过程，结合中国古文体的背景和实际情况，我们认为对文学作品的解读一般要经历三个层次：①本文意象层；②文本意象引发的联想层；③文本的深层内涵层。许多经典文本貌似平淡，却深藏若虚，让历代读者远以神行、回味无穷，究其原因就在于那潜藏在作品浅层内容下的深层内涵，蕴含着人类灵魂与肉体背后隐蔽而真实的秘密，体现着人生人性精辟而又深刻的哲理。我们只有慢慢地品味细嚼，才能由“身之所容”“目之所瞩”的文本意象进入“意之所游”的境界，进而一步一步地趋近文本潜隐的内核。

一、文本的意象层

什么是意象？尽管国内外关于这一概念的讨论众说纷纭，难有定论，但综合所论，我们大致认为“意”指的是作者所抒之情、所言之志，“象”是作者所咏之物、所写之景，意象是二者的完美结合，“是融入了主观情意的客观物象，或者是借助客观物象表现出来的主观情意”。[①]《天净沙·秋思》仅五句，二十八个字，却涉及十二个意象：“藤”“树”“鸦”“桥”“水”“家”“道”“风”“马”“阳”“人”“天涯”等，用词之精练、意象之丰赡令人叹为观止。近代美国意象派诗歌发起人埃兹拉·庞德的《在一个地铁车站》与之有异曲同工之妙：“人群中这些面孔幽灵一般显现，湿漉漉的枝条上的许多花瓣。”同为意象类诗歌的典范之作，后者晚了六百多年不说，其艺术审美和艺术境界也远远不及《天净沙·秋思》。

“藤”“树”“鸦”“桥”“水”“家”“道”“风”“马”“阳”，诗中所提的这十种意象全是郊外行路所见之物，“天涯”意象更是将视野拉远定格，强化了郊外古道的空间感，最后镜头聚焦在意象“人”上。根据以上意象提供的信息，我们可以初步断定他的游子、士人的身份：他骑着一匹瘦马，夕阳西下，在瑟瑟的秋风中踽踽独行，看到了枯藤、老树及树上的昏鸦，面对小桥、流水、人家的温馨画面，他悲伤抑郁，喟然长叹。作品寥寥几笔便勾勒了一幅秋风瑟瑟、人在旅途、天涯孤独、游子思归的悲苦断肠图。

二、文本意象引发的联想层

所有的文本意象都是经过作者的审美感知淘洗筛选并融入作者思想感情的物象，且与作者的心意情绪相契合。“枯”“老”“昏”“小”“流”“人”“古”“西”“瘦”“夕”“断肠”这些修饰上述意象的词语在色彩上偏于枯老、昏暗、衰败，在情感上倾向于悲哀、绝望。其中昏鸦、西风、夕阳三个意象是中国古代文学中具有特定文化内涵的原型符号。昏鸦，因其有好吃腐

① 袁行霈. 中国诗歌艺术研究[M]. 北京：北京大学出版社，1996：52.

肉的习性，往往聚集在死尸横陈的荒郊坟茔之处，被传统社会视为一种不祥的鸟，诗中的枯藤老树就是它的栖息之所。它的出现，往往给画面增添肃杀凄冷、荒凉颓败的气氛。夕阳，包含着对事物一去不复返的慨叹和遗憾，代表着伤感、愁怨、没落、衰亡的情绪。昏鸦和夕阳连在一起，共同构成一种力透纸背的悲剧色彩：如“问江左风流故家，但夕阳衰草寒鸦。隐映残霞，寥落归帆，呜咽鸣笳。”（卢挚【双调·蟾宫曲】《金陵怀古》）“西风瘦马，遥天去鸿，落日昏鸦。”（张可久【中吕·满庭芳】《金华道中（其一）》）

西风，也称作秋风。因为在中国传统文化中，金木水火土五行，西方为金，对应的季节是秋天。《礼记·乡饮酒义》曰：“西方者秋，秋之为言愁也。”宋玉《九辩》：“悲哉，秋之为气也！萧瑟兮，草木摇落而变衰。”文学史上文人士大夫固有的“悲秋”情结即来源于此。“草拂之而色变，木遭之而叶脱”。（欧阳修《秋声赋》）在肃杀冷寂的秋风中，木叶飘落、百卉凋零，这些凄凉萧瑟的场景往往勾起羁旅他乡的游子孤独寂寞之感，引发他们强烈的思乡之情。

“小令的节奏是一词一顿，一句三顿，三句九顿，释放出漂泊动荡之感，也散发出木然疲惫的凄凉。”① 作者所处的元代，对于知识分子来说是一个窘迫失落得难以言说的时代。元朝统治者一统天下之后，原有的意识形态、伦理观念都受到了冲击，知识分子失去了原有的信仰，普遍处在惶惑惊恐、漂泊无依的状态中。元朝统治的近百年中，传统士人赖以进身的科举制被屡次取消。“九儒十丐”，士人处于社会的底层，精神上没有任何尊严可言，“他们的痛苦主要是心理上的，是一种文化意义上的苦闷与困惑，文化意义上的彷徨与失落”。②

有学者指出，这首小令“是对千百年来中国知识分子人生悲剧共性的真实写照。”③ 那个与“瘦马”同行的“断肠人”是谁？他要到哪里去？他为什么“断肠”？了解了马致远这批士人文采盖世却流落不偶的悲惨处境，再联系文学史上那些郁郁不得志的文人，从信而见疑愤而投江的屈原，忍辱苟活只为著书立说的司马迁，到壮志难酬早生华发的苏轼，再到以生活为炉以苦痛为炭的曹雪芹，这首小令所传达的悲剧意识不正是千古文人怀才不遇、英

① 周丽云. 马背上的歌：马致远《天净沙·秋思》叙事新探[J]. 名作欣赏，2007（7）：121-124.

② 方克强. 文学人类学批评的内容与前景[J]. 上海文学，1992（1）：78-80.

③ 洪永忠. 中国古代文人的悲剧意识[J]. 大理学院学报，2002（1）：85-86.

雄失路的共同命运吗？

三、文本的深层内涵层

中国传统哲学讲究“道器合一”“道寓于器”，主张“道不离器”“器以涵道”。除了上面所提及的，从哲学的角度来看，蕴含在这首小令里的“道”是什么？有没有在更高的层次上涉及更深刻的具有人类共性的命题？

从《圣经》中亚当和夏娃被赶出伊甸园的那一刻起，人类就生活在撒旦的诅咒中。从在地狱、炼狱和天堂之间寻路觅津的浮士德到上下求索、仰面问天的屈原，从在轻飘与沉重之间徘徊的托马斯到白茫茫大地真干净离家出走的贾宝玉，从“道路总是绊人”的卡夫卡到“梦醒了无路可走”的鲁迅，从特蕾莎对灵肉和谐的天堂牧歌式爱情的追逐到金庸笔下侠客们别无他选的生存状态……出世入世的纠结，孤独伤感的梦魇，“无路的目的和无目的的路使行路成其为必然，使人成为永远的过客、流浪者”。①

这是一条无法停止的生命之路，在这条路上，每个人或寻路或流浪，或死在路上或依然行走。人从哪里来，又到哪里去？所有的追问最后只能证明存在的荒谬。“行在路上”的“孤独者”是上帝关于人类的谶语，是人类永恒的困境，也是一个异常沉重而又终难逃脱的命题。《天净沙・秋思》无论古今、不分中外，几乎扣动了所有读者的心弦，就是因为在它貌简实腴的文笔下蕴藏着人类关于自身命运的深沉叩问。

《天净沙・秋思》作为一首传诵不绝的经典作品，是素朴与凝练、简约与精致、温暖与苍凉、希望与绝望的结合体，其丰富的文学张力和深刻的哲学沉思感动着无数读者，对其深层意蕴的探索也将是一个开放流动、永无止境的过程。梁启超曾将小说的功能概括为“熏”“浸”“刺”“提”，我们认为这四个字同样适用于文学味十足的语文课。“取法乎上，仅得其中。”经常被这样的文学追问和文学气氛所熏陶和浸染，孩子们的问题探究能力和文学作品的感知与鉴赏能力一定会有所提升。

（发表于《中学语文教学》2015 年第 1 期，作者：于泓珊、楚爱华）

① 张天佑. 死在路上的永恒者：卡夫卡与鲁迅比较散论.[J]. 甘肃广播电视大学学报，2001（4）：21.

说服体背后的双瞳叙述

——《天上的街市》品读

与其他同时期的文人相比，郭沫若是一个惯于仰望星空的人。且不说他的诗文集就命名为《星空》，他还有一篇长达 4.5 万字的天文历法长文《释支干》，让世人惊叹。甚至他那篇飞奔、狂叫、爆炸式的新体诗《天狗》："我是一条天狗啊/我把月来吞了/我把日来吞了/我把全宇宙来吞了/我便是我了……"至今还在我们的耳边燃烧。《天上的街市》同样是作者在远离喧嚣的安静之处，写下的又一篇驰骋想象、眺望星空的作品。

此诗写于 1921 年。作为新诗的代表作之一，《天上的街市》很早就被收入语文教材，伴着一代又一代人成长，成为闪耀在读者心中的一颗明星，温暖而美好。长期以来，这首诗歌随着语文教材选文的屡次变动，曾经多次在剔除和选入中沉浮。2017 年秋季发行的统编教材又打捞起这颗被 2013 年人教版教材遗落四年的珍珠，重新编入初中七年级语文课本，再度引发人们对经典的深度思考。这首诗究竟写了什么？怎么写的？有什么深刻的内涵及独特的魅力？因为诗歌不长，现摘录如下。

天上的街市

远远的/街灯/明了，
好像/闪着/无数的/明星。
天上的/明星/现了，
好像/点着/无数的/街灯。

我想那/缥缈的/空中，
定然有/美丽的/街市。
街市上/陈列的/一些/物品，

定然是/世上/没有的/珍奇。
你看，/那浅浅的/天河，
定然是/不甚/宽广。
那/隔着河的/牛郎/织女，
定能够/骑着牛儿/来往。

我想/他们/此刻，
定然/在/天街/闲游。
不信，/请看/那朵流星，
是他们/提着/灯笼/在走。

一、天街：地上美好家庭生活的幻影

《天上的街市》整首诗不长，却鲜明地构建了两个对应的世界：地上世界—天上世界。诗中的意象、诗中出现的四个人物及象征也分别与呈现出来的两个世界相对应：地上的街灯—天上的明星；我、你—牛郎、织女；现实—幻影。如表 1 所示。

表 1 《天上的街市》中两个世界的对应

本体	地上	天上
意象	街灯	明星
人物	我、你	牛郎、织女
象征	现实	幻影

教师教学用书对这首诗歌的解释大致是：《天上的街市》是郭沫若早期创作的新诗。当时，五四运动的革命怒潮已经退去，新的革命高潮尚未到来。面对黑暗的社会现实和沉重的民族苦难，许多知识分子陷入苦闷和彷徨之中。诗人在残酷的现实面前，感受到一种幻灭的悲哀，他所向往的和平洁净之美，不知道怎样在现实中实现。① 联系全诗，我们不难得出结论，天上的街市是作者仰望星空，借传说中的牛郎织女提着灯笼悠闲散步、逛街购物来虚构的一个生活乌托邦，是地上男女相亲相爱、和平美好的幻影。

对天上虚幻世界的赞美，是对当时现实世界的否定。理解这一点并不困

① 义务教育教科书·教师教学用书·语文七年级上册[M]. 北京：人民教育出版社，2016：272.

难。让我们真正感兴趣的是，作者是怎么写的呢？在学理上是如何达到的？这涉及到本诗的“篇性”，[①] 即它最为独特的地方——说服体背后的双瞳叙述。

二、说服体：以说服“你”为目的

郭沫若作为创造社的创始人之一，曾经对当时刚刚兴起的新诗提出过 7 条重要的写作原则：真实、真切、真话、自然、创造、严密、含蓄。以上要求，显然是以旧体诗为参照，针对新兴的现代白话诗提出来的，涉及新诗创作的情感、语言、语气、结构、风格、体式等多个方面。郭沫若的这首诗歌，就身体力行地体现了新诗以上诸方面的要求。整首诗由远远的街灯写起，把人的视野渐次拉宽，直到天边的夜空，很自然地与闪烁的明星联系起来。由街灯到街市，由街市到珍奇，由珍奇到牛郎织女，由牛郎织女到天河，由天河到可以骑着牛儿自由来往，由自由来往到提着灯笼闲走……从地上到天上，从现实到幻境，二者没有任何隔阂，没有任何突兀，非常自然地实现了天地双域的诗意融合。本诗由四个自然段落构成，由街灯—明星、明星—街灯，在第一自然段实现联想的无缝衔接后，作者开始张开想象的翅膀，起飞、前行、微转、回拢，顺利地完成了诗歌起—承—转—合的环状闭合。整首诗娓娓道来、自然亲切，既明白如话又含蓄蕴藉。

如果诗歌里面只有第一人称“我”，那就极有可能在一不留神的情况下掉进自言自语的陷阱里。这首诗歌很好地避开了这一雷区，巧妙地采用了对话形式。不仅有“我”，还有一个与“我”对话的对象——“你”。不只是劝说，劝说的力量不够。而是说服，且旨在说服那个站在“我”对面的“你”。

“我想……”“你看……”“我想……”“不信，请看……”“我想”，是说给“你”听的。如果“你”不信，那么“你看”！言之凿凿，让对方的“你”不容置疑、不容分辩。甚至为了让自己的说法更为可信，作者没有戛然而止，“我”没有在牛郎织女“骑着牛儿来往”的画面处定格，而是再一次让想象顺延，往下滑走，又来了一个“我想……”，并且是“定然”。如果你“不信”的话，“请看……，是……”，口气烂漫却又在劝说中十足地肯定。

中国古代文学早在先秦时期就有一种文学样式，类似有问有答，我们姑且叫作“问答”体。如《诗经・鸡鸣》中夫妻的一问一答，如屈原的《天问》

---

① 汲安庆. 语文阅读教学：必须正视的三大范畴[J]. 河北师范大学学报（教育科学版），2017，19（6）：96-100.

等。这首诗像，但不完全是。虽然诗中有“我”有“你”，但两人并没有构成真正意义上的对话，而是单向度“我说你听”式的，且志在必得，不给对方留下任何辨析的机会。

为什么必须说服对方呢？这恐怕与天上的两个人物有关。郭沫若惯于在诗作中修改神话，且致力于“与神话的原形态形成鲜明的对比”。[①]牛郎织女本来是传说中一对相爱的青年男女，因为王母娘娘的阻拦，最后被天河隔开，只能隔河相望且一年只能相见一次。这明明是悲剧，而在这首诗里，作者却反弹琵琶、反悲为喜，认定两人虽有天河相隔，但天河是浅的，是不甚宽广的。二人可以骑着牛儿自由自在地闲走，可以提着灯笼逛街购物，可以买到世间见不到的珍奇。这些美好的生活画面与约定俗成的民间传说截然相反。怎么可能！“你”肯定是不信的！为了让“你”信，“我”连用了五个“定”——“定然”“定然”“定然”“定”“定然”，让“你”无可辩驳。

三、孩童与成人：说服体背后的双瞳叙述

与郭沫若其他诗歌如《天狗》等激烈狂躁的写作风格不同，这首诗歌异常安静，就像苍茫夜空下一曲简单而纯粹的小夜曲，铺满了漫天的星光。牛郎织女白描般的人物构成及日用家常如灯笼、牛儿等的参与，愈发显得恬淡而美好。

细品整首诗歌的语言，全诗充满了童趣，这与作者采用的儿童视角及儿童口吻有关。儿童是惯于联想和想象的，与成人相比，儿童对回归家庭之爱的本能更为强烈。因此，本诗在恬淡中蕴含着新奇，新奇又被融化在无尽的恬淡之中。如同无尽夜空闪过的一颗流星，虽然意犹未尽，但最后都在天地静好中归于大化和无形。

儿童时期是一个难以分辨真实与想象的特殊时期。儿童不仅日常思维想象化，往往还天真而执着地对自己的想象充满确定，并振振有词、一厢情愿地将自己的感觉强加给别人。此诗亦然。只是在这首诗里，在儿童天真烂漫的视角背后，还隐藏着一双饱经沧桑、怀疑且忧郁的成人之眼。

弗洛姆曾经说过一句非常经典的话：文学即做梦。或表达焦虑，或表达希望。识遍人间愁滋味、“却道天凉好个秋”的成人，历经沧桑、饱经风霜后谁还能单纯地拥有一颗孩童的诗心呢？除非欣喜若狂一吐为快，或郁闷悲愤一浇胸中块垒。郭沫若在写成此诗不久的一段时间里，曾经三次往返于日

① 甘小盼. 郭沫若早期诗歌中的神话与传说[J]. 郭沫若学刊，2019（3）：28-32.

本和中国，苦寻救国救民之路。但到底有没有路？路在何方？答案就像失却星星的无边夜空，是那么缥缈和虚幻。

无独有偶。同时期的鲁迅，于《天上的街市》创作的同一年写下了《故乡》，三年后又写了《祝福》。那个离开故乡寻找光明之路的“我”，二十年后再次回到故乡，满目所及都是萧瑟颓败的景象，以及杨二嫂、闰土那些蜕变到几乎没有任何希望的故人，不得不再次落寞悲哀地离开故乡。《祝福》中那个到处支吾闪躲的“我”，更是作者内心真实的写照：看不到路，也没有人给指路。再加上知识分子自身的缺陷，使得砸碎了铁房子的年轻人置身于茫茫人海竟无所适从——“荷戟独彷徨”。这是当时包括郭沫若、鲁迅等在内的一代有志之士的普遍写照。

天真烂漫、快乐幸福是儿童之“瞳”。痛苦绝望，才是儿童视角表象背后的成人之“眼”。因此，“你看”“定然”“定然”“定然”“定”“定然”，这些儿童话语肯定的背后隐匿着的是成人心灵理性上的否定——不定！不定！不定！不定！不定！肯定五次，否定五次。肯定越多，否定越多。诗歌呈现出两套话语系统：承载欢快情绪的儿童话语系统和它背后潜藏着的深沉、迟疑、否定的成人话语系统。

有学者曾经指责《天上的街市》带来的消极影响：“本诗给人们绘制了一个虚妄缥缈的冥想天国，完全不能鼓舞人们与现实抗争，结果只能招致人们远离火热的斗争，遁隐于人类远古的洪荒。”① 联系当时的实际情况，我们认为：《天上的街市》之所以未能鼓舞人们与现实抗争的斗志，不是作者故意使然，而是在当时黑夜如磐的社会大环境中，作者确实看不到出路，这首诗就是他们困惑、惆怅、迷茫、痛苦的真实写照。

在此诗的课堂教学中，教师多生硬地插入黑暗的政治现实，来完成本篇从诗意幻想到作者悲观绝望的断崖式情感串联，让学生知其然而不知其所以然。说服体背后的双瞳叙述是本诗貌简实繁的秘密，也使儿童之目与成人之眼两套南辕北辙的话语系统的成功合体在学理上成为可能，并获得深切的理解与“同情”。同时，此诗也为当时新诗的创作在艺术技巧上提供了典范，值得我们细细品味。

（发表于《语文建设》2020年第3期，作者：楚爱华、薛金生）

① 赵昭. 泛神论给《天上的街市》带来消极影响[J]. 汉中师范学院学报，1983（1）：49-53.

伯牙摔琴为哪般?

——从“伯牙绝弦”看古琴的知音情结

古琴是我国一种极富民族特色的传统乐器，蕴含着丰富的生命智慧和艺术精神。伯牙摔琴谢知音的故事几乎家喻户晓，“高山”“流水”不仅是古琴曲的名称，也成为知音的代名词。统编版语文教材六年级上册收入此篇，引文如下：

伯牙绝弦

伯牙善鼓琴，钟子期善听。伯牙鼓琴，志在高山，钟子期曰：“善哉，峨峨兮若泰山！”志在流水，钟子期曰：“善哉，洋洋兮若江河！”伯牙所念，钟子期必得之。子期死，伯牙谓世再无知音，乃破琴绝弦，终身不复鼓。

伯牙是我国春秋时期著名的琴师，拥有神秘高超的琴艺，民间有“伯牙鼓琴而六马仰秣”的传说。尤其是他与钟子期“高山流水”的故事，在《吕氏春秋·本味篇》《列子·汤问》《风俗通义·声音》等多种文献中均有记载。后来此故事作为“知遇型”故事母题在明清话本和长篇章回体小说中得到了大量的渲染和改编，对后世影响很大。很多诗人以高山流水为喻，来表达自己的知音情结，如唐寅“清风明月用不竭，高山流水情相投”，辛弃疾“流水高山弦断绝，怒蛙声自咽”，等等。

这里就有一个问题让人百思不得其解：子期死了，伯牙为何非得“破琴绝弦”“终身不复鼓”？

不止伯牙，历史上的琴人因琴友亡故而绝弦不弹者不乏其人。琵琶、古筝等其他乐器也有情志相投者，他们为何没有伯牙这样决绝的举动？

高山流水知音少，不是知音不与弹。这不得不从古琴特有的知音情结谈起。

首先，古琴是一门严肃的音乐艺术，寄托着古人天人合一、尊道崇圣的神圣信仰。“昔神农氏继宓羲而王天下，亦上观法于天，下取法于地，近取诸身，远取诸物，于是始削桐为琴，绳丝为弦，以通神明之德，合天地之和焉。”（桓谭《新论·琴道》）古琴长三尺六寸六分，代表三百六十六日。前广后窄，代表尊卑。上圆下方，模拟天地。十三个琴徽，代表一年十二个月，中间一个徽代表闰月。五条弦代表金、木、水、火、土五行。古琴各部位的命名如“岳山、龙池、凤沼、雁足、天柱”等，涵盖了山、水、天、地、鸟等物。可以说在古琴身上，体现着天、地、人三者在至高境界的完美结合，蕴含着丰富而又深刻的文化内涵。

正因为如此，古人对古琴持有神圣的信仰和尊崇，对弹琴规范亦有着严格的要求。《警世通言·俞伯牙摔琴谢知音》中，钟子期提到古琴有“六忌”“七不弹”：忌大寒、忌大暑、忌大风、忌大雨、忌迅雷、忌大雪；闻丧者不弹、奏乐者不弹、事冗不弹、不净身不弹、衣冠不整不弹、不焚香不弹；弹奏时必须静心息虑，端庄肃穆，反对弹奏时瞻前顾后、形神支离，认为这样弹奏就会失却琴道的高雅。除此之外，古琴对弹奏的时间、地点也很挑剔：月高人静的夜间，古松幽篁的所在，激溅飞瀑的山涧，竹篱茅舍的院落……

其次，琴人多具有凌俗高洁、凛然孤傲的个性，他们视古琴为高尚人格的表征，将其作为超越世俗、寄托志向的首选乐器。

嵇康孤高傲岸、耿介刚正，一生与琴为友，看重的就是古琴清高超拔的品格。他不以俗世权势为尚，追求“目送归鸿，手挥五弦，俯仰自得，游心太玄”的逍遥和自由，古琴是他含道独往、弃智遗身、思想得以寄托的最好器物。《晋书·戴逵传》记载：“戴逵字安道，谯国人也。少博学好谈论，善属文，能鼓琴，工书画，其余巧艺靡不毕综……太宰武陵王晞闻其善鼓琴，使人召之，逵对使者破琴曰：‘戴安道不为王门伶人！’”[①] 宁可琴破也不愿做高门士族的锦衣乐奴，屈身侍奉浅薄无知的高门。从伯牙摔琴谢知音到戴逵破琴拒做谄媚讨好的王门伶人，俱表现的是历代琴人不媚尘俗、行气如虹的铮铮傲骨。此外，还有方正好义、贫贱不移的萧长夫，高风亮节、宁死不屈的邝露等。明清长篇小说中的琴人多是些高行懿德的贤达之人，如《三国演义》中的司马徽和诸葛亮、《东周列国志》中的邹忌、《封神演义》中的姬伯等。一些女性琴人也不例外，《林兰香》中持有古琴的燕梦卿就是一个处处

① 房玄龄. 晋书[M]. 北京：中华书局，1974：2457-2458.

隐忍克己的贤德之人，作者通过另外两个高人季狸、公明达的评论，表达了对她凛冽超俗的人格不被现实世界所容纳的深切同情和惋惜。

再次，古琴是弹奏艺术，更是一门驰骋想象的听觉艺术，对听琴者的要求很高，遇到一个知音很难。明代琴家冷谦在《琴声十六法》中指出，琴人只有充分地发挥想象，才能“弦与指合”“指与意合”“意与音合”，达到浑然天成之境。徐上瀛的《溪山琴况》说：“盖音之于远，境入希夷，非知音而未知，而中独有悠悠不已之志。”优秀的弹者可以使虚堂凝雪、草阁流春，也可以使玄霜降、白鹤临、游鱼出听、六马仰秣……善弹如此重要，善听同样不可或缺。“自非曾是醉翁客，莫向俗耳求知音。”这要求听琴者不仅具备较高的艺术想象和琴艺修养，还要具备良好的文化素质和精神品格。“音不通千曲以上，不足以为知音”。（严可均辑校《全上古三代秦汉三国六朝文》）旷远渊静、放达至精的胸怀和素养，是成为古琴知音的必要前提。否则，就如《红楼梦》第八十六回中林黛玉所言：“宁可独对那清风明月，苍松怪石，野猿老鹤，抚弄一番，以寄兴趣，方不负了这琴。”① 但遇到知音谈何容易！“琴声虽可听，琴意谁能论？”“罕有知音者，空有流水声”“欲取鸣琴弹，恨无知音赏”。薛易简在《琴诀》中叹曰：“夫琴士不易得，而知音亦难也。”南宋夏圭的《临流抚琴图》、元王蒙的《溪山高逸图》等名画俱表达了琴音难觅的悲慨。

对知音的期待是历代弹琴者最为迫切的心灵渴求，这也决定了知音之间必定倾力相助的原因和必然性。《前定录 · 杜思温》讲了一个喜欢弹琴的年轻人，深夜临水弹琴时得到了一个老鬼的嘉许。出于知音之谊，老鬼冒险冲破禁忌将杜思温的未来前程打探出来并秘密告知，再三叮嘱他当化险免灾：“然慎勿为武职，当有大祸，非禳所免，志之志之！”很可惜，杜思温无力改变命运的捉弄，最后丧失了性命。

知音的难寻难得、情志的相得相投使得琴人们情感决绝，一旦知音死去就意冷心灰。“子期死，伯牙破琴绝弦，终身不复鼓琴，以为世无足复为鼓琴者。”嵇康死后，好友向秀哀痛，从此“绝弦罢流水”以哀悼挚友。“始知知音稀，千载一绝弦。旧馆有遗琴，清风那复传。”孟郊在知音包大监死后，从此绝弦不弹。“谁念文园倦客，琴空在，懒向人弹。愁何及，楚天老月，偏是到窗前。”胡翼龙与琴友的情谊堪比痴情男女。子猷和子敬是王羲之的

① 曹雪芹，高鹗. 红楼梦[M]. 北京：人民文学出版社，1982：1240-1241.

第五子和第七子，两人既是一对亲兄弟，又是一对好琴友。子敬死后，悲痛欲绝的子猷坐在灵床上为弟弟弹琴，月余遂弦断人亡。顾彦先和张季鹰是一对琴友，也是一对情深义切的莫逆之交。顾彦先死后，张季鹰不胜其悲，前往凭吊，“遂径上床，鼓琴，作数曲竟，抚琴曰：‘顾彦先颇复赏此不？’因又大恸，遂不执孝子手而出”。真挚情谊，感人肺腑。

据说，伯牙“摔琴破弦”的故事发生那年，子期27岁，伯牙39岁，正是年富力强、血气方刚的青壮年时期。两人素不相识、本为陌路，江湖一见，即因《高山》《流水》志趣相投而相见恨晚，引为知音。“子期死，伯牙谓世再无知音”。了解了古琴“知音情结”背后蕴含的丰富复杂的古琴文化，伯牙摔琴绝弦谢知音的决绝举动也就不难理解了。

（发表于《语文建设》2013年第16期，作者：楚爱华）

一个不容忽视的背影
——品读《陈太丘与友期行》中的“于无处写”

统编版语文教材七年级上册节选了《世说新语》中的《陈太丘与友期行》一文，一共涉及三个人物形象：父亲陈太丘、儿子陈元方和“无信”的客人。人教实验版《中学教材全解》将其主题归纳为：“本文讲述了七岁儿童陈元方的故事，表现出年纪小小的陈元方明白事理、落落大方的优秀品质，同时从另一个侧面告诫人们做事要讲诚信，为人要方正。”综观其他相关的教参和课堂教学，我们发现对儿子知礼明义、聪敏机智的褒扬和对客人“无信”“无礼”的谴责成了解读此篇文章的中心话语。陈太丘作为一个为主要人物的上场提供舞台背景的配角，在匆匆登场又匆匆离去后再无下文，也多不被人关注。因为文章不长，现引文如下。

> 陈太丘与友期行，期日中，过中不至，太丘舍去，去后乃至。元方时年七岁，门外戏。客问元方：“尊君在不？”答曰：“待君久不至，已去。”友人便怒曰：“非人哉！与人期行，相委而去。”元方曰：“君与家君期日中。日中不至，则是无信；对子骂父，则是无礼。”友人惭，下车引之，元方入门不顾。

毛纶、毛宗岗父子在《三国演义》第三十七回“司马徽再荐名士　刘玄德三顾茅庐”回前有精彩的评语：“盖善写妙人者，不于有处写，正于无处写。”① 是说一些优秀的小说在对人物形象的塑造中，较之于实写，虚写往往更能收到象外之象的审美效果。仔细品读《陈太丘与友期行》一文，我们发现，陈太丘作为一个虚写的父亲形象，虽只寥寥几笔，可经我们将作品中其他人物的描写在头脑中加以完型之后，反而觉得“藏身”在子、友二人背后的这一配角形象越来越清晰可辨，具有玄远丰赡、意味深长的况味。

首先，不能忽略文中那个令时贤叹服、让今人倾倒的小儿陈元方的背后

① 罗贯中. 三国演义[M]. 毛纶，毛宗岗评. 济南：齐鲁书社，1991：449.

站着一个博学开明、教子有方的陈太丘。以“记言则玄远冷峻，记行则高简瑰奇”[①] 而著称的《世说新语》，是一部以刻画人物言行为主的笔记小说。该书言简意赅、意味隽永，塑造了众多具有个性的人物形象。其中就包括一大批机智敏慧、应答惊人的小儿。如“小时了了”的孔文举、“明惠若神”的何晏、“知为国器”的韩康伯等。“桐花万里丹山路，雏凤清于老凤声”，他们敏于辩难，善于感悟，其小荷尖角、灼灼其华的聪明才智一点儿也不输于成人，甚至让成人甘拜下风。此文中的小儿陈元方就是其中之一。

现代心理学认为，家庭教育在孩子的成长过程中至关重要，父亲这一角色，不仅是孩子的性别坐标，还是孩子智慧的启蒙者。父亲拥有丰富的知识和深刻的理解与判断能力，同时具备勇于探索的精神，这些特质能有效开阔孩子的视野，对其认知能力与创造能力的发展具有不可替代的重要作用。在《陈太丘与友期行》一文中，年仅七岁的陈元方知礼达义，对礼义廉耻运用自如，在答语中对失信客人暗含责备，在客人怒骂父亲时毫不惧怕，并义正词严地运用儒家礼义加以反驳，最终让这个发怒的客人无地自容。这个让人惊叹的孩子背后一定潜藏着一个更为优秀的父亲，孩子的出色表现应该归功于父亲陈太丘的言传身教。

家族文化是中国封建统治的基石，在中国传统文化中占据着支配地位。魏晋时期门阀等级制度近乎苛刻，为了维护家族门第和家族利益，这一时期的父祖辈更加重视子孙教育，尤其是一些名门望族。父祖们有机会就把孩子带在身边，“夫学之所益者浅，体之所安者深。闲习礼度，不如式瞻仪形；讽味遗言，不如亲承音旨”（《世说新语・赏誉》），通过亲自教诲或让孩子们亲临各种场合来开阔眼界，增加其知识积累和文学涵养。如谢安常亲自教子孙并让孩子们与高人探讨，顾和携二孙一起参与名流们的清谈，钟繇让二子与文帝面对面交流，谢鲲放手让小儿与客人自由切磋等。在博学父祖辈的精心栽培和种种场合的磨砺下，魏晋时期很多孩子对大人世界的儒家典籍、老庄玄学了如指掌、驾轻就熟，涌现出一大批“少有俊才”的早熟型神童。

陈家是不是这样呢？《世说新语・夙惠》记载了陈氏父子这样一个日常小故事：

宾客诣陈太丘宿，太丘使元方、季方炊。客与太丘论议。二人进火，俱委而窃听。炊忘著箅，饭落釜中。太丘问：“炊何不馏？”元方、季方长跪

① 鲁迅. 中国小说史略[M]. 北京：东方出版社，1996：45.

曰："大人与客语，乃俱窃听，炊忘著箄，饭今成糜。"太丘曰："尔颇有所识不？"对曰："仿佛志之。"二子长跪俱说，更相易夺，言无遗失。太丘曰："如此，但糜自可，何必饭也？"

有朋友拜访陈太丘并留下来住宿，陈太丘把做饭的任务交给了两个孩子。可是父辈们的交流太精彩了，孩子们因为专心偷听而错误地把蒸饭做成了粥。得知事情原委，做父亲的非但不怪罪不惩罚，反而以一种欣赏的姿态大加褒扬，对孩子们进行现场鼓励。这是一位怎样博学大度、见识卓绝的父亲啊！

《后汉书·荀韩钟陈列传》这样评价陈太丘："实在乡闾，平心率物。每有争讼，辄求判正，晓譬曲直，退无怨者。至乃叹曰：'宁为刑罚所加，不为陈君所短。'"[①] 由此可见，陈太丘是一个公正刚直、品行端方之人，在朝野间享有极高的威信和声望。事实证明，在这样优越的家教环境里，孩子们无论人格修养还是学业水平都会得到较好的提升。成人之后的陈元方不仅才华横溢，被誉为"海内之俊才"，且在道德上颇有父亲遗风，受到世人的推崇："纪字元方，亦以至德称。兄弟孝养，闺门雍和，后进之士皆推慕其风。"[②] 一个"亦"字，道出了父亲的苦心栽培以及寄托在儿子身上的家族期待终于变成了现实。可以说，儿子是折射父亲道德品行、文化人格的镜子，延续着父亲血脉与精神的双重基因。《陈太丘与友期行》一文收入以品德见长的"方正"门而未入以言语见长的"夙惠"门，原因也在此吧。

其次，从客人身上我们还看到了一个坦诚正直又率性任真的陈太丘。有人说客人其实是个很有趣的人，他的可爱之处在于"变"。[③] 此说不无道理。客人先是彬彬有礼地问陈元方其父是否在家，当听到陈太丘已经"舍"他而去的时候，马上勃然大怒变成了"火药桶"，当场就对着儿子骂老子"非人哉！"当陈元方有理有据做出抗争之后，客人意识到的确是自己错了，马上惭愧地服软，下车拉孩子手表示抱歉。这的确是个很可爱的"直筒子"！纵观客人从"有礼"到"无礼"再到"有礼"的情绪剧变，虽然在信义上有所亏损，但客人不伪装，不矫情，在一个孩子面前毫无顾忌地敞开内心，充分展现了魏晋人崇尚的任真率性。陈太丘与他为友，谁说当初欣赏他的不是这种真性情呢？"期日中，过中不至，太丘舍去。"陈太丘遵守时间的背后谁

---

① 范晔. 后汉书[M]. 北京：中华书局，1965：2065-2066，2067.

② 范晔. 后汉书[M]. 北京：中华书局，1965：2065-2066，2067.

③ 张于成.《陈太丘与友期行》里的三个人[J]. 语文教学通讯，2012（32）：46-47.

说不是同样的真性情呢？就连那个“入门不顾”的孩子，谁又能说没有陈太丘的影子呢？

众所周知，魏晋时期是人的主体意识觉醒的时期，其突出表现是“在怀疑和否定旧有传统标准和信仰价值的条件下，人对自己生命、意义、命运的重新发现、思索、把握和追求”。[①]确实，魏晋人虽身处乱世，但他们没有在时代的重压下丧失做人的尊严。张季鹰感叹“人贵在适意耳，何能羁宦数千里以要名爵”，王猷之大雪之夜千里访戴，却“乘兴而行，兴尽而返”，阮籍与嫂握手告别，曰“礼岂为我辈所设也”等，众多“魏晋风度”特立独行，高标独举。他们都和陈太丘一样，在时代的重压下竭力超越名利的羁绊和束缚，以毫无尘滓的纯真性情应对大千世界，以心灵的适意、超越和自由为标尺来权衡个体生命的终极意义。

《三国演义》第三十七回写刘备三顾茅庐、费尽周折寻访孔明，“此篇极写孔明，而篇中却无孔明”。[②]该回虽然用了大量笔墨写了他人，然而通过其童、其友、其弟、其丈人，我们充分领略了孔明的“古淡”“高超”“旷逸”“清韵”，触及了一个更为立体、更为丰满的孔明。同样，“陈太丘与友期行”一文虽然在陈太丘身上着墨不多，但通过其子、其友，我们却读到了一个立体丰满、具有丰富内涵的陈太丘。我们说，陈太丘才是本文真正的主角，其背影不容忽视。古代小说这种“于无处写”的艺术手法，不仅让历代读者回味无穷，也给当代教学和当代写作带来很多启发，值得我们深思和借鉴。

（发表于《中学语文教学》2014 年第 11 期，作者：楚爱华、刘晓春）

① 李泽厚. 美的历程[M]. 北京：文物出版社，1981：90.

② 罗贯中. 三国演义[M]. 毛纶，毛宗岗，评. 济南：齐鲁书社，1991：449.

奇、险、趣

——《草船借箭》卓越的叙事技巧

作文教学是语文教学的难点和重点，而人物形象的塑造又是作文教学中的难中之难、重中之重。对于写作而言，肖像、动作、语言、心理等方面的刻画的确是人物塑造不可或缺的重要方面，但用得不好又会流于教条，失去人物的生动和传神。与之相比，高明的写作者更善于将人物置身于立体、流动甚至极端的事态中，在奇绝、险绝、步步惊心的情节中赋予人物形象以鲜活的生命，从而生成一种趣味横生、神以远行的艺术效果。人教版小学五年级语文课本下册的《草船借箭》便是一例。

在中国，谈起智慧型英雄人物，诸葛亮无疑是一个家喻户晓的典型。诸葛亮不仅因其忠贞贤明而“名高千古”，更因其超凡的智慧和才能被清代评点家毛宗岗赞叹为“智绝”，是“古今贤相中第一奇人”。民间流行的诸多与其有关的歇后语，如“诸葛亮当军师——办法多”“诸葛亮皱眉头——计上心来”等，也常和聪明、有计谋联系在一起。可以说，在国民心目中，诸葛亮早已成为一个人人叹服的智慧符号。

《草船借箭》写的是诸葛亮在周瑜的胁迫和追逼下，妙用智慧巧借敌箭，最终化险为夷让对方服气的故事。很多老师在讲解和分析这篇课文时都把重点放在诸葛亮的“神机妙算”上，这一点没错，但我们还是要问：明明是一场剑拔弩张、险象环生的英雄对抗，通篇读来非但没有残酷的血腥和杀戮之气，反而趣味横生、诗意盎然，这是为何？无疑，这与作者对诸葛亮这一人物形象独特的塑造技巧有关。

、奇极：诸葛亮的对手个个非同凡响

小说家对某个人物超凡才能的形象塑造，多惯用对比和烘托的艺术手法，通过周围人的不足和局限来凸显人物的独特和高明。周围人多处于道德

或才能的劣势，在叙事视角上处于被俯视或被平视的位置。一些手法高超的小说家，却敢于冲犯和冒险，直接将某个人物形象置身于林立的高手之中，通过与高手的过招、较量以及险胜，来刺激读者的阅读感官。毛宗岗在《三国演义》第四十五回回前曾有段精彩的评论："写国色者，以丑女形之而美，不若以美女形之而觉其更美；写虎将者，以懦夫形之而勇，不若以勇士形之而觉其更勇。"① 说的就是这个道理。

三国时期英雄辈出，且不说曹操和孙权集团人才济济，单就诸葛亮所处的刘备集团而言，就有关羽、张飞、赵云、黄忠、马超等武艺绝伦之士。作为作者满怀敬意塑造的智慧与忠诚兼具的人物，诸葛亮总是被煞费苦心地置身于强者之林，通过对手的心悦诚服来奠定他不可企及的智慧丰碑。在他出场前，胸怀、视野非同凡响的水镜先生和庞统是他的烘托；三顾茅庐之时，古淡旷逸的童子、朋友、弟弟、岳父诸人则是他的映照；得刘备重用后，对于身边心怀妒意的关、张二人，诸葛亮通过火烧博望、火烧新野的胜利，为屡屡失利的刘备大军稳定了军事根基，也让关、张二人口服心服。

《草船借箭》同样将诸葛亮放置在高手对峙的情境中，且事态更加凶险。课文主要涉及四个人物：诸葛亮、鲁肃、周瑜、曹操。鲁肃虽处孙营，但温厚诚恳，对诸葛亮构不成威胁。对诸葛亮构成重要威胁的两人——周瑜和曹操，一个多疑狡诈，一个奸诈狡猾，都是不易对付的角色。尤其是周瑜，足智多谋、骁勇善战，与"小霸王"孙策结为生死之交，曾成功反间蒋干，除掉曹操大将蔡瑁、张允，为赤壁之战的奇胜立下大功，是东吴重臣和实际统帅。他嫉恨诸葛亮，处心积虑地寻找一切机会想要除掉他。

"观才与不才敌不奇，观才与才敌则奇；观才与才敌，而一才又遇众才之匹不奇，观才与才敌，而众才尤让一才之胜则更奇。"② 诸葛亮单枪匹马游说东吴，虽然舌战群儒达成了"一致对曹"的共识，但他既要提防周瑜的暗箭，还要想办法对付黑云压城般进逼而来的曹操大军，可谓险象环生，失手于任何一方都会命丧黄泉。作者为了刻画诸葛亮的卓尔不群，精心设计人物关系，在"众才尤让一才之胜"的"奇"境中，给读者带来了巨大的艺术享受。

① 罗贯中. 三国演义[M]. 毛纶，毛宗岗，评. 济南：齐鲁书社，1991：552-553.

② 朱一玄，刘毓忱. 三国演义资料汇编[M]. 天津：百花文艺出版社，1983：295.

二、险极：面对重重陷阱，诸葛亮几乎插翅难逃

周瑜一心要置诸葛亮于死地，高调请他来商议军事，实际上已暗设陷阱，等着诸葛亮送死，且死得顺理成章、咎由自取。两人对话如下：

“我们就要跟曹军交战。水上交战，用什么兵器最好？”诸葛亮说：“用弓箭最好。”周瑜说：“对，先生跟我想的一样。现在军中缺箭，想请先生负责赶造十万支。这是公事，希望先生不要推却。”诸葛亮说：“都督委托，当然照办。不知道这十万支箭什么时候用？”周瑜问：“十天造得好吗？”诸葛亮说：“既然就要交战，十天造好，必然误了大事。”周瑜问：“先生预计几天可以造好？”诸葛亮说：“只要三天。”周瑜说：“军情紧急，可不能开玩笑。”诸葛亮说：“怎么敢跟都督开玩笑？我愿意立下军令状，三天造不好，甘受惩罚。”周瑜很高兴，叫诸葛亮当面立下军令状，又摆了酒席招待他。诸葛亮说：“今天来不及了。从明天起，到第三天，请派五百个军士到江边来搬箭。”

一个不动声色设套诱人，一个仿佛不知见圈就跳；一个不依不饶步步紧逼，一个迎难而上将险情弄得更险。“写周瑜乖巧，以衬孔明之加倍乖巧。”① 两个高手貌似谈笑风生、轻松潇洒，实则斡旋较量、暗藏玄机。周瑜明知故问，诸葛亮坦然作答；周瑜不怀好意地委以重任，诸葛亮乖巧地接招，又主动将十天时间缩短为三天，且立下军令状，更是将凶险之态推到了极致。两人一伸一缩，宛如太极掌法，风轻云淡的表象下惊涛暗涌。短短几个回合的过招，已经将诸葛亮置于刀锋浪尖之上，也将读者的心提到了嗓子眼。毛宗岗对此段赞不绝口，连用了八个“妙”字形容：“妙”“妙甚”“奇妙”“奇绝、妙绝”等。②

诸葛亮如何化险为夷？如何智胜周瑜一筹，且让他心服口服？作者将人物放置在这种“险极”的环境中，不仅为人物提供了更有张力的空间，也给下文设置了一个扑朔迷离的悬念。

三、趣极：船外杀声震天，船内谈笑风生

诸葛亮巧用逆向思维，变“造箭”为“借箭”，出人意料。他知天知人，

---

① 罗贯中.三国演义[M].毛纶，毛宗岗，评.济南：齐鲁书社，1991：552.

② 罗贯中.三国演义[M].毛纶，毛宗岗，评.济南：齐鲁书社，1991：569.

预料到三天内必有大雾，并以此为契机，对周瑜的阴招趁势下坡、将计就计，利用曹操谨慎多疑的特点，只用了一夜的时间就从曹军处借来十万支箭，令周瑜发出“诸葛亮神机妙算，我真比不上他”的长叹。

有意思的是，一场血雨腥风的战争，明明船外箭雨如飞，船内人却气定神闲，饮酒取乐。一边是惊涛拍岸、奔雷震鼓，一边是歌舞袅娜、风轻酒香，实在是有趣至极！

古代小说家为了避免作品格调的单一，也为了舒缓读者阅读时的紧张心情，往往注重章法的错落有致，即在构思中将紧张惊险的情节与舒缓优美的情节间杂安排，以使情节有张有弛，节奏鲜明。“《三国》一书，有寒冰破热、凉风扫尘之妙。……真足令人躁思顿清，烦襟尽涤。”[①]《三国演义》中此类写法不少，如第七回写紧锣密鼓的战争，第八回便转入对美人貂蝉的描写；再如赤壁之战前一方面写各路大军战云密布、山雨欲来，一方面又写庞统挑灯夜读、星光满天等。

《草船借箭》虽然是一场大战的局部描写，但也巧妙地运用了这种方法。哈斯宝评点《红楼梦》：“若两场热闹连在一起，便不免吵扰，不能不使人耳噪眼乏，因此中间写出这一段恬静雅音，特地使读者有一番心旷神怡之感。”[②]这段话同样也适合《草船借箭》。在刀光剑影的缝隙处穿插一些悠闲轻松的情节，不仅使得战争描写动静结合、张弛有度，淡化了战争的残忍和暴力，还愈发凸显了主人公的大将风度，为残酷血腥的战争描写罩上了一层摇曳多姿的诗意氛围。

据《三国志·吴书·吴主传第二》裴松之注，建安十八年（213 年）正月，曹操与孙权对垒于濡须。孙权借水面有雾乘轻舟观察曹军部署，鼓乐齐鸣。曹军怀疑其中有诈，不敢出战，只下令弓弩齐发，射击吴船，孙权最后满载而归。可见“草船借箭”的真实人物不是诸葛亮，而是孙权。《三国演义》“七实三虚”，在事件主干与史实无违的情况下，为了刻画人物，调动了多种艺术手法进行虚构。罗贯中张冠李戴将借箭之人换成诸葛亮，在塑造这一形象时运用了“奇”“险”“趣”等多种艺术技巧，就是出于这种需要。

当然，为了神化诸葛亮，作者在后面还用了智料华容道、巧摆八阵图、智取成都、空城计、七擒孟获等情节来继续丰满人物形象。这种把人物放在

① 朱一玄，刘毓忱. 三国演义资料汇编[M]. 天津：百花文艺出版社，1983：304.

② 朱一玄. 红楼梦资料汇编[M]. 天津：南开大学出版社，1985：797.

动态环境中去主动生成的技巧，不仅丰富了我们的课堂教学，也给我们的作文教学和当代写作带来很多启发，值得学习和深思。

（发表于《语文建设》2016年第7期，作者：于泓珊、楚爱华。原文发表时题目为《〈草船借箭〉如何凸显诸葛亮的特点》）

《织促》“小儿化虫”情节细读

《聊斋志异》语言传神，笔法奇崛，“用传奇法而以志怪”，代表了我国文言小说的最高成就。其中《狼》《山市》《促织》等多篇文言文被选入中学课本。尤其是《促织》，其中的“小儿化虫”情节，奇幻无穷、险象环生，深深吸引着孩子们，激发着他们朦胧而又好奇的文学想象和深沉的情感体验。本文拟对这一情节展开分析。

一个九岁的小儿，因为贪玩好奇，把一家子的救命蟋蟀给弄死了。闯了祸的小儿哭着向母亲求救。母亲大惊失色，把小儿痛骂了一顿。小儿惊惧惭愧，偷偷跳井自杀，灵魂变为一只黑褐色的小蟋蟀。小蟋蟀打败了常胜的“蟹壳青”，智胜大公鸡，后又试遍天下蟋蟀，“无出其右者”。更为奇妙的是，小蟋蟀不仅轻捷善斗，还能应节起舞。

更让我们惊奇的是“小儿化虫”这个无理而妙的情节描写，实在是奇险兼具、匪夷所思。“无理而妙”是清代黄裳在《围炉诗话》中提到的中国古典诗歌常常追求的一种境界——有些诗句从表面上看是不符合生活情理的，但细细品味却蕴含着至情至理。“小儿化虫”的情节就具有这个特点。小孩子跳井自杀，灵魂变成了小蟋蟀，帮助父母摆脱了绝境，这在生活中是不可思议的，也是不现实的。这一不符合生活常理的情节，不仅没有让读者产生突兀之感，反而让读者觉得奇幻无比，又含蓄隽永、意味深长。设若去掉这个“无理”的情节，即使不至于使作品索然无味，也一定会使之减色不少。

“小儿化虫”这个情节，作者始终紧扣儿童的心理和特点，把小蟋蟀写得活灵活现，呼之欲出，将读者带到一个又一个奇险之境，感受到高于生活的艺术真实。小蟋蟀，“覆之以掌，虚若无物”，“形若土狗，梅花翅，方首长胫”，[①] 与“巨身修尾、青项金翅”的蟋蟀相比，个头小，显得很稚嫩。在遭遇第一次比赛时，他先是下意识地胆怯害怕，“伏不动，蠢若木鸡”，挑衅者“以猪鬃毛，撩拨虫须，仍不动”；在被逼无奈终于奋力拼搏又大获全胜

① 蒲松龄. 聊斋志异[M]. 任笃行，校注. 齐鲁书社，2000：722，723.

时，小蟋蟀“翘然矜鸣，似报主知”，符合儿童取胜得意、以图父母褒夸的心理和神态。小蟋蟀后来屡战屡胜，不再惧敌，甚至后面闻琴瑟之音“应节而跳”，也都和儿童无畏、活泼的性格特点相印合。

“小儿化虫”不仅具有“奇”的特点，作者还“逆振”而局，使情节同样具有一种“险”趣。小蟋蟀样小形丑、态拙状陋，对手“庞然修尾”、常胜无敌，强弱对比不啻天壤。好事少年看了忍不住“掩口胡卢而笑”，胜券在握。父亲原本就“劣之”，再看到对方的“蟹壳青”，忍不住“自增惭怍，不敢与较”，故事至此胜负似已定局。好事少年的“固强之”“屡撩之”，使战局在一种结果昭然若揭的状态下被迫拉开。可是，事态却在高潮之处陡然反转，结果出乎所有人意料之外。作者用了一系列的动词来形容小虫英勇决敌的神采：“暴怒”“直奔”“腾击”“振奋做声”“跃起”“张尾伸须，直龁敌领”等，生龙活虎、神完气足地将颓局扭转了过来。

《促织》用二言、三言、四言等短促的句式，一气呵成，造成一股排山倒海、势不可当的力量和气势，给读者带来极大的情感冲击力。一波刚落一波又起，作者并没有就此停步，他笔力一振，紧接着在更高处又设了一个险峰，再次将读者的心提到嗓子眼。“一鸡瞥来，径进以啄”，大险若泰山压顶，小虫危在旦夕，一紧；“幸啄不中”，稍稍宕开一笔，稍缓；“鸡健进，逐逼之，虫已在爪下矣”，小虫必死无疑，又一紧；就在大家顿足失色、十万火急之时，突然出现了一个怪异的场面：“旋见鸡伸颈摆扑”。为何？原来“虫集冠上，力叮不释”，又一大缓。为了烘托局势的凶险，作者用父亲几个极端的情绪体验从侧面进行泼墨渲染：“骇立大呼”“顿足失色”“益惊喜”，这些身临其境的现场感受将读者卷入一个个险象环生、波谲云诡、雷霆万钧的生死场中。

四两拨千斤的小蟋蟀胜利了，它被选进皇宫成为胜出者。成名一家受到了赏赐，没几年就“田百顷，楼阁万椽，牛羊蹄躈各千计”，出车马衣轻裘，成了富贵人家。

可是，读者阅后却没有任何如释重负、欢呼雀跃的兴奋和喜悦，反而心情沉重。为什么呢？一场精彩的竞技不是作者的目的，潜伏在故事后面的思考才是作者深沉的用心所在。蟋蟀本来是供大家娱乐的，尤其是供小孩子玩的，皇帝一旦喜欢，就会牵动社会各个阶层，甚至荼毒百姓，使老百姓倾家荡产，甚至家破人亡。为人迂讷的成名因所缴蟋蟀不合格，被打得“两股间脓血流离”，“转侧床头，惟思自尽”。好不容易捉到一只，“蟹白栗黄”地喂养，把它当成命根子。然而，这只蟋蟀却被小儿不经意弄死。母亲不是体谅安慰孩子，而是变色呵斥，将早已骇怕的儿子推到绝望的深渊。做父亲的听到虫死的第一反应不是担心孩子受到惊吓没有，而是“如被冰雪”，接着就是“怒索儿”——找他算账。是什么让做父母的把小虫看得比孩子都重要？“不复以儿为念，儿不如虫也……谁实使之然哉？”[①] 答案不言自明，批判力透纸背。

据吕毖《明朝小史》卷六《宣德纪·骏马易虫》记载：“宣宗酷好促织之戏，遣取之江南，价贵数十金。枫桥一粮长以郡督遴觅，得一最良者，用所乘骏马易之。妻谓骏马所易，必有异，窃窥之，跃出，为鸡啄食。惧，自缢死。夫归，伤其妻，且畏法，亦自缢焉。”[②]《明朝小史》虽是清代学者编撰的明代遗闻轶事，但也在一定程度上反映了《促织》产生的真实时代背景。皇帝喜欢蟋蟀本来无可厚非，但作为权力的至高者，加上官吏的拍马逢迎、媚上欺下，则可能使这一爱好铸成罪孽。“天子一跬步，皆关民命，不可忽也。”作者正是本着为民请命的社会良知和社会道德，冒着生命的危险，借“小儿化虫”这一文学的神来之笔委婉地向皇帝进行讽谏，同时也带给历代读者以情感的洗礼和深沉的思考。

“小儿化虫”这个情节是《促织》的精髓。成名一家忽而气断声吞、茅舍无烟，忽而平步青云、发迹变泰。而导致全家命运突转的恰恰就是“小儿变虫”这个离奇的情节。一个无用的小虫对老百姓的生活造成如此天塌地陷的影响，皇帝的爱好需要牺牲一个年幼活泼的小生命来满足，充分暴露了皇帝的昏庸、腐朽以及官场草菅人命的黑暗和荒唐。这便是潜藏在文本深处的作者的良苦用心。

西方表现主义文学的代表人物卡夫卡于1915年发表过一篇著名小说《变形记》，讲述推销员格里高尔因为过度紧张、疲于奔命，在一个早上突然变成了一只大甲虫。这只大甲虫再也无法像从前那样支撑家里的经济开销，遭到家人的厌弃，后来孤独地死去了。西方表现主义受康德哲学、柏格森的直觉主义和弗洛伊德精神分析学的影响，长于揭示现代资本主义社会一些本质性的问题，譬如人与人之间不能理解、沟通的孤独感，以及由此产生的悲

① 蒲松龄. 聊斋志异[M]. 任笃行，校注. 齐鲁书社，2000：722，723.

② 朱一玄. 聊斋志异资料汇编[M]. 南开大学出版社，2002：114.

观绝望情绪和虚无主义思想等。《促织》中的小儿化虫在批判周遭环境对人的逼迫、将人化虫的结果归罪上与西方表现主义文学有着惊人的相似性。可以说，蒲松龄的文学想象、文学天赋以及文学技巧不仅具有世界性，而且远远地走在了世界文学的前面。

（发表于《语文建设》2013年第3期，作者：楚爱华、刘冬蕊）

虚以实行 文家妙境

——谈《桃花源记》的创作技巧

作为一位杰出的诗人，陶渊明有不少作品被选入语文教材，如《饮酒》《归园田居》《五柳先生传》《归去来兮辞》《桃花源记》等，这些作品篇篇经典、字字珠玑，让人读后如含英咀华、回味无穷。有意思的是，与陶渊明其他作品相比，《桃花源记》是个明显的例外：全篇没有一丝作者或饮酒或耕种的影子，也没有作者特别自我的情绪抒发。在作品中，作者全然退出，以一个渔人的经历为线索，娓娓道来，虚构了一个道穷遇仙、再访不得、充满遗憾的奇特故事，以表达自己的深层寓意和精神寄托。其中那个被缤纷落英、鲜美芳草包围着的世外桃源，民风淳朴、安静祥和，“黄发垂髫，怡然自乐”，千百年来引起人们的无限遐思，成为人们心目中追慕钦羡的理想家园。

《桃花源记》是一个深邃而充满张力的文本。古往今来，文学史上描写精神家园、虚幻乌托邦的作品可谓多如山积，从王维的《桃源行》，韩愈、王安石等历代文人仿写的《桃花源集》到张晓风的《武陵人》，从柏拉图的《理想国》到谢阁兰的《出征》，从康帕内拉的《太阳城》到培根的《科学、信仰与政治》……几乎穷尽了人类对美好家园的所有想象，却没有一篇能在思想和艺术上完全超越或者代替它。尤其让我们困惑的是，作为一篇明显虚构的文学作品（从这个意义上来讲，学界有人界定它为小说，[①] 在此不赘）《桃花源记》让读者明知其假反信其真，明知其无反信其有。学界关于《桃花源记》创作原型的考察一直是个热点，如国学大师陈寅恪先生的“北方弘农或上洛”说等，据说到目前为止言之凿凿的已达三十处之多。以上种种，

① 参见：杨秋荣.《桃花源记》：魏晋时期最伟大的玄怪小说[J]. 北京教育学院学报，2011，25（2）：51-62；张钧，亓心.《桃花源记》并诗在中国小说史上的地位[J]. 九江学院学报（社会科学版），2002（1）：27-31；卢英宏.《桃花源记》是一篇小说[J]. 岳阳师范学院学报（自然科学版），1997，10（2）：62-66. 等等。

我们不禁要问，《桃花源记》是如何做到的？它有哪些创作技巧值得我们借鉴和思考？

“庄子文字善用虚，以其虚而虚天下之实；太史公文字善用实，以其实而实天下之虚。”[①] 虚实问题不仅是个哲学问题，也是文学创作的一个重要命题。《桃花源记》作为一篇以虚为主的文学作品，让人明明知道它是精神的乌托邦，是假的，是人世间不存在的，但还是心存幻想，产生真实感。其成功的秘诀就是虚事实写、虚实相生，从而在文学意境上产生一种更高的艺术真实。我们认为，《桃花源记》主要从以下三个方面做到了这一点。

一、作品虚构的桃花源人不是神仙，是凡人

陶渊明身处的时代，由于战乱频仍的残酷现实以及佛道、鬼神迷信思想的影响，人们多有求异求怪之趣，精怪、灵异、神仙、妖孽等幻想形象是这一时期常见的题材，从当时小说集的命名就可以看出来，如《列异传》《搜神记》《列仙传》《冥祥记》《幽明录》等。与以上作品不同，作者笔下的桃花源，不是神仙灵异、精怪妖鬼，而是人，和我们一样普普通通的世人。

这些人是先世避秦战乱时躲到这里繁衍下来的子孙，他们没有餐风饮露、幻身隐形的超常本领，而是和外部世界一样说着同样的话，穿着同样的衣服，踏踏实实地靠种地养畜生存，“土地平旷，屋舍俨然。有良田、美池、桑竹之属。阡陌交通，鸡犬相闻。其中往来种作，男女衣著，悉如外人”。招待客人也要亲自出手，杀鸡、摆酒、做食，而不是像仙人一样，一伸手抓把云朵就成了棉絮，拿片叶子剪成鸡鱼的形状就变成了热气腾腾的香鸡熟鱼（《翩翩》）。

桃花源人也没有神仙世界的玄远缥缈、独来孤往，他们过着其乐融融的集体生活，有着真诚淳朴的乡风民俗，“村中闻有此人，咸来问讯”，“余人各复延至其家，皆出酒食”。一家来客，全村都热情出动，轮流做东表达情谊。在温暖静谧的桃花源里，虽然误入异地，读者和渔人一样在心理上逐渐消解了对桃花源的紧张、疑惧和隔膜，在精神指向上产生强烈的认同感和归宿感。

① 陈骙，李涂. 文则[M]，刘明辉，校点，北京：人民文学出版社，1960：59。

二、作品中通向桃花源的线索真实确切

遇仙小说在陈述世人通往仙界之路的时候，常常赋予他们迷茫玄虚的超感官体验，以完成两个不同时空、不同地点的衔接和转换，所谓“仙界一日，世上百年”。如张华《博物志》[①]卷十记载了一个住在海边乘浮槎到仙界大胆一游的人，道途经历是“十余日中犹观星月日辰，自后茫茫忽忽亦不觉昼夜”。从仙界归来，蜀地高人严君平给他解释，某年某月“有客星犯牵牛宿”，“计年月，正是此人到天河时也”，让人恍然大悟前面的非常态魔幻体验，点明仙界的身份，但也无形中拉远了与人世间的距离，让读者在好奇之外产生强烈的崇高敬仰之情。

《桃花源记》不是这样。它“摒弃垂直思维，不向天上想象神灵的行为，也不向地下想象鬼魂的行为，而只专注于平行思维，在凡人尘世中想象人类社会里人自身的行为”。[②]作者没有采用仰视的视角，而是沿着渔人的脚踪，通过周遭具体可感的标志引领读者脚踏实地地走进这个被山洞隔开的世外桃源，全程没有任何上天入地的魔幻体验。缘溪行—路尽—见桃林—山—山中小口—进入，这些具体可感的路标让渔人产生了强烈的现实存在感。引导渔人来去的交通工具——船，也是渔人平时常用之物，非虚幻或有特异功能的穿越神器。误入者来时虽九曲回肠，去时却也顺利圆满，在现实人世间完成了一次完整的旅行。船、记号、桃林、水源、山等线索真实可感，历历在目，让人对桃花源的真实存在无可怀疑。

三、篇尾附加的历史人物增加了真实感

“南阳刘子骥，高尚士也。闻之，欣然规往，未果。寻病终。后遂无问津者。”有人说这一段是多余的，因为到上一段为止故事已经结束了。这一段真是狗尾续貂、画蛇添足吗？当然不是。这恰恰是作者虚以实行、文以境成的重要一笔。

刘子骥，是当时存在的一个真实人物。《晋书》记载：“刘驎之字子骥，南阳人，好游山泽，志存遁逸。……或说囷中皆仙灵方药诸杂物，驎之欲更寻索，终不复知处也。”[③]刘子骥是当时的隐士，他以游山采药为乐，在衡山

① [晋]张华. 博物志校证[M]. 范宁，校证，北京：中华书局，1980：111.

② 付开镜.《桃花源记》“山洞式”空间思维的构建[J]. 名作欣赏，2011（35）：8-9.

③ 房玄龄. 晋书[M]. 北京：中华书局，1974：2447-2448.

也遭遇过类似渔人失道遇奇、再寻不得的传奇经历，且在当时产生过广泛的影响。陶渊明与刘子骥志趣相投、私交甚好，两人晚年都隐居于离衡山不远的浔阳。朋友刚直的秉性、好游山泽以及寻访不得的奇遇不仅给陶渊明的写作带来了灵感，更重要的是在文末加上有名有姓且有相似经历的时人刘子骥，无疑更增加了故事的真实性和可信性，再次将桃花源牢固地夯实在大地上，呼召着一代又一代对现实世界永不满足的人们坚定地行走在寻找桃花源的理想之路上，形成一种云烟渺茫、虚实难辨、蜃楼海市一般的艺术奇观。

明代李日华的《广谐史序》说："古至人之治心，虚者实之，实者虚之。实者虚之故不系，虚者实之故不脱，不脱不系，生机灵趣泼泼然，以坐挥万象将无忘筌蹄之极。"[①] 意思是说，一部作品要具有感动人心的艺术魅力，就要在创作中真事虚写，虚事实写，这样可以避免胶着板滞和脱离断裂的状态，从而在艺术上产生生机灵趣。《桃花源记》写了一个虚幻的世外桃源，却没有让读者在心理上产生脱离断裂感，归根结底在于作者从以上三个方面做到了虚以实行，从而使作品焕发出感动人心的力量。

虚实手法广泛应用于艺术的各个领域，如园林、电影、书法、绘画等。在文学创作中，更是被大量优秀作家所采用，如当代作家莫言、严歌苓等。当然，虚实的方式有很多，耳听为虚，眼见为实；正面为实，侧面为虚等。在当代课堂教学中，如何实现写作创新，如何让学生的作文既保持生活原貌的真实生动，又能与生活保持适度的审美距离，这一直是令老师棘手、让学生困惑的问题。从虚实的角度处理素材与命题的关系无疑是可取的，《桃花源记》就是一个经典的例子，值得我们深思。

（发表于《中学语文教学》2016 年第 1 期，作者：楚爱华）

① 转引自朱义玄. 明清小说资料选编（下册）[M]. 天津：南开大学出版社，2006：979.

《湖心亭看雪》的三重错位

张岱嗜雪喜白，以雪记文的作品更是常见。《陶庵梦忆》一书中多次提到雪，其中赏雪文有两篇:《湖心亭看雪》和《龙山雪》。究其二者来看，《龙山雪》中记述了天启六年（1626 年）十二月，张岱与三五好友登山赏雪，一派热闹景象。“万山载雪，明月薄之，月不能光，雪皆呆白。”[①] 即使后面描写了张岱与众人的陶醉心情，也都没有离开雪景。

《湖心亭看雪》却与之不同。题目虽强调一个“看”字，却没有专注地写雪景、说雪事。“雾凇沆砀，天与云与山与水，上下一白。”寥寥数语，把西湖雪景一笔带过，之后便不再提及，转为“弃”景写人。《湖心亭看雪》中“文不对题”的现象极其耐人寻味，是张岱情之所至，更是刻意为之。其用意何在？孙绍振先生在《经典小说解读》中非常独到地提出了错位理论，认为设置矛盾错位是使小说情节发生突转、提升艺术魅力的关键。[②] 本文将这一理论从小说解读迁移到诗文解读，以《湖心亭看雪》一文的矛盾点为切入口，从处境错位、情感错位和心理错位的角度，对上述问题提出个人见解，以求教于方家。

一、处境错位：清冷之境与温暖之亭

同行者明明有“两三粒”，但张岱为何要说成是“独往”呢？除有文人的清高之外，还与柳宗元的《小石潭记》一文有异曲同工之妙。“坐潭上，四面竹树环合，寂寥无人，凄神寒骨，悄怆幽邃。”“同游者：吴武陵，龚古，余弟宗玄。隶而从者，崔氏二小生，曰恕己，曰奉壹。”五人与之同游，作者偏却说寂寥无人，这样的矛盾皆与柳宗元由小潭的幽寂勾起了积郁其心的清冷，最终凄神寒骨、深陷其中，全然忘却了他人的存在有关。张岱也有此意，但又比柳宗元多了一种“天地与我并生，万物与我为一”的境界追

① 张岱. 陶庵梦忆[M]. 沈阳：万卷出版公司，2015：434.

② 孙绍振. 经典小说解读[M]. 上海：上海教育出版社，2016：1-5.

求。这种希夷之境的追寻既有精神上的崇高，也是作者的无奈之举。崇祯五年（1632 年），正如《董小宛传奇》中所言："1632 年的明王朝已经病入膏肓，连回光返照的机会都没有了。"① 大明经历了农民起义、清兵逼城本就苟延残喘，再加上旱灾年间修葺皇陵耗资巨大，国情愈益雪上加霜。张岱深知复明无望，仍一心向明，遂以遗民自居。他虽交友广泛，其中不乏志趣相投之人，但因客居西湖，昔日好友如"山水知己"祁彪佳等大多相距甚远，不免深陷孤独之苦。他常于寒冬深夜之际，独往人迹罕至之处，并自称为"苦隐"，就是这种深切孤独的生命写照。这次独往湖心亭赏雪，同样如此。

偶遇先一步而至的"赏雪人"，这是他没有想到的。相比于偶遇的意外，雪酒构成的"冰火两重天"的氛围更让人惊喜。对比"余拏一小舟，拥毳衣炉火，独往湖心亭看雪"与"到亭上，有两人铺毡对坐，一童子烧酒炉正沸"二句，虽无一字出奇，但其间的清冷与温馨、孤寂与热闹却跃然纸上。同是雅兴，一边是清傲独赏，一边是闲适热闹，其妙处就在这个"正沸的烧酒"上。《西湖七月半》中描写的第五类人："小船轻幌，净几暖炉，茶铛旋煮，素瓷静递，好友佳人"，② 可谓与"湖心亭赏雪人"神似。这场志同道合的相见恰如天人设计，堪称"奇遇"。张岱运用了夸张、暗喻的笔法，借酒沸的表象暗指意外遇到"金陵"同道中人的惊喜，可谓神来之笔。

本是清冷而来，却意外地倍感温暖。此处"金陵"二字意味深长：它既是一个地域方位的称呼，又是对明朝的暗中认同与追怀。因为此时的清朝已经不再像明朝那样称其为金陵，而改称江宁了。客人避开"江宁"的称谓，而称自己为"金陵人"，否定清认同明的情感指向非常鲜明。对于张岱来说，如此暗中契合的痴言痴行，带给他的无疑是精神上的双重惊喜。

二、情感错位：漂泊之忧与归属之喜

《湖心亭看雪》一文不足二百字，曾两次提及"舟"："余拏一小舟""余舟一芥"。舟，多用于古代的散文游记，如"泛舟游于赤壁之下""驾一叶之扁舟"等，多表达一种悠闲自在、寄情山水的逍遥心情。但在《湖心亭看雪》中，张岱的情感却并不完全止于"逍遥"，而是逐渐滑向忧虑。

杭州属南方，雪并不常见，何况大雪连下三日！这不能不让居住在西湖

① 张德义，刘培林. 董小宛传奇[M]. 广州：花城出版社，1985：14.

② 张岱. 陶庵梦忆[M]. 沈阳：万卷出版公司，2015：389.

边的张岱感到兴奋。于是准备好“毳衣炉火”，欣然起行。如果说“余拏一小舟”重在表现轻松自在之感的话，那么，“余舟一芥”则是将“我”置身于大西湖的背景下，突感自己微如草芥的悲叹了。《庄子·逍遥游》云：“覆杯水于坳堂之上，则芥为之舟。”芥，即微小之意。张岱此处以舟喻芥，来反衬西湖之阔、天地之大，感叹人之渺小如沧海一粟，沉沉浮浮，身不由己，漂泊之感油然而生。

本为轻松赏雪而来，为何又遁入漂泊不定的情网中呢？“雾凇沆砀，天与云与山与水，上下一白。”四周都是白茫茫一片，置身于纯净之境，仿佛万物皆是一尘不染，想要努力看清一处，却又没有界限可以区分。能够实实在在看到的，“惟长堤一痕，湖心亭一点，与余舟一芥，舟中人两三粒而已”。崇祯年间，国家风雨飘摇，作者客居西湖，看到此景，联想到自己不知前路如何、国家命运垂危，不能不生茫然无奈之感。

湖心亭上，铺毡对坐的两人与独往的张岱都没有因互相打扰而生不快之感，相反，同为大悦。“见余大喜”，“大”应作十分、非常解释，为何有如此激烈的反应？“曰：‘湖中焉得更有此人！’”这是亭中对坐的两人见到张岱的反应，作者本人的反应并没有过多交代，只在后文中提到受邀同饮时“强饮三大白而别”，用语干脆利落，仿佛这饮酒和告别的过程在几秒钟之内迅速完成，与前文描写“两人”见到“我”时又喜、又叹、又拉的表现形成鲜明对比。

那么张岱在对双方的反应进行取舍时，为何选择弃己而言他呢？这正是本文的巧妙之处。从动作的主体性来看，张岱是这场“偶遇”的主动者，着重描写“两人”的反应，更能表现张岱突然“闯”入二人世界的意味。另外，若是直接写自己的情感变化，与前文中行于西湖时的情感之间转变得过快，容易给读者造成漂泊之感全部消散的错觉。其实，这种沉埋在心底的孤独和落寞是永远也驱散不了的。偶遇知己的惊喜只能是悲痛一瞬间的淡化，却根本无法彻底疗愈。这大概也是作者不能喝酒却强饮三大白的根本原因吧。

三、心理错位：舟子之俗与痴人之雅

寒冬十二月，大雪连下三日，本应待在家中御寒取暖，张岱偏偏要在这雪夜前往“人鸟声俱绝”的西湖出游赏雪。天寒地冻本就不适合出游，大雪三日又黑灯瞎火，出行更为困难，这在舟子看来是怪异的“痴”行。乘舟至湖心亭，没想到早有两人铺毡对坐，“莫道君行早，更有早行人”。[①] 这更让舟子大惑不解了：“莫说相公痴，更有痴似相公者。”这“似”字，又从另外一个角度夯实了“金陵人”与张岱的志趣一致。舟子毕竟是一介俗人，此处的“痴”，也仅仅停留在作者与“亭上人”行为怪异的表象上，并不能深解痴人雅行下的雅心。对于作者来说，此处“痴”字，似贬实褒。《陶庵梦忆·金山夜戏》中也有类似的笔法：“山僧至山脚，目送久之，不知是人、是怪、是鬼。”[②] 这里所说的山僧心中之“怪”同舟子眼中之“痴”一样，体现了俗人之见。但这恰是张岱所痴迷的、不流俗于世的真性情。张岱夜游湖心亭，看雪不只用眼，更是用心，所以“雾凇沆砀，上下一白”的雪景更多含有想象的成分。其至臻至纯之境，是情趣之痴，更是精神之痴。

本不能饮，却强饮三大白以及答非所问，皆因“痴”所致。《龙山雪》云：“余勉强举大觥敌寒，酒气冉冉，积雪欱之，竟不得醉。”[③] 此句中的“勉强”与“强饮”用法相似，都可解释为“尽力”，前者为御寒而“举觥”，后者为志同道合而“强饮”。据《陶庵梦忆·张东谷好酒》云：“余家自太仆公称豪饮，后竟失传。余父余叔不能饮一蠡壳，食糟茄，面即发赪，家常宴会，但留心烹饪，庖厨之精，遂甲江左。一簋进，兄弟争啖之立尽，饱即自去，终席未尝举杯。有客在，不待客辞，亦即自去。山人张东谷，酒徒也，每悒悒不自得。一日起谓家君曰：‘尔兄弟奇矣！肉只是吃，不管好吃不好吃；酒只是不吃，不知会吃不会吃。’”[④] 明明不能饮酒，却破例强饮“三大白”，在熟悉他的舟子看来，又是难以理解的痴行。

临别之际，作者问及两人姓氏，“金陵人，客此”。遇上志趣相投之人已是乐事，没想到竟是客居此处的明朝旧都之人，这又勾起了作者念及国家、忧心国运的情思。此处，金陵人没有告知姓氏，又或者作者故意将其姓氏隐去了，颇有一番“同是天涯沦落人，相逢何必曾相识”的豪气与洒脱。在国运垂危之际，个人姓氏已经微不足道，无论走到何处，只要记得彼此是大明子民，那便是永远的天涯知己。这是相遇之痴，更是对国家的一片赤诚之

① 周希陶. 增广贤文[M]. 杭州：浙江古籍出版社，2016.

② 张岱. 陶庵梦忆[M]. 沈阳：万卷出版公司，2015：31.

③ 张岱. 陶庵梦忆[M]. 沈阳：万卷出版公司，2015：434.

④ 张岱. 陶庵梦忆[M]. 沈阳：万卷出版公司，2015：484.

心。而这些，饮酒者彼此心领神会，不明白的大概就是身边的俗人舟子了。

周作人说：“张宗子是个‘都会诗人’，他所注意的是人事而非天然，山水不过是他所写生活的背景。”[①] 周作人的这番话精准地切中了张岱“醉翁之意不在酒”的写作倾向。《湖心亭看雪》恰是如此！文章的重点不是西湖雪景的自然风光，而是“湖心亭”上经历的这场“痴人奇遇”。这场触及作者内心的旖旎旋风，刮起了文人情感的巨浪，在处境、情感和心理三个层面造成了艺术上的错位，发人深思，耐人寻味。

（发表于《语文建设》2020年第11期，作者：陈璐、楚爱华）

① 周作人. 陶庵梦忆序[M]//泽泻集. 石家庄：河北教育出版社，2002.

反客为主的柔性抒情
——《阿长与〈山海经〉》篇性揭秘

“我的保姆，长妈妈即阿长，辞了这人世，大概也有了三十年了罢。我终于不知道她的姓名，她的经历，仅知道有一个过继的儿子，她大约是青年守寡的孤孀。

仁厚黑暗的地母呵，愿在你怀里永安她的魂灵！”

鲁迅《阿长与〈山海经〉》中的这段“柔性抒情”，堪称篇性的枢纽，引起了很多学者的关注。

孙绍振认为最后一句用了“诗化的祈使语气”，让人看到了鲁迅对被侮辱、被损害的小人物，不仅有“哀其不幸，怒其不争”的一面，还有“欣其善良”的一面，这体现了鲁迅“作为一个伟大的人道主义者的广博的胸怀”①。

钱理群认为其间带有“宗教色彩的祈愿”，深含着鲁迅“对母亲或母亲般的保姆、生命的养育者的爱，对社会底层不幸者的爱”，而“人间保姆”回到“仁厚黑暗的地母”的怀里这样的意象，“既具有浓郁的诗意，又赋予了生命哲学的意味：生命的死亡就是回到生命的起源——‘大地母亲’那里去”②。

张心科从中见出了今日之“我”对阿长十分复杂的感情：有忏悔（不知道她的姓名和经历），有同情（她的家庭和生活的不幸），还有期盼（愿她的灵魂安息），并最终让自己得到慰藉（写作这篇散文以追怀）③。

这些解读多偏于情感意蕴的阐释。其实，从柔性抒情的视角，更能揭秘文本的篇性。

---

① 孙绍振. 孙绍振解读经典散文[M]. 北京：中华书局，2015：193.

② 钱理群，孙绍振，王富仁. 解读语文[M]. 福州：福建人民出版社，2010：47-48.

③ 张心科. 散文的真实性与文学性：怎样读鲁迅的《阿长与〈山海经〉》[J]. 福建基础教育研究，2022（1）：24-26.

一、异乎寻常的柔性抒情

这是一段异乎寻常的柔性抒情，与鲁迅一贯的刚性抒情比照，更形特殊。

刚性抒情在鲁迅的作品中俯拾皆是。《记念刘和珍君》中那一声仰天长叹：“沉默呵，沉默呵！不在沉默中爆发，就在沉默中灭亡。”令人仿佛看到了鲁迅胸膛中翻滚着的火山岩浆般炽烈的悲愤之情。对范爱农之死的描写，尤其触目惊心，只一句话，独立成段——第二天打捞尸体，是在菱荡里找到的，直立着。可以说冷峻到了极点，鲁迅内心的震惊、苦痛也随之冲决而出。投河自尽，尸体是会浮起来的，可是为了杜绝尸体浮起，范爱农将双腿深深插入河泥，这要多大的哀痛和绝望，才会如此自戕？鲁迅正是通过人物行动的决绝，将自我的大震惊、大苦痛释放出来了。到了《伤逝》，抒情越发刚烈直白：“我愿意真有所谓鬼魂，真有所谓地狱，那么，即使在孽风怒吼之中，我也将寻觅子君，当面说出我的悔恨和悲哀，祈求她的饶恕；否则，地狱的毒焰将围绕我，猛烈地烧尽我的悔恨和悲哀。”“孽风怒吼”“毒焰”“猛烈”“烧尽”，这些全是烈性词语，让刚性抒情的特质一览无余。相形之下，《阿长与〈山海经〉》中的抒情显得更为深挚与柔软。

将这段文字放在同类的柔性抒情文字中，依然能见出其特殊性。与《藤野先生》结尾处理性而感激的抒情相比——小而言之，是为中国，就是希望中国有新的医学；大而言之，是为学术，就是希望新的医学传到中国去，它显得非常通透和深眷。与《无常》中带有批判性的冷峻抒情相比——吁！鬼神之事，难言之矣，这也只得姑且置之弗论了，它显得非常质朴和温情。与《好的故事》中美丽、幽雅、有趣的牧歌式抒情相比，它分明又糅合了非常幽深、复杂的感激、怀念、伤感、忏悔和祈愿等情愫。

这种柔性抒情，鲁迅笔下的祥林嫂、爱姑、单四嫂子等下层劳动妇女皆未享受过，连鲁迅自己的母亲也未享受过。虽然离世前，鲁迅曾对冯雪峰说过想写一篇关于母爱的文章，并说“母爱是伟大的”，但毕竟没有写出，这更显出此处柔性抒情的特殊性。有学者称《阿长与〈山海经〉》是鲁迅在北京寓所，不断遇到精神纷扰（因“三·一八”惨案，鲁迅撰文抨击段祺瑞执政府，遭当局通缉，为躲避迫害，1926 年 3 月 26 日，鲁迅避居北京西城莽原社，3 月 29 日入山本医院避难，4 月 15 日在友人齐寿山、许寿裳帮助下由山本医院转移至东交民巷德国医院，4 月 26 日又转移至法国医院继续避难，至 5 月 2 日才结束避难生活。在这孤寂流离的一个多月，鲁迅的身心饱受折磨)，肺病加重（1925 年 9 月，鲁迅因女师大风潮气愤，“吸烟太多，睡眠太少”，劳累过度，肺病复发，住进了山本医院。从即日起，至翌年 1 月 5 日，往山本医院诊治，凡 23 次，计 4 月余。其间，9 月 23 日，鲁迅“午后发热，至夜间加重”)，[①] 在试图“疏解现实压力，排解内心芜杂，回归心灵深处”的精神状态下写就的。[②] 此说与鲁迅《小引》中所说的“想在纷扰中寻出一点闲静来”的表述高度契合，[③] 这使得本篇的柔性抒情，不仅具有怀人的功能，还有了返回故乡、返回往昔，为自我心灵疗伤的写作意图。

在《夜颂》中，鲁迅写过“夜是造化所织的幽玄的天衣，普覆一切人，使他们温暖，安心，不知不觉地自己渐渐脱去人造的面具和衣裳，赤条条地裹在这无边际的黑絮似的大块里”，这与古希腊神话中角力手安泰回归大地母亲就会获取力量，还有中国民间传说中的黑暗为宇宙生命起源的传说，均有深层的精神联系。沉浸在黑暗中，很多人的确会有一种回到母亲怀抱，被呵护的温馨感和宁静感，想象洞开、思维纤敏、情感流动，仿佛进入了另一世界，第二天又会活出一个全新的自我。如果将这种黑暗体验，还有钱理群所说的“生命哲学的意味”联系起来看，上引的鲁迅的柔性抒情文字，已经自自然然地实现了感性与理性的相乘，独感与共感的统一，这使得整篇文字在不知不觉中具有了象征品格，更加情韵隽永，回味无穷——也许鲁迅自己根本没有这样的写作追求，但是情到深处文自工，于无声处创造了抒情的奇迹。

二、逆转了看似戏谑的笔调

因为有了这种部分异乎寻常的柔性抒情文字的出现，文中先前看似戏谑的文字，实现了惊天逆转，转而生成了独特、真挚、深情的缅怀。

戏谑的文字，集中表现在对阿长切切察察、睡相不好、麻烦礼节等方面的不厌其烦的介绍上，这是抑笔，从“不佩服”“最讨厌”“无法可想”“劈头的磨难”等词中可以一望而知。最鲜明的表现，是在对阿长所说的“女人脱裤子防炮击”

① 鲁迅博物馆，鲁迅研究室. 鲁迅年谱（第 2 卷）[M]. 北京：人民文学出版社，2000：242.

② 王志蔚.《阿长与〈山海经〉》：鲁迅的情感记忆及其结构[J]. 上海鲁迅研究，2019（4）：95-104.

③ 鲁迅. 鲁迅全集（第二卷）[M]. 北京：人民文学出版社，2005：235.

神力的渲染上，这是扬笔。明明荒诞不经，却对阿长的真诚讲和“我”的认真听泼墨描写，还用上“伟大的神力”“特别的敬意”“深不可测”等大词，独立来看，确乎带有戏谑色彩。甚至，后面将《山海经》说成“三哼经”，依然延续了这种戏谑的色彩。用孙绍振的话说，这种用法“有一种特殊的功能，就是反讽。这种用语蕴含着作者特别的情趣，极其生动地表达了作者富有幽默感的特点”。[①]

但是，这种形式上的戏谑色彩，经由对阿长买到《山海经》这一“神力”充满敬意的赞誉——“别人不肯做，或不能做的事，她却能够做成功。她确有伟大的神力。谋害隐鼠的怨恨，从此完全消灭了”，还有对阿长苦难命运的精约介绍，到对地母的深情呼告，完全实现了内质上的深眷缅怀。这种神奇的转化、生成，颇类似马致远《天净沙·秋思》中的意象营构，看似散缓的枯藤、老树、昏鸦、小桥、流水、人家等众多意象，因为有了“夕阳”这一灵魂意象的统摄，悉数染上了孤独、感伤的情感色彩。《阿长与〈山海经〉》则因为有了最后这两段柔性抒情文字的统摄，悉数染上了深情缅怀的色彩。

戏谑的文字何以能被成功转化？究其源，戏谑是表象，歌颂阿长的质朴、坦诚、善良、热情、大度才是内质，且一以贯之——为了达到这个目的，鲁迅甚至不惜改动事实，将本是发生于得到《山海经》后的“阿长谋害隐鼠”事件，调到前面来——这一点，周作人在《鲁迅小说里的人物》一书中有明确的说明：“本文中说这在隐鼠事件以后，但实在恐怕还在以前，因为驯养隐鼠是在癸巳（一八九三）的次年，时代不很早了。”[②]这正是为了更好地凸显阿长的真诚、无私、热情和善良，所以最后一句的深情祈愿，立刻发挥了四两拨千斤的神奇效应，很自然地完成了表与里、显与隐、谐与庄的矛盾统一。

这种太极图中黑白阴阳鱼式的转换、生成，彻底打破了同质化抒情的窠臼，为读者带来了新鲜扑面的抒情美感。寻常的抒情，多为扇面式结构。比如写妈妈，多是按勤劳、善良、聪慧等特点，紧贴相关事例依次展开，最后以“我爱妈妈”之类的抒情语作结。虽然人物的特点也在流动变化，但全是在同一个层面滑行，同质化抒情的缺陷非常明显。鲁迅以抑扬交错的笔法，将人物的缺点引入，形成一种绵延的波谷波峰式抒情结构——两个神力是波

① 钱理群，孙绍振，王富仁. 解读语文[M]. 福州：福建人民出版社，2010：40.

② 周遐寿. 鲁迅小说里的人物[M]. 北京：人民文学出版社，1957：145.

峰，絮说、占床、吃橘、规矩、谋害隐鼠是波谷，且缺点之中也隐含着优点——如切切察察的絮说，从另一个角度也反映了阿长的热情、乐于分享，密密麻麻的规矩之中更是蕴含了对童年鲁迅无尽的关爱，从而无论是情韵生成层面，还是形式创新层面，均给人们带来了强劲的审美冲击力。

如果基于情感视角审视，从开始的不佩服，到产生空前的敬意，继而到憎恨，再到产生新的敬意，似乎已达情感巅峰，再没有表现的余地了。但是，柔性抒情文字的出现，让情感再度进入新的巅峰，可以说步入了“永恒敬意”的境界。为何柔性抒情也能形成如此的情感巅峰？跨类写法肯定功不可没——鲁迅在日本学的是医学，根本不信鬼神。但是，怀想长妈妈，种种往事的层累使他不禁情动于衷，理性失范，对本是虚无的地母发出了深情呼告，这正是诗歌文类中常见的极化情感表现手法，一下子使看似柔软的情感急剧升温，有了一种与大地共存，地老天荒的永恒感。

三、刷新了主体与背景关系

笔墨极少的柔性抒情文字，何以能逆转大量的戏谑文字？往深处看，这还与主体、背景关系的独特设置有着极为深刻的联系。

文学类文本中，主体与背景关系的表现形态有多种。

人与人之间，通常甲为主体，乙为背景，或相反。有时也会形成互为主体、互为背景的特殊关系。比如《周亚夫军细柳》一文，从形式上看，笔墨最多的汉文帝是主体，但是汉文帝又是被用来衬托周亚夫刚正不阿，治军严明的形象的，所以周亚夫才是实质上的主体。但是，涉及具体的人物关系，局部来看，宗正刘礼、祝兹侯徐厉与周亚夫，汉文帝与大臣之间，的确也存在着互为主体、互为背景的关系。

人与景之间，也存在着上述情况。有时景是背景，人是主体——如杜甫的《登高》；有时人是背景，景反而成了主体，如王维的《山居秋暝》；有时人、景互渗，形成既非“我—他”，亦非“我—你”，而是“我—我”的关系，如秦观《踏莎行·郴州旅舍》中的“我”与“郴江”的关系。

我与我之间，关系稍显复杂。有时呈现的是大我与小我（如巴金的《小狗包弟》）、强我与弱我（如文天祥的《过零丁洋》）或积极自我与消极自我的关系（苏轼《赤壁赋》中的主客对话，其实就是积极自我与消极自我，明丽自我与灰暗自我的对话）。有时，又呈现出新我与旧我，或今我与昔我的关系，如鲁迅的《藤野先生》，朱自清的《背影》。上述关系中，通常前者为主体，后者为背景，但也会有特例——巴金的《小狗包弟》中，那个自私、软弱、阴冷的旧我，是文本重点批判的对象，所以成了主体，而理性、深情，富有良知的新我反而成了隐在的背景。

落实到《阿长与〈山海经〉》，“远房叔祖”“别人”“我”皆为背景，阿长是名副其实的主体，这与一般的文学表现并无二致。不同的是，鲁迅对主体的抑笔文字用得很多——仿佛抑笔文字是主体，体量小的扬笔文字是背景，内质上则恰好相反。连带着，看似戏谑的文字成了背景，庄重、深情的文字则成了主体。于是，书法中斜中求正，反客为主的艺术效果一下子产生了，言语表现的创意出现了。这颇像柳宗元《小石潭记》的写法，用墨最多的是“乐情”的渲染，“悲情”则是一笔带过——坐潭上，四面竹树环合，寂寥无人，凄神寒骨，悄怆幽邃。但是，这几个小分句所抒发的孤独与悲伤，恰恰是全文的主体。其余文字，皆为背景。

如果再从叙述视角层面审视，还会发现更为隐秘的主体与背景的倒置。文中的确存在着“今我”与“昔我”两重叙述视角。体现“今我”叙述视角的文字，集中表现在文本开头的两个自然段和结尾的两个自然段，其余大量的笔墨均被“昔我”叙述视角所统摄。从笔墨分布上看，显然“今我”为背景，“昔我”为主体，但事实恰好相反。融入读者的期待视野，却又有所更新，这很能体现鲁迅形式创新的自觉。茅盾这样评价过：“在中国新文坛上，鲁迅君常常是创造‘新形式’的先锋；《呐喊》里的十多篇小说几乎一篇有一篇的新形式，而这些新形式又莫不给青年作者以极大的影响，必然有多数人跟上去实验。”① 茅盾主要是谈鲁迅小说写作上的创新，其实也适用于评价鲁迅的散文写作。这种形式创新，在《阿长与〈山海经〉》中体现得尤其鲜明。

有学者将“今我”与“昔我”语言或意识上的差别称为“二我差”，认为这给自我叙述以张力，但是每篇叙述的要求不同，有时候必须抹掉这种差别。消除二我差的一个典型做法，是用成熟的“我”来纠正过去的“我”，把过去的“我”的人物视角说成不可靠。②《阿长与〈山海经〉》中今我对昔

---

① 钱理群，温儒敏，吴福辉. 中国现代文学三十年[M]. 北京：北京大学出版社，1998：43-44.

② 赵毅衡. 论二我差：“自我叙述”的共同特征[J]. 江西师范大学学报（哲学社会科学版），2014，47（4）：68-73.

我虽然有所批判，如对我轻视阿长的心理和语言的描写，连同题目中的称呼——不是“长妈妈”，而是憎恶时的称呼“阿长”，但并不像朱自清那样否定得那么明显——“我那时真是聪明过分，总觉他说话不大漂亮，非自己插嘴不可。”“我心里暗笑他的迂；他们只认得钱，托他们真是白托！而且我这样大年纪的人，难道还不能料理自己吗？唉，我现在想想，那时真是太聪明了！”鲁迅似乎没有用今我纠正昔我，擦抹“二我差”的意图，尽管对昔我的叙述中也隐含着淡淡的否定，但其中更交织着理解、同情，甚至不无欣赏（讲“我”对各种书模样和内容的介绍，对寂寞叔祖同情的文字中，就不无欣赏之情），最终让昔我、今我共同完成对长妈妈素朴、真诚、善良、大度、热情等美好品质的发现和缅怀，这让其叙述和抒情完美实现了熟悉与陌生的相乘，读来新颖深刻，醇厚绵长。

（发表于《中学语文教学》2022 年第 10 期，作者：汲安庆）

第三章 语文教学转化

如何揭示诗词中的极化情感

——以《菩萨蛮（其二）》一词教学为中心

相对于散文的朴实情感，极化情感（也是最具个性的情感）可谓诗词的类性。关于这一点，古今中外的优秀文论家、作家的认识几乎是一致的。朗吉弩斯主张诗歌的意象应追求饱含激情、“惊心动魄”，① 歌德力倡“诗人应该抓住特殊”，② 李白、李清照、艾青等人诗词作品中或显或隐的矛盾，强劲、独特的情感，莫不是在凸显极化情感的重要性。

从教学的角度来说，无论是情感、态度、价值观的熏陶，还是审美的鉴赏与创造，抑或捍卫语文体性，辨识文本类性，开掘文本篇性，均需揭秘极化情感的特质。

问题是，如何揭示？

本文拟以韦庄《菩萨蛮（其二）》一词的教学为中心，略作探讨。

一、深入矛盾处，还原极化情感真实样貌

歌德曾提出过“奥秘不可测的东西在一瞬间的生动显现”的创作观，③ 强调瞬间表现，与托尔斯泰的“瞬间分析”说，朱自清的“刹那主义”，本质上是相通的 。但是，歌德的这一说法同时也道出了“隐蔽”“复合”的重要性。不管是意蕴，还是形式，“妙”都是巧妙地隐出来的，越隐越有味，越隐越能激起探究的欲望，越隐越能生长出丰富的意蕴。缘于此，恩格斯说：“作者的见解越隐蔽，对艺术作品来说就越好。”④ 法国的一则艺术名言更是强调：“艺术就是把艺术隐藏起来。”⑤

诗词中的极化情感虽然强度、浓度都很高，但都是很注意艺术地隐蔽

① 章安祺，编订. 缪灵珠美学译文集（第一卷）[M]. 北京：中国人民大学出版社，1987：99.

② 爱克曼辑. 歌德谈话录[M]. 朱光潜，译. 北京：人民文学出版社，1978：90.

③ 朱光潜. 西方美学史[M]. 北京：人民文学出版社，1979：408.

④ 恩格斯. 致玛・哈克奈斯[C]//马克思恩格斯选集（第 4 卷）. 北京：人民文学出版社，1995：683.

⑤ 朱立元，李钧. 二十世纪西方文论选（上卷）[M]. 北京：高等教育出版社，2002：200.

的，常常深埋在作者言语表现的矛盾处或文本人物情思、性格的矛盾处，如白居易的矛盾变异修辞——力尽不知热，但惜夏日长；李清照对丰满菊花的嫉妒——莫道不销魂，帘卷西风，人比黄花瘦；陶渊明与整个世俗社会的对抗——开荒南野际，守拙归园田……因此，如果悉心开掘这些矛盾资源，教学往往可以进入执一御万、别有洞天的境地。

《菩萨蛮（其二）》中，体现极化情感的隐在矛盾主要有三：①与他人的矛盾——人人尽说江南好，游人只合江南老，但是这种善意的劝慰却更加激起作者思乡的惆怅；②与自然的矛盾——水美、天美、船美、人美，却越发撩起对故乡水、天、心上人的思念，对自己落魄命运的省思，以致夜不能眠；③与自我的矛盾——虽然暂时听从了游人的劝说，旅居江南，但内心却早已下定决心：终老或死了之后必须还乡，哪怕断肠也要还乡。

为了使学生体悟这种极化情感，不妨通过还原、替换、错位等方法，让教学方法陌生化、立体化、深刻化。

（1）“人人尽说江南好，游人只合江南老”中的“尽”与“只”字，是否可以对调？那么强大的江南认同，是否让词人乐不思归了？

（2）江南好体现在哪里？词人极力凸显江南的水美、天美、船美、人美，仅是表现词人的陶醉、闲适之情吗？

（3）“未老莫还乡，还乡须断肠。”难不成老了回乡，就不会有断肠之痛吗？这里的“老”字，可否理解为“死”的一种委婉说法？

这样扣住潜在矛盾的核心追问、探讨，必能还原极化情感的真实样貌。有老师将春水、天、月和眠意象进行比较性鉴赏，同时会通《菩萨蛮（其一）》中的“劝我早归家，绿窗人似花”，《南游富阳江中作》中的“乡园不可问，禾黍正离离”，引导学生体味越美越愁的反衬魅力，生成了不少崭新的审美认知，如从“垆边”看出作者借酒浇愁，在“只合”中见出了词人的无奈和凄凉。既紧扣了词的类性，也开掘了文本的篇性，同时还晓谕了诗词鉴赏的方法，可谓一石三鸟。这种教学效果的取得，其实是因为触碰了彰显极化情感的矛盾，且巧用了“陌生化”的教学开掘手法，延长了学生的审美体验。

当然，在和学生探讨、审美建构的过程中，相关史料的引入也是必需的。

（1）词作写于词人入蜀之后。入蜀之后的韦庄已经由先前的穷困落魄而富贵至尊——907 年，唐朝灭亡，王建在蜀地自立为帝，韦庄因创建开国制度之功，于 908 年任门下侍郎同平章事。但是，这种显贵的地位、优渥的生活并没有消弭他对故乡京兆万年的思念。早年流寓江南的那种漂泊感再度泛起，并被形之于文，可见思乡之深眷、绵长和刻骨。

（2）如果说早年流寓江南的乡愁更多是由怀才不遇、命运多舛所引发——韦庄生于 836 年，至唐昭宗乾宁元年（894 年），也就是其 58 岁才进士及第。官至相位后的乡愁，则是无法叶落归根的社会现实所引发——早在韦庄入蜀的前一年（900 年），朝中就发生了宦官废唐昭宗的政变。次年，宦官将昭宗挟持至凤翔，朱全忠与李茂贞为争夺对唐昭宗的控制权，在凤翔一带互相攻伐达两年多。天复元年（904 年）春，朱全忠为了更好地钳制唐昭宗，将昭宗和百官从长安迁至洛阳。临行前，拆毁宫室及民间庐舍，“长安自此遂丘墟矣”（《资治通鉴》卷二六二至二六四）。韦庄去世于 910 年，即相位的 2 年后，进士及第 16 年。概言之，本首词既是他漂泊生活的写照，也成了他魂归故里的谶语，因此词间的沉忧隐痛是很动人心魄的。

不过，知人论世仅是作为体味极化情感的一种手段，且应该在学生的审美处于愤悱状态、困惑状态或错误状态时出现，不宜生硬移植，更不应先入为主，或喧宾夺主，将语文课上成历史课、文化课或其他课。

二、对位式启悟，再现极化情感滋长空间

矛盾是极化情感的“寄寓”地，但寄寓方式却是各式各样的：显隐、浓淡、强弱……不一而足。福建师范大学赖瑞云教授结合文艺理论家孙绍振的变异论和非陌生化理论，梳理出异常之妙和平常之妙。

前者为外显变异——感觉、感知、词语的变异，如“月是故乡明”；仅仅是词语的变异，如“江鸣夜雨悬”；变动更大、更复杂的行为变异、心理变异，乃至全方位的变异，如胡屠户“自尊自大→自卑→负罪→自豪→自卑”的不断波动的心理。

后者为内隐深意——感知、词语均无变异，均非陌生化，如“人闲桂花落”“悠然见南山”等；以非陌生化和日常语义为特点，具有深层哲理情思，如朱自清自称“写实”的作品《背影》。

对这两种艺术表现，赖瑞云教授提出了三种解读路径：一是抓住外显异常切入；二是抓住兴奋点、焦点切入（针对内隐深意）；三是动用孙绍振先

生提出的还原法、替换法、矛盾法、错位法等。[①] 循此理论，我们可以从本首词对位式抒情写意出发，采用对位式启悟，让学生深度体味词人内隐的深情、深意，获得真正的审美惊奇。

对位式抒情写意是相对于单线条抒情写意而言的，指的是一种复合的、立体的抒情写意，形成一种抒情写意的和声。这在优秀作品中，是屡见不鲜的。如范仲淹的《岳阳楼记》，表面上写的是记述岳阳楼落成，赞美滕子京的政治业绩，或者说是对滕子京的一种心灵劝慰，但联系范仲淹当时被贬邓州的史实，我们也可以将之理解为对自己灵魂发出的神圣命令：先天下之忧而忧，后天下之乐而乐。这种双声话语相辅相成，一下子开拓了作品的精神空间，读之令人荡气回肠。

《菩萨蛮（其二）》也有这种对位式的抒情写意。表面极力写江南春水之澄澈，酒家女之清新如月，内里却写出了词人无边的孤独、惆怅与无奈。表面写暂时俯就友人的建议——留在江南，内里却写终老或死后必定还乡。表面写畏惧还乡断肠，内里却向自我灵魂下达了绝对律令：纵然断肠，终老也必须返乡！因此一下子写出了线团化的极化情感，而且顺带写出了极化情感滋生的双重空间——现实空间——江南；精神空间：故乡。两者相映照、纠缠，极化情感因之发酵得特别厉害。如果将这种以美景写哀情的对位式抒写，与白居易《忆江南》（江南好）的单线条歌咏相比，更是判然有别。

针对这种独到的言语表现智慧，教学中我们完全可以引导学生想象、思考，进行小组探究。

（1）江南春水澄澈，天空碧蓝，酒家女如月亮般清新美丽，为什么词人还是惆怅难眠？白居易的《忆江南》（江南好）用的是这种写法吗？

（2）“未老莫还乡，还乡须断肠”的潜台词是什么，你能感受到吗？

交流完后，再采用如下方式进行对话，以精粹、深化体验：

（1）江南春水碧于天，可是________________________________；

（2）江南垆边人似月，可是________________________________；

（3）对故乡欲归不得的盘旋郁结之情，你能再补充一句诗人的心理抉择吗？“还乡须断肠”，断肠________________________________。

叶燮在《原诗·内篇下》中提到，诗人的伟大之处在于“不可言之理，

① 赖瑞云. 论解读切入点、方法选用与孙绍振解读学的关系（下）：从两篇课文的解读说起[J]. 初中语文教与学，2018（5）：17-19.

不可述之事”，他能“遇之于默会意象之表”“灿然于前者也”，但这给解读者带来了一定的困难，“思而咀之，感而契之”，最终却多感叹“邈哉深矣”，甚至进入“言语道断，思维路绝”的境地。可是，如果我们顺势而为，将对位式启悟悄然抛出，学生便能突破这种言语和思维的困境，悟到看似不必言、不可言的词句背后深邃、隐蔽的情思，并对词人独特的言语表现智慧了然于心。

三、沿音律溯源，感受极化情感的冲击力

诗词中，极化情感的表现样态是多种多样的，音律亦然。

音律包括节奏和韵律。音律绝非情思抒发的一种点缀，而是“情感的形式”“有意味的形式”，甚至就是情感、意味本身。因此，沿音律溯源，往往可以更好地感受极化情感的冲击力，获得意想不到的审美效果。

比如，在“采采芣苢”不断重复的节奏中，我们不仅能看到漫山遍野的茂盛芣苢，而且还能感受到劳动女子轻盈的动作，无比欢悦的心情。华东师范大学学者方智范就曾指出：“李白变化莫测的情感常常让他选择自由奔放的古风，其节奏常如风雨骤来，势不可遏；杜甫则多采用律切精严的格律诗体，以适应其沉郁克制之意绪。”①

西方诗歌也凸显了音律这种特点。比如休斯的《黑人谈河流》，其间激越而深眷的情感与“快热型”的爵士乐节奏，就是水乳交融的。诗歌的一开始，诗人的情感便像瀑布一样飞冲直下——

我了解河流：
我了解像世界一样古老的河流，
比人类血管中流动的血液更古老的河流。
我的灵魂变得像河流一般深邃。

然后连续运用了四个关于河流的意象：在幼发拉底河沐浴，在刚果河畔入眠，在尼罗河边建造金字塔，在密西西比河上聆听林肯废除奴隶制的宣言，疾风骤雨般礼赞黑人历史的古老和深邃，然后再度咏叹——

我了解河流：
古老的黝黑的河流。
我的灵魂变得像河流一般深邃。

① 方智范.语文教育与文学素养[M].广州：广东教育出版社，2005：167.

高亢、担烈、浑厚，自豪、自信、乐观之情立现。没有半点的拖泥带水，没有半点的温婉吞吐，却宛如情感的飓风，将人紧紧裹挟；又如璀璨的霞光，令人目眩。这种带有异域风情的审美新鲜感正是从节奏中显示的。

《菩萨蛮（其二）》中音律的力量也不可小觑。仄韵、平韵的交错往复（两句一换韵），便将词人既激动、陶醉，又伤感落寞的挣扎心境抖搂出来，而最后的江阳韵（ang）收尾，如同戴望舒的《雨巷》，苏轼的《江城子》（十年生死两茫茫）一样，更是将感伤怅恻之情推向了高潮，产生了一种跌宕逆转却又余音绕梁的审美效果。

教学中，我们不妨采用下列方法，感悟这一独特的形式秘妙：

（1）如果将“断肠”改成“肠断”，艺术表现效果还会是一样的吗？

（2）押江阳韵，以表达这种缠绵、哀伤的情感，你在其他诗作中是否遇见过？能否谈谈其表现效果？

（3）分声部朗读，让男女生分读仄声韵句和平声韵句，形成一种朗读的和弦，细细体会词人矛盾、感伤的情怀。

朱光潜在《谈读诗与趣味的培养》一文中写道：“这首诗（《寻隐者不遇》）之所以为诗，并不在这个故事，而在故事后面的情趣，以及抓住这种简朴而隽永的情趣，用一种恰如其分的简朴而隽永的语言表现出来的艺术本领。”在《菩萨蛮（其二）》的教学中，我们完全可以引导学生披文入情，扣住矛盾审美，对位式启悟，沿音律溯源、体味文本的篇性，让文字背后的情趣、情味，以及作者独特的艺术表现力不断结晶析出，从而上出诗词类文本的教学境界。

意大利美学家维柯说：“诗性语句是凭情欲和恩爱的感触来造成的。”[①] 上述三种做法正是为了还原、丰富这种情欲和恩爱的感触，值得在诗词类文本的教学中灵活择取，巧妙化用。

（发表于《福建教育》（中学版）2019 年第 4 期，被人大复印资料《高中语文教与学》2019 第 6 期全文转载，作者：汲安庆）

① 维柯. 新科学[M]. 朱光潜，译. 北京：人民文学出版社，1986：105.

深度对话，何以进行

——以《我爱这土地》一诗教学为例

深度对话本应是语文教学的“日用品”，现在却成了罕见的“奇珍”。

这种怪现象的产生多被视为学生的错：拙口钝腮，不会思考，不会分析，甚至连“不愿配合”“不善配合”的罪名都冒出来了。殊不知，教师才是真正的根源。不懂启悟，不懂分析，出现深度对话的契机不知把握，对文本的形式秘妙一律茫然，只会跟着教参鹦鹉学舌，一点儿自己的体验、辨析和创造都没有，又岂能指望学生和他产生深度的对话？克罗齐说：“要理解但丁，就得把自己提升到但丁的水平。”可是，教师的学养严重匮乏，自家与文本的对话都了无深度，又岂能指望引领学生与文本产生深度的对话？没有深度对话，“积累语言经验、发展思维能力，形成自觉的审美意识”……①一切的一切，又从何说起？

美国心理学家詹姆斯在其名著《与教师谈心理学》中曾说：“心理学是一门科学，教学是一门艺术，科学本身不会直接产生艺术，必须使用居间的富有创造力之头脑的独创力来使科学付诸应用。”②的确，没有“居间的富有创造力之头脑”，语文课程标准制定得再完美，学生的发言再精彩，深度对话的教学胜景都不可能产生。

但这样说并非意味着深度对话难于上青天。立足文本，带上自我真切的生命体验，引导学生围绕形式秘妙执着探究，多方打通，深度对话、灵性对话的教学之境还是可望达致的。

不妨以艾青的诗作《我爱这土地》为例，谈谈何处进行深度对话，如何开展深度对话。

---

① 中华人民共和国教育部. 义务教育语文课程标准（2022年版）[M]. 北京：北京师范大学出版社，2012：1.

② 奥拉托. 给未来的一些处方[C]//瞿葆奎. 教育学文集·国际教育展望. 北京：人民教育出版社，1993：321.

一、聚焦情脉，玩绎形式秘妙

语文教学不该在一望而知的表象层面纠缠，而应深入中层的情脉或意脉（孙绍振先生将两者合称为“情志脉”），以及更为深层的形式规范，去揭示作者言语表现的智慧。“情志脉”何以要成为语文教学的焦点？从解读的角度讲，把握了情志脉，实际上就是把握了作者思想情感的图谱、无限丰富的心灵世界的奥秘，并找到了切实体悟作者言语表现智慧的门径；从教学的角度讲，聚焦情志脉，则可避免教学的碎片化，使教学既能纵横捭阖，又能纲举目张；从审美的角度讲，把握情志脉的过程，也是思维磨砺，想象翩跹，生命融合的过程，是审美主体由“片面的人”向“完整的人”不断建构的过程。

因此，深度对话聚焦“情志脉”是非常明智的教学择定。

《我爱这土地》是一首现代诗，它的情志脉是什么呢？

骆寒超认为是“从灾难痛苦到奋起战斗，再进入一片光明”，因为土地、河流、风、黎明这一组意象的“推移和组合”，显示了艾青诗歌的抒情结构中一个引人注目的特点——“痛苦也罢，灾难也罢，总是暂时的现象，只要通过战斗，最终必定有个光明美好的结局”。[①] 但这只是情志脉的一小部分。

从整体来看，全诗其实是循着“嘶哑的鸟”→“腐烂的鸟”→“含泪的我”这样一条情志脉下来的。既体现了艾青诗作一贯的绘画感，也将忠诚爱恋、倾情歌唱、勇敢战斗、执着奉献的情怀悉数囊括其间。

这条情志脉的特色在于对现实逻辑的背叛上。照理，应该是这样的顺序：“含泪的我”→“嘶哑的鸟”→“腐烂的鸟”。因为深爱，才会出现后来的倾情歌唱，乃至生命献祭！可是艾青打破了这种逻辑链，个中秘妙何在？

学者们经常为这条情志脉中的“我”是“鸟”还是“人”争论不休。其实，这关系不大。

是鸟，诗歌会在假定性的想象中，构成一个浑融一体的抒情结构，直逼“感时花溅泪，恨别鸟惊心”之艺术境界。让含泪的鸟成为一个特写镜头，也更能表现作者的爱之深，盼之殷，具有极大的艺术表现弹性。

是人，则会有如梦似幻，庄周梦蝶般的恍惚与浸淫——不是哲思的专注

---

① 骆寒超.论艾青诗的抒情结构[M]//中国当代文学研究资料·艾青专集.南京：江苏人民出版社，1982：595-596.

与沉迷，而是由痛苦、仇恨、期盼，交织、催生出来的更深眷的爱的洗礼与升华。不过，从表现力上看，还是取后者为好。一是契合诗歌的内在逻辑——连鸟都会深情歌唱这片被蹂躏得千疮百孔的土地，并用生命为之献祭，更何况生于斯、长于斯的“我”！同时也会鞭挞当时社会散布的“抗日前途悲观”的论调。二是时而鸟、时而人的角色穿越，更能体现“我”对故土之爱的疯魔痴狂，以及遭受侵略所引发的痛苦之深、仇恨之烈，反抗之决绝。

骆寒超所说的“从灾难痛苦到奋起战斗，再进入一片光明”的抒情结构，如果脱离后面的生命献祭，以及生前或死而复生时的含泪凝望结构，无论抒情，还是想象或表意，都是非常浅表化，甚至是缺乏个性表现张力的——因为“痛苦→奋起→光明”的大团圆理路是普适化的认知，且代表了一种幼稚的乐观主义，不仅很难正视淋漓的现实，而且也消解了诗人思想的深刻与丰富，以及诗歌创作中的个性色彩。钱理群就说过：“抗战初期，当大多数诗人都沉湎在廉价的乐观中，预言着轻而易举的胜利的时候，艾青却对生活有更深沉的观察与思索，他在全民抗战的胜利中，看见了阴影、危机，看见了祖国大地的贫穷，战争的真正主人人民还生活在苦难中。”① 钱理群是从诗人众多诗歌作品中流露的忧郁诗绪角度说的，这种清醒而深邃的忧郁诗绪，在“嘶哑的鸟”→“腐烂的鸟”→“含泪的我”这一曲折的情志脉中一样可以见出，这难道不是艾青本诗创作的一大神奇吗？

基于此，教学中完全可以围绕下述问题，展开深度对话：

（1）这首诗中出现了三个令人怦然心动的画面/意象：“嘶哑的鸟”→“腐烂的鸟”→“含泪的我”，构成了一条非常清晰的情志脉，你能体悟出其中蕴含的情感或哲理吗？

（2）也有人说这首诗的情志脉是：灾难痛苦→奋起抗争→迎来光明，你认同这种观点吗？为什么？

（3）“含泪的我”这一意象到底指人，还是鸟？如果将“嘶哑的鸟”→“腐烂的鸟”→“含泪的我”这条情志脉，换成“含泪的我”→“嘶哑的鸟”→“腐烂的鸟”，可以吗？试着说说理由。

① 钱理群，温儒敏，吴福辉. 中国现代文学三十年[M]. 北京：北京大学出版社，1998：560.

二、审视意象，把握篇性特征

如果说聚焦情志脉是从宏观上确保诗歌教学的生命感和美感的话，那么，对意象营构的审美观照则偏于从中观层面，比较具象地感悟作者的言语表现匠心，并深切把握诗歌的篇性特征——诗人言语表现的独特个性和智慧。

对篇性特征的把握目前是很多老师的难点，乃至盲点。不少优秀的语文老师，教学中也只是忠于对文本的类性特征的把握。但是，识别文本的篇性是语文教学之必需，也是最能磨砺语文教师专业技能，提升语文教师学养的必由之径，无法回避，也不应该回避。熟练的染色工人能识别近两百种不同的颜色，我们语文老师为什么不能识别不同文本的篇性特征呢？

篇性特征不只是从意象中能见出，选材、结构、视角、命意、表现手法等各方面均可见出——本诗中的情志脉就体现了篇性特征。但是相较而言，“嘶哑的鸟”“腐烂的鸟”这两个意象更能体现《我爱这土地》一诗的篇性特征。

为什么？因为它们太另类、太不雅，因而也太个性了。提及嘶哑，人们会不由自主地联想到憔悴、呆滞、失落、痛苦、扭曲……提及腐烂，则会很容易想象到恶臭弥漫、蛆虫蠕动、蚊蝇乱飞的场景，这些自然都是非诗意的。不雅，与“自在娇莺恰恰啼”（杜甫《江畔独步寻花（其六）》），“隔叶黄鹂空好音”（杜甫《蜀相》），“落红不是无情物，化作春泥更护花”（龚自珍《已亥杂诗》），“从今别却江南路，化作啼鹃带血归”（文天祥《金陵驿》）等诗句比，更是一目了然。即使在同一首诗的意象群落中，与悲愤的河流、激怒的风、温柔的黎明相比，“嘶哑的鸟”“腐烂的鸟”在形式上依然显得“扎眼”。可是，艾青不顾诗家之“大忌”，硬是将其用进了诗中，且用得深情款款，意蕴、风格上浑然天成，这便很耐人寻味了。

为什么会出现这种神奇的逆袭？个中原因至少有两点：

一是与诗歌中激越、深情而忧郁的感情基调保持了高度的统一。

外族入侵，国土破碎，任何一位有血性的中华儿女都会在心中燃烧仇恨和复仇的烈焰。表现在诗中，便会不可遏制地染上“强烈的理想主义与英雄主义的色彩，别具一种刚健、粗犷、壮阔的力之美，以及历史沸腾时期昂扬的激情”[①]，而嘶哑歌唱，死了、腐烂了都要爱的鸟的意象恰好最能表现这种特定时空的美学原则，释放个体的、民族的满蕴生命能量的大悲愤，大深情，这恰恰是娇莺、黄鹂等小巧玲珑、婉转明丽的意象所不能承载的。

《我爱这土地》写于1938年。写这首诗的前十六个月，即全面抗战的前夜（1937年7月6日），艾青在《复活的土地》一诗中，这样激励自己：

就在此刻，
你——悲哀的诗人呀
也应该拂去往日的忧郁，
让希望苏醒在你自己的
久久负伤着的心里：

因为，我们的曾经死了的大地
在朗朗的天空下
已复活了！
——苦难也成为记忆，
在他温热的胸膛里
重新旋流着的
将是战斗者的血液

血液在温热的胸膛里旋流的战斗者怎么可能是柔弱的娇莺、黄鹂呢？只能是填海精卫、啼血杜鹃式的复仇之鸟，战斗之鸟，大爱之鸟！李铁秀教授在鉴赏中不知不觉将艾青笔下“嘶哑歌唱的鸟”换成“歌唱的小鸟”，显然是没有体味到这一审美创造的玄机。至于有些学者将嘶哑歌唱的鸟考证为“乌鸦”，认为只有乌鸦才有叫声嘶哑的感觉[②]，更是没有体悟到诗人创作匠心的无稽之谈。

不过，“嘶哑的鸟”“腐烂的鸟”这两个意象并非仅是时代情绪的集中喷发，也是诗人爱国、奉献情怀的写照。艾青明确说过：“我生活着，故我歌唱。”[③]在《光的赞歌》一诗中，他曾写下这样的诗句：

即使我们是一支蜡烛

① 丁玲. 一个真实的人的一生[M]//丁玲选集（第3卷）. 成都：四川人民出版社，1984：217.

② 赵瑜，王光福. 艾青的“鸟”是“鸦”[J]. 现代语文，2008（2）：51-52.

③ 艾青. 诗论[M]. 上海：复旦大学出版社，2005：11

也应该“蜡炬成灰泪始干”
即使我们只是一根火柴
也要在关键时刻有一次闪耀
即使我们死后尸骨都腐烂了
也要变成磷火在荒野中燃烧
……
在这个茫茫的世界上
我曾经为被凌辱的人们歌唱
我曾经为受欺压的人们歌唱
我歌唱抗争，我歌唱革命
在黑夜把希望寄托给黎明
在胜利的欢欣中歌唱太阳

时隔40年，歌唱与奉献的情怀丝毫未变。因此“嘶哑的鸟”“腐烂的鸟”的意象可谓具有超越时代主题的价值，有了永恒的意义。

如果将这种意象营构放置在当时的文化语境中，更能看出诗人言语表现的独特与可贵。因为形势的紧迫与逼仄，救亡图存，同仇敌忾的民族需要压倒一切，诗歌创作毫不例外地应时而动，主张“催促和鼓励全国给敌人蹂躏、践踏、剥削得遍体鳞伤的大众，为着正在危亡线上的民族和国家，作英勇的搏斗”①。要发挥“催促和鼓励”的作用，赤裸裸地宣泄情感——特别是集体的、人民的情感，便成了很多诗人理所当然的选择。徐迟声称“战争的范围与程度之广大而猛烈，再三再四地逼死了我们的抒情的兴致”；“轰炸已炸死了许多人，又炸死了抒情”；“如果现在还抱住了抒情小唱而不肯放手，这个诗人又是近代诗的罪人”②。这样一来，口号诗、标语诗、粗糙的叙事诗盛行便不足为怪了。在这种情形下，艾青择定个性化的意象来抒情写意，不仅有力地融入了时代潮流，而且还发出了自我的呼声，使时代的“大我”与个体的“小我”达到了有机融合，一下子显示了其审美眼光的锐利与深邃。

二是具有强有力的核心统摄作用。

土地、河流、风、黎明这些意象都是鸟歌唱的对象，或者说是由鸟意象引发而出的，很能传递诗人内心汹涌澎湃的诗情，就像闻一多《死水》一诗

① 任钧. 站在国防诗歌的旗帜下. 新诗话[M]. 上海：两间书屋，1948：172.

② 徐迟. 徐迟文集（第6卷）[M]. 北京：作家出版社，2014：56-57.

中的“绝望的死水”牵引出破铜烂铁、剩菜残羹等一系列意象，恰到好处地宣泄了摧毁腐臭旧世界的情感一样，在形式上是极具统摄力、规范力和塑造力的。

整个意象群集中表现了诗人对祖国的热爱、对侵略者的仇恨和反抗的决心，对美好未来的向往，这些都是歌唱之鸟意象的象征内涵——即使按骆寒超教授所说，传递了“痛苦也罢，灾难也罢，总是暂时的现象，只要通过战斗，最终必定有个光明美好的结局”这一哲理，意蕴上也还是统摄的。

诗中的四个意象——土地、河流、风、黎明，尽管有痛苦、悲愤、激怒、温柔之别，但悉数是鸟意象的情感折射，且都是在激越、深情而忧伤的风格统摄之下，因此风格也是统一的，且带上了艾青平民式的率性、平实和刚健——假如我是一只鸟/我也应该用嘶哑的喉咙歌唱/这被暴风雨所打击着的土地，这与“狗不嫌家贫，儿不嫌娘丑”的民间情感，不是异曲同工吗？也迥异于同时代其他诗人的“小处敏感，大处茫然”的抒情小唱。鲁迅在《白莽作〈孩儿塔〉序》一文中评价殷夫的诗作：“这是东方的微光，是林中的响箭，是冬末的萌芽，是进军的第一步，是对于前驱者的爱的大纛，也是对于摧残者的憎的丰碑。一切所谓圆熟简练，静穆幽远之作，都无须来作比方，因为这诗属于别一世界。”这种评价对艾青的《我爱这土地》，同样适用。若谈“爱的大纛”“憎的丰碑”，全诗中也只有“嘶哑的鸟”“腐烂的鸟”这两个意象最堪此任了。

缘于此，聚焦独特意象的深度对话，可以围绕以下问题展开：

（1）有人认为，“嘶哑的鸟”“腐烂的鸟”这两个意象太另类，太不雅了，应该换成杜甫笔下的“黄鹂”或“娇莺”；有人在解读这首诗时，不知不觉将“嘶哑歌唱的鸟”置换成“嘶哑歌唱的小鸟”；还有人考证出诗中的鸟为“乌鸦”，因为只有乌鸦的声音才是嘶哑的。对这些观点你同意吗？请择一或逐一谈谈你的想法。

（2）“嘶哑的鸟”“腐烂的鸟”这两个意象，仅是表达诗人对祖国的热爱、对侵略者的仇恨和反抗的决心，对美好未来的向往吗？

（3）同是表现爱与奉献的情怀，你觉得艾青诗中嘶哑歌唱，死了连羽毛也要腐烂在土地里的鸟意象，与龚自珍“落红不是无情物，化作春泥更护花”，文天祥“从今别却江南路，化作啼鹃带血归”等意象相比，有何独特之处？

三、研磨措辞，体悟精致之美

研磨措辞，体悟文本的精致之美、个性之美属于微观层面的审美观照。

优秀的作品是整体的好，遣词造句无不体现“语不惊人死不休”的追求。解读/教学中，如果把握其间的苦心和奥秘，往往可以收到尺幅千里，窥一斑而见全豹的奇效。这方面的经典案例太多了，如民国时期的夏丏尊对方苞《左忠毅公逸事》中“不速去，无俟奸人构陷，吾今即扑杀汝”一句的解读。

“不速去，吾今即扑杀汝”是顺口的，中间插入一句“无俟奸人构陷”很不顺口。作者在这上面似乎曾大费过苦心，故意叫它不贯穿，借以表出（左公，笔者注）当时愤怒急迫的神情。[①]

当代的如：欧阳代娜抓住“异”（览物之情，得无异乎；或异二者之为）字体会范仲淹《岳阳楼记》的情感之美、文笔之美，以及结构上的“转折之美”；[②] 王君抓住“只”字（①他靠着活命的只是一辆破旧的三轮车；②他只有一只眼；③他只好把他那辆三轮改成运货的平板三轮……），引导学生体会老王活命的不易，还有作者杨绛遣词的精准之美，情意表现的含蓄之美。[③]

在《我爱这土地》一诗中，有哪些措辞值得仔细研磨，引导学生展开深度对话呢？

有的。比如，有学者提到的“假如”一词，认为这是一种“思维的内在机制”“诗性语言形式的外在标记”，诗凭借这“假如”思维的想象，可以从日常生活现实感觉的尘境进入审美感受与超越的诗境。这种现象并非偶然，徐志摩的《雪花的快乐》、田间的《假如我们不去打仗》都用过。诗人艾青在这里把自己“假如”为“一只小鸟””，想象的独特、意象的创造与自我的发现融为一体，由此叩开独创的属于自己的诗的世界。[④]

还有“这”（这被暴风雨所打击着的土地/这永远汹涌着我们的悲愤的河流/这无止息地吹刮着的激怒的风）与“那”（和那来自林间的无比温柔的黎

---

① 夏丏尊，叶圣陶. 文章讲话[M]. 北京：中华书局，2007：49.

② 郑桂华，王荣生. 语文教育研究大系[M]. 上海：上海教育出版社，2007：368-376.

③ 汲安庆，史玮. 在动态平衡中寻找自我的量度：夏丏尊语文教育形式美学对散文教学的启示[J]. 集美大学学报（教育科学版），2015（2）：38-46.

④ 李铁秀. 艾青《我爱这土地》赏读[J]. 名作欣赏（鉴赏版）（上旬），2007（10）：67-71.

明）——既揭示了作者“灾难痛苦→奋起抗争→迎来光明”的心路历程，也暗示了“痛苦也罢，灾难也罢，总是暂时的现象，只要通过战斗，最终必定有个光明美好的结局”这一人生哲理。从形式上看，三个“这”与一个“那”，既表现了这组意象中的情感变奏——四个意象如果打乱，这种变奏就会无法体现，也体现了刚柔并济的风格，甚至可以说诗人在痛苦中歌唱，在愤怒中抗争的动力正是缘于对土地上黎明之光的渴盼，因为有了这光明的渴盼，所有的辛苦，甚至牺牲都在刹那间转化为了一种难以言传的神圣、崇高和美丽——另类不见了，不雅也隐遁了。

教学中，如果没有跋涉到这样的审美高度，只能糟蹋了这些看似寻常的措辞秘妙。以学生无须深度解读为借口，来掩盖自我鉴赏与批评的肤浅和平庸，再优秀的文本对他来说都是暴殄天物。在《诗论》一书中，艾青曾意味深长地说过：“一首诗的胜利，不仅是它所表现的思想的胜利，同时也是它的美学的胜利。——而后者，竟常被理论家们忽略。”既然如此，我们为什么不能着力于形式，去感受诗人的美学的胜利呢？

但是，在将文本解读成果转化为教学生产力的过程中，也要注意相关资料的查询与搜集，不同作家、相同主题的比较、打通，更为重要的是一定要结合学生知识和心理的实际，以比较通俗、形象的表达方式，引导他们在轻松愉快的气氛中参与到深度对话中来。

研磨该诗措辞之美的深度对话，不妨设计以下问题，以激发他们的研讨兴趣：

（1）诗中有 3 个“这”，1 个“那”，看似寻常，其实隐藏了很多写作玄机。你能看出来吗？

（2）“这”与“那”引领下的四个意象，它们的顺序可以颠倒吗？为什么？

（3）“假如”一词，既打开了艾青的想象之门，也打开了他的情感之门，信念之门。假如艾青不用“假如”的表达方式——不借助嘶哑歌唱的鸟的意象，而是自己跳出来直抒胸臆，那样还会有撼人心魄，催人泪下的效果吗？在你的阅读经历中，是否还遇到过“假如思维”的诗歌？可否谈谈它们与《我爱这土地》的异同？

（发表于《福建教育》（中学版）2017 年第 1-2 期合刊，作者：汲安庆）

在比较探赜中得其滋味
——以《兰亭集序》一文教学为例

“比较”在当下的语文教学中已呈现出越来越受宠的趋势。尤其是赛课、示范课，或所发表的课例，总能在一两个环节上见出授课者苦心孤诣的比较意识，以期形成教学亮点，让“语文味”更显浓郁。

这无疑是对语文新课标“自主、合作、探究”理念的呼应。在比较中探究，在探究中比较，的确更易激活学生的思维，深化学生的体验，实现相关知识的打通，从而更有效地积淀学生的语文素养。

但是，就目前的情况来看，比较教学尚有诸多不尽如人意之处：

一是狭隘化——多在修辞手法上打转，用还原法比较一两个词表达上的优劣，较少涉及风格、结构、意象选择、主题意蕴的估衡。

二是浅表化——通常比较哪个词更生动、更形象，更能表现作者的幽微情思，而忽略对作者审美个性、读者联想机制、文化内涵约定俗成等多维的考量。至于对文本篇性特征的深度探究，更是阙如。

三是碎片化——限于局部的比较，缺少整体的观点，尤其缺少以情志脉为背景，对文本的形式秘妙进行纵横捭阖而又摇曳多姿的比较。

深入、灵动、个性化的探赜何以可能？本文拟以《兰亭集序》一文的教学为例，略加探讨。

一、立足类性，对篇性洞幽烛微

目前，关注文本类性已成为很多老师的共识——不如此，语文课很容易被上成政治课、历史课或文化课之类。但是，对篇性的把握和探索——表现在具体文本中的作者言语表现上的独特性或唯一性，比如戴望舒的《雨巷》和徐志摩的《再别康桥》在运思和表现上有何不同；李清照的《如梦令》（昨夜雨疏风骤）和《醉花阴》（薄雾浓云愁永昼）在抒情艺术上有何细微差别，则几乎是一片空白。这显然是不够的，没有对篇性的识别和把握，很难深入洞见作者形式创制的秘妙，更别说实现不同文本间作者言语表现智慧的打通了。

《兰亭集序》中，至少可以从以下三个层面，对篇性进行比较。

从名称上看，《兰亭集序》属于“序”，是王羲之为兰亭修禊，亲朋们一觞一咏，抄录成册的诗集所写的一篇序言。序的写法，多是围绕成书（文）缘起、编次体例、作者情况以及内容梗概而展开，比如文天祥为自己诗集所作的《指南录后序》便详细叙述了他出使元营、面斥敌酋汉奸，被扣押后如何冒死逃脱，以及颠沛流离，万死南归的冒险经历。

可是，王羲之对兰亭集会的环境，活动过程，诗集内容叙述得简约之至。至于成书体例，更是语焉不详——列叙时人，录其所述，如何“列”，如何“录”，从何人开始，止于何人，均无从知晓。他浓墨重彩表现的是对“死生亦大”的思考，用《古文观止》的话来说，就是“通篇着眼在死生二字”。①

不过，他对“一死生”“齐彭殇”的理性思考，又迥异于欧阳修《伶官传序》开门见山式的和盘托出——盛衰之理，虽曰天命，岂非人事哉，再以后唐庄宗李存勖的盛衰史实加以佐证，最后亮出“祸患常积于忽微，而智勇多困于所溺”的观点，再次呼应开头的论点，而是借助对兰亭修禊事的良辰、美景、高朋、佳会的描述引出来的，有一种娓娓道来、自然成文的味道，这可谓他书序的篇性特征。

从内容上来看，《兰亭集序》叙写了修禊事（实际上是一次游春活动）的时间、地点、环境、活动概况——曲水流觞、一觞一咏、畅叙幽怀，以及作者对生命不永的思考，典型的游记写法。可是，与传统游记重视听描写（如白居易《三游洞序》、柳宗元《小石潭记》等）不同的是，王羲之更重视内心体悟的开掘与阐发。然而，同是开掘内心体验，王羲之的《兰亭集序》与王安石的《游褒禅山记》又有不同：前者注重的是对生命不永的痛感的抒发，后者则注重对“有志、有力、有物，才能欣赏险远之地的奇伟、瑰怪，非常之观”之理的阐析。一倾向于感性，一倾向于理性，二者判然有别。所以，这些不同之处也构成了《兰亭集序》的篇性特征。

从骈偶的写法来看，《兰亭集序》无论是叙事、绘景，还是抒情、说理，

① 朱一清. 古文观止鉴赏集评（三）[M]. 合肥：安徽文艺出版社，1996：16.

都忠于自我体验，既巧夺天工，又一片化机，与刘勰反对的“为文造情”（《文心雕龙·情采》）截然不同。与后世追求代圣贤立言的八股文相比，谁灵动，谁僵化，更是一目了然。更何况，《兰亭集序》骈散相间，有了散句的衬托，骈句犹如夜空中的星辰一样晶莹夺目。一篇仅三百多字的短文，竟有“群贤毕至”“茂林修竹”“惠风和畅”“放浪形骸”“情随事迁”“修短随化”等如许的清雅词汇流传千古，甚至被广大中学生争相引用，并非偶然。夏丏尊在谈小品文写作的时候，曾特别强调一定要有能“振起全文”的一两句话，[①] 也就是那种画龙点睛，化腐朽为神奇的句子，而这种词句，在《兰亭集序》中比比皆是，这难道不是言语表现中的一大奇观么？因此，这种传神写意，匠心独具的骈偶写法也是《兰亭集序》的篇性之一。

因此，落实到备课或教学中，完全可以引导学生对如下问题进行探究：

（1）作为书序，《兰亭集序》与传统书序在写法上有何不同？你能举例说明吗？

（2）从内容上看，《兰亭集序》也可算是一篇山水游记，记述了作者与亲朋在兰亭修禊事，饮酒赋诗，以及由此生发的生命感悟，但是与一般的山水游记（如柳宗元的《小石潭记》）相比，《兰亭集序》又有着自己的特异之处，你能看出来吗？

（3）王勃《滕王阁序》中的“落霞与孤鹜齐飞，秋水共长天一色”是骈句中的佳制，写出了一种非常辽阔、静穆、唯美的江景。这种凝炼、生动、精警的描写，《兰亭集序》中也有，且不止一处。你能找出来，并说说它们的表达妙处吗？

上述问题均是围绕篇性的体悟而展开的。这比单纯地就文本教文本，空谈思想内容，或在浮泛的写作特点上兜圈子，肯定会更显视野开阔，且富有思维的挑战性，也更有助于学生进入“观其会通，窥其奥窔”的审美境界，实现对不同文本的打通，进而深切感悟作者独特的言语表现智慧。

二、基于情脉背景的风格玩绎

如果说立足类性，对文本的篇性特征洞幽烛微，更多地侧重于“文本间性”的外部宏观比较的话，那么基于情脉背景的风格玩绎则是侧重于文本内部整体的审美观照。

---

① 夏丏尊，刘薰宇. 文章作法[M]. 北京：中华书局，2013：117.

语文教学要想富有整体感、生命感和美感，必须着力于中层的情志脉和更为深层的形式规范的审美揭秘，而不是停留在一望而知的意象群落表层，因为形式对内容有一定的规范、重塑和表现的作用，揭示形式秘妙往往可以沿波讨源，探骊得珠，使语文教学更富张力和魅力。歌德便说过："内容人人都看得见，其含义则有心人得之，而形式却对大多数人是秘密。"[①] 从捍卫语文体性的角度讲，教学中着力于情志脉或更深层的形式规范更是不二之选。

在《兰亭集序》中，找出"乐→痛→悲"的情脉并不难，沿着这条情脉体验作者的内心世界也不难，难的是体认王羲之乐悲之情的个性化特质，并深入到篇章的唯一性中去。比如，在大欢乐的情境下，突然迸发生命的痛感，这种乐极生悲的表现方式，曹操的《短歌行》、李白的《春夜宴从弟桃李园序》、苏轼的《前赤壁赋》中都有，王羲之独特的情感到底独特在哪里？语文教学如果不深入到这一层，很难说对作者的内心世界会有比较精准而深刻的把握。深入其间，则会产生别有洞天的发现：同是面对人生短暂之苦，曹操企图用痛饮烈酒的方式镇压。无果，只好挣扎和苦思，终于因萌发了招纳贤才、一统天下的愿望而得以解脱。李白呢？忧苦仅是一瞬间，接着就全身心投入到美景、乐事之中，享受生命的"为欢"了。苏轼起先也"愀然"，但是他从水之逝往，月之盈虚的现象中顿悟到了"自其不变者而观之，则物与我皆无尽也"的道理，终于彻底释怀。王羲之就不同了。他或鸟瞰生命的喜与悲，或沉湎于死生亦大矣的哀痛中，或起而批判一死生、齐彭殇观念的荒谬，却始终无解，因此通篇有一种沉郁之风，有老师感叹他的生命是"沉重"的，[②] 而《古文观止》也称其"苍凉感叹"，正在于此。

但情思上的苍凉感与行文上的雅洁、大气之风并不矛盾。这无论从良辰美景的介绍中，还是对高朋、佳会的叙述中，均能见出。尤其是拿石崇的《金谷诗序》一对比，立刻清晰可辨。石崇也搞了一次聚会，地点是在金谷园，也让与会者赋诗，且汇集成册了，可是他在诗序中竟然写道："金田十顷，羊二百口，鸡猪鹅鸭之类，莫不毕备。又有水碓、鱼池、土窟，其为欢目娱心之物备矣。"明显侧重的是物质占有之乐，活脱脱的"土豪"心态，

① 李泽厚. 美学三书 · 美学四讲[M]. 合肥：安徽教育出版社，1999：563.

② 杨雷. 感生命之重，叹人生有限：解读王羲之在《兰亭集序》中表现的"乐极而悲"思想[J]. 语文知识，2014（10）：73.

而王羲之突出的则是与贤者、亲者的相聚之乐（群贤毕至，少长咸集），与山水融合之乐（游目骋怀，足以极视听之娱），以及诗歌道情之乐（一觞一咏，亦足以畅叙幽情）。即使是对“趣舍万殊，静躁不同”的人性描写，也透着清雅十足的魏晋风度。无怪乎李兆洛在《骈体文钞》卷二十一评《兰亭集序》是“雅人深致，玩其抑扬之趣”了。浦起龙在《古文眉诠》卷四十二也评道：“非止序禊事也，序诗意也。修短死生，皆一时诗意所感，故其言如此。笔情绝俗，高出选体。”可谓对《兰亭集序》语言的清雅之风的高度肯定！

孙绍振先生指出：“比较的目的乃在于提高分析的有效性，从正面说，就是要揭示文学经典的唯一性；从反面说，则是要揭露公式化、模式化给艺术生命带来的戕害。”[①] 体悟王羲之乐悲之情的个性化特质，感受其情思上的苍凉感与行文上的雅洁、大气之风，正是为了揭示文本的唯一性，防范教学进入公式化、模式化的分析窘境。

基于这样的目的，教学中可设计如下问题，引领学生探究：

（1）《兰亭集序》中，作者的情感经历了怎样的变化？

（2）这种乐极生悲的抒情写意方式，在你的阅读经历中还遇到过吗？与其他作者相比，王羲之的抒情写意方式有何独特之处？

（3）“雅人深致”“笔情绝俗，高出选体”是古人对《兰亭集序》清雅、高洁文风的赞叹，你同意他们的观点吗？试谈谈理由。

三、对作者用力处的用力比较

对作者“用力处”的用力比较属于文本内部重要细节处的审美观照。因为用力，所以精彩；因为精彩，所以更需要在教学中重点攻坚。

《兰亭集序》中，作者的用力处无疑是痛、悲中的生命思索部分。何以痛？快乐的岁月不永，生命的长短听凭造化，且不论你的兴趣、爱好、个性是如何的不同，最终都将归于灭绝，何以悲？“固知一死生为虚诞，齐彭殇为妄作。后之视今，亦犹今之视昔。”完全一副看透了一切的悲观主义者、虚无主义者口吻，似乎毫无精神上的正能量，也没有多少认识上的新意，而且抛出认识后，不作任何分析就中断了——就像小鱼在水面上刚一冒泡，立刻沉潜于水中一样，有一种理未说透的感觉，有什么可说道的呢？

① 孙绍振，孙彦君. 文学文本解读学[M]. 北京：北京大学出版社，2015：90.

平心而论，比照苏轼的“自其不变者而观之，则物与我皆无尽”，王羲之的生命感悟不够深刻与豁达；比之陶渊明的“纵浪大化中，不喜亦不惧”，“死去何所道，托体同山阿”，王羲之的生命感悟又不够洒脱和轻盈；比之培根的死亡观——死亡与生命都是自然的产物，一个婴儿的降生也许与死亡同样痛苦。在炽烈如火的激情中受伤的人，是感觉不到痛楚的。而一个坚定执着、有信念的心灵也不会因畏惧死亡而陷入恐怖。人生最美好的挽歌，无过于当你在一种有价值的事业中度过了一生后能够说：主啊，如今请让你的仆人离去。(《论死亡》) 王羲之的生命感悟还不够坚定和勇毅。

如此一来，王羲之的生命感悟还有什么价值呢？

要想破解这一困惑，依然需要比较思维的介入。

必须承认，王羲之是很虔诚、很投入地参与了生命终极思考的。在他之前，已经有很多知识分子对生命短暂的现象发声，如“人生寄一世，奄忽若飙尘”，“人生非金石，岂能长寿考”，“生年不满百，常怀千岁忧”，“譬如朝露，去日苦多”……王羲之“人之相与，俯仰一世”的生命体验显然与之相类，有接通人生通感的一面。不过，难能可贵的是，王羲之在悲思的时候，过滤了“昼短苦夜长，何不秉烛游”的及时行乐思想。这表明，王羲之是一个悲观但绝不沉沦的人。因为清醒、睿智、理性而悲观，因为对生活还有爱、责任和守望，所以不沉沦。如果是彻底的悲观、虚无，他干嘛还要“列叙时人，录其所述”，想让“后之览者，亦将有感于斯文”呢？联系他为官期间的表现，更是如此。纳谏求贤，抑制豪强……这哪里是一个悲观虚无者的作为呢？虽然生如夏花的境界没达到，但毕竟一直坚韧而扎实地生活着。

从表现手法的角度看，在欢乐情感的巅峰状态突然意识到生命的悲凉与无奈，客观上也会警醒人们珍惜当下的生命。包世臣曾经说过，王羲之的字，看起来大大小小，单看一个字，也不见得怎么好，放在一起，字的笔画之间，字与字之间，就如“老翁携带幼孙，顾盼有情，痛痒相关”。王羲之的《兰亭集序》也是如此，脱离文章的前后语境来看，似乎太消极了，太虚无了，太冷酷了，乏善可陈。但是联系起来看，依然可以看到这种悲观、虚无、冷酷背后的正能量。

福建师范大学赖瑞云教授在给研究生们上课时便深刻地揭示了这一点：“古今、后世、人人都知道‘一死生、齐彭殇’是荒诞无稽之谈，都知道生之幸福、生之快乐、活着多好，都知道生与死是两码事，长寿与短寿不可同日而语，都感慨、悲叹于俯仰一世（人生苦短），尤其悲叹于这问题过去不能解决，现在不能解决，将来怕也永远无解，悲叹于这悲叹的永远存在，即‘后之视今，亦犹今之视昔，悲夫’！这的确触及了很深刻的人生、宇宙问题，而且其重生思想是很有积极意义的。”

也有老师提出：王羲之的生命浩叹悲凉、无奈、虚无，与后世《红楼梦》中表现的“千红一窟（哭）”“万艳同杯（悲）”的悲剧命运观有异曲同工之妙。但是，这依然无法否定王羲之直面生命的事实。吴楚材、吴调侯在《古文观止》卷七中便明确指出过：“只为当时士大夫务清谈，鲜实效。一死生而齐彭殇，无经济大略，故触景兴怀，俯仰若有余痛。”也就是说，他的这篇序是对当时“以玄对山水”社会风气的一种反拨：以为用“一死生”“齐彭殇”的观念可以找到摆脱世俗，追求心灵安宁的隐秘通道，其实不过是自我欺骗罢了。实际上，王羲之指责“一死生为虚诞，齐彭殇为妄作”的时候，也是对好朋友孙绰“和以醇醪，齐以达观”说的一种反驳。相较于王玄之的“萧散肆情志，酣畅豁滞忧”，王徽之的“散怀山水，萧然忘羁”，他的看似悲观、虚无的观点更是有一份难得的清醒、通透和坚实。关于这一点，孙绍振分析得极为辩证：“站在时间的制高点上，他（王羲之）却做出更深入的概括：‘后之视今，亦犹今之视昔’。生命使欢乐成为‘陈迹’，不管古人今人还是后人，凡是人，都是逃不脱的大限。但是，王羲之并不因为理性上意识到这种必然而冷峻，相反，作为艺术家，他还是发出了‘悲夫’的慨叹……王羲之的诚实之处，也就是他的深刻之处。”①

有了上述比较分析，便可以从以下几个方面启发学生思考。

（1）比照苏轼的“自其不变者而观之，则物与我皆无尽也”，王羲之的生命感悟不够深刻与豁达；比之陶渊明的“纵浪大化中，不喜亦不惧”，“死去何所道，托体同山阿”，王羲之的生命感悟又不够洒脱和轻盈。如此一来，王羲之的生命感悟是否毫无价值？

（2）《古文观止》认为王羲之作《兰亭集序》是“只为当时士大夫务清谈，鲜实效。一死生而齐彭殇，无经济大略，故触景兴怀，俯仰若有余痛”，你同意这种说法吗？试略加分析。

（3）有学者认为，王羲之在谈生命之痛、悲的时候，就像小鱼在水面上

① 孙绍振. 经典文本的深层结构（上）[M]. 上海：上海三联书店，2016：401.

刚一冒泡，立刻沉潜于水中一样，有一种理未说透的感觉，你觉得这种说法有道理吗？为什么？

经历这样的探究，学生应该不会停留在对王羲之生命观的浅薄感悟上了。

（发表于《福建教育》（中学版）2016年第12期，作者：汲安庆）

“课眼”所聚，生命自长

——以《答谢中书书》一文教学为中心

整体感、生命感和美感是一堂好语文课的必备品质。

遗憾的是，这些必备品质在很多语文课中并不具备。用所谓的知识点，将情韵丰富的文本大卸八块，然后驯兽般地操练；罔顾文本的特性，几十年如一日地重复“揭示课题—作者介绍—整体感知—问题探讨—拓展延伸—课堂小结—作业布置”的模式，看似科学规范、面面俱到，实则魂飞魄散、腐气深重；再如叶圣陶先生所说的，“逐句逐句地翻，把文言翻为白话，把白话翻为另一种说法的白话”。① 凡此种种，怎么还能指望他的课堂富有整体感、生命感和美感呢？

令人欣慰的是，越来越多的老师已经认识到其中的弊害，正在竭力扭转。其中，最富成效的是聚焦“课眼”，② 像创作精美文章一样，苦心孤诣地营构自己的课堂。集美大学施茂枝的教学设计《那片绿绿的爬山虎》，四川成都李镇西的教学实录《孔乙己》，浙江丽水陈治勇的教学实录《蝉》等很多课例，均鲜明地体现了上述追求。

不过，关于如何利用“课眼”，打造独具匠心的生命课堂、情趣课堂、美感课堂，鲜见学理上较为系统的正面研究，故本文拟以陶弘景的《答谢中书书》一文的教学为中心，略作探讨，以期抛砖引玉。

一、捕捉“课眼”，凝聚神髓

“课眼”由“文眼”转化而来，“文眼”又由“诗眼”“词眼”衍生而来，皆指文本中最能体现作者创作匠心，可以执一御万，统摄全篇的关键性

① 叶圣陶. 谈语文教本:《笔记文选读》序[C]//叶圣陶语文教育论集. 北京：教育科学出版社，1980：183.

② “课眼”是“文眼”在课堂教学中的转化，是课堂教学的统摄点。课眼可以是教学的切入点，但并不等同于切入点，因为教学切入点更多的是指教学的一种视角，无法涵盖教学内容的神髓、教者的匠心等更为丰富的主体性创造的内容，所以这里还是以“课眼”称之。

词句。

“诗眼”最早见于北宋苏轼的诗句“天公争向背，诗眼巧增损”（苏轼《僧清顺新作垂云亭》），后陆续形诸诗文，如南宋范成大的诗句“道眼已空诗眼在，梅花欲动雪花稀”（范成大《次韵乐先生除夜三绝》）；明代袁宏道在《与伯修书》中也写道：“近来诗学大进，诗集大饶，诗肠大宽，诗眼大阔。”“词眼”最早见于元代陆友仁的《词旨》，该书分八个部分，其六专论“词眼”。“文眼”出现得较晚，首次出现应该是在清代学者刘熙载的诗文评论著作《艺概》中：“揭全文之旨，或在篇首，或在篇中，或在篇末。在篇首则后者必顾之，在篇末则前者必注之，在篇中则前注之，后顾之。顾注，抑所谓文眼者也。”当代人使用文眼，内涵明显扩大，诗眼、词眼皆被囊括其中，而后两者仍延续原初的意义。可见，从诗眼、词眼到文眼，人们对作品生命和创作匠心的认识，有一个不断深化和日趋丰富的过程。“课眼”的提出，正是为了萃取前人思想的精华，更好地实现语文教学的生命化、个性化和审美化。

课眼由文眼转化而来，二者形式上虽一模一样，但在内涵、应用范围、处理方式等方面仍有所区别。文眼主要是就文学创作而言，而课眼仅限于教学。尽管面对的是同一文本，但文眼体现的多为一个人的匠心，带有极强的原创性——作者也会向他人借智慧，但他人是不在场的，且他人之智已被化生为作者之智；课眼更多地融汇了一群人的匠心，具有围绕文本进行二度创造、集体创造的性质。文眼主要借文字得以存在，而课眼除了文字，声音、身姿、动作、图片、多媒体等媒介皆可参与创造和生成。文眼可以离开课眼而独立存在，课眼却必须依附文眼而生长。倘若弄不清二者之间的关系，致使课眼远离文眼，语文课便很容易出现严重跑偏、支离破碎的现象，离开愚公移山的执着、笃定，引导学生大谈怎样经济、省力，不破坏生态；离开父爱的真挚、深眷，组织学生批判父亲的不守交通规则；离开武松打虎过程中的勇与怯，津津有味地和学生一起声讨其如何滥杀野生动物……这些反文本的教学现象，均属此类。

课眼由文眼转化而来，文眼对文本的主旨、意境、内容，甚至情调极具统摄力和揭示力。因此，找寻到正确的文眼，善加利用和建构，使之化为课眼，不仅可以使课堂教学方向明、路子正，而且可以收到提领而顿、百毛皆顺的神奇效果。

如何找寻？刘熙载的看法是利用词句、段落的“顾”（阐释、照应）“注”（暗示、伏笔）关系，在篇首、篇中或篇尾找。循此观点，我们不难发现《答谢中书书》一文的篇首文眼是“美”（山川之美），篇尾文眼是“奇”（自康乐以来，未复有能与其奇者），两者构成了一种互文而又略含递进关系的点染与照应。

可是，如果遇到一些顾注关系不是很明晰，更无明确词句开章道情，卒章显志的文本，该怎么办？一条路：在整体把握文本的基础上，化出一个词/句，作为文本的文眼，教学的课眼。比如从《陋室铭》中化出“陋室不陋”，从《记承天寺夜游》中化出“愁”，从《祝福》中化出“希望的被屠戮”。

找，还是化，取决于文本中文眼的清晰度。清晰、明确的，就地取材；否，化而用之。寻找文眼，应尊重学生的体验，让其自由言说，教师可参与其间，协助其辨析正误，丰富体验，提升认识，以实现收拢和放开，预设和生成的和谐统一。比如，当学生找到文眼“美”或“奇”时，不必抱着万事大吉的心态马上跑开，可继续“折腾”：你是怎么找到的？凭什么说这就是文眼？“美”或“奇”，哪一个更合适？如此一来，学生对陶弘景笔下山水因美而奇、因奇而美、美中见奇、奇中见美的特点，便会有更加深刻的认识。

二、玩绎“课眼”，生命融合

从文本中找寻，确定好文眼后，还必须在形式视野下，依照学生认知规律，设计出一系列的活动，巧妙引导学生优游涵泳，精骛八极，充分调动其情感、思维和想象，实现与作者、人物形象等不同生命的对话，从而使语文课堂成为生命拔节的沃土、思想翱翔的天宇、情感润泽的山泉。没有精致的活动设计，文眼很难真正转化为课眼，作者所表达的情思也很难转化为学生的生命体验。

玩绎课眼的方式因人而异，因文而异，因课而异，吟诵、换词、省略、质疑、还原、联想……不一而足。但是，万变不离其宗的就是学会追问，善于追问，敢于追问。

在寻常处追问。平淡无奇，貌似一望而知的地方，往往潜藏着作者的情感秘密，在此逗留、欣赏，常能获得崭新的审美发现。“高峰入云，清流见底”，美则美矣，似乎谈不上“奇”，为什么陶弘景一口咬定它很神奇？“青林翠竹，四时俱备”称得上神奇，四季分明，多姿多彩就不神奇吗？通过这样的追问，我们便会发现：尽管陶弘景眼中的景象在未受工业污染的农耕时代极为普通，但是因为作者的无限痴迷，加上“月是故乡明”式的极化情感的发酵，即便是寻常山水，他也会觉得美不胜收。更何况，他所居住的地方，山的确很高，水的确很清，青林翠竹的确四季常青。

有学者考证出，谢中书为谢览，①“为人美风神，善辞令”，②深为齐高祖赏识，也为陶弘景所称奇。唐道士贾嵩所编的《华阳陶隐居内传》称陶弘景“唯奇谢览，览年少，自疑寿不永，先生曰：我在此，不使君了如此也。”因此，面对这样一位契友的劝说，隐居之意已决的陶弘景岂能不竭尽夸耀之能事，对身边的美景大加赞誉呢？夸得越猛，越得意，越好实现其“神栖寂泊，精骛玄极”（《华阳陶隐居内传》）的追求。

静心品味，还可以发现其间潜蕴的不寻常之美——角度变化之美：昂首是山，低眉是水，一高一低，俯仰生姿。刚柔并济之美：巍巍高山的肃穆之美，清清溪流的灵秀之美。它有动静互补之美：高山屹立，栖身一处，历千年不移；碧波荡漾，缠绵万里，经万年不息。思辨之美：高峰入云，似乎邈不可及，高而无限；清流见底，仿若触手可及，深却有度。有限和无限之间，又能悟出多少禅机？③

在奇幻处追问。奇幻处正如鲁迅先生在《致董永舒》中所说的那样，是文章的“极要紧，极精彩处”，④在此处设计教学活动，让学生玩味，则可顺利延长审美体验，对作者的表现匠心有更多、更深的感悟。比如“两岸石壁，五色交辉”一句，可让学生探讨：奇在何处？真的是五色吗？通过讨论，学生便会领略：同一处石壁，竟能青、黄、黑、白、赤五色并呈，像神奇的五彩池一样，这已然很神奇了。更何况，这些色彩还会你辉映着我，我帮衬着你，宛如一群淘气的孩子在嬉乐，所以这是色彩的舞蹈、色彩的顽皮，与“乱花渐欲迷人眼”“红杏枝头春意闹”之境，一样的奇幻、动人。如果没有五色，作者竟能幻视出五色，沉醉其间，那就更见神奇了。

---

① 王京州. 陶弘景《答谢中书书》创作背景考[J]. 温州大学学报（社会科学版），2006，19（4）：26-29.

② 姚思廉. 梁书[M]. 北京：中华书局，1973：265.

③ 汪晓春.《答谢中书书》文本细读[J]. 语文学习，2012，（4）：44-46.

④ 鲁迅. 鲁迅全集（第十卷）[M]. 北京：中国文联出版社，2013：431.

还有“晓雾将歇，猿鸟乱鸣；夕日欲颓，沉鳞竞跃”。别人听来很闹心、很伤心的猿鸣——郦道元不就说过“猿鸣三声泪沾裳”么？在陶弘景的耳中却是生机满满、欢乐四溢的乐音；别人深感颓废、没落的夕照景观——如李商隐的叹惋“夕阳无限好，只是近黄昏”，在陶弘景的眼中却是活力无边、欢欣无限的画卷。猿猴乱鸣的狂欢，沉鳞竞跃的自由，实为陶弘景融入山水，身心获得大解放、大欢乐的形象写照，所谓“我见青山多妩媚，料青山见我应如是”（辛弃疾《贺新郎》）也。

在矛盾处追问。不论是刻意表现，还是潜意识的自然流露，文本的矛盾处都是最能见出与文眼的顾注联系的。在此节点上引导学生多加玩绎，则可以使教学刹那间见终古、微尘中显大千。比如，文本的末句“自康乐以来，未复有能与其奇者”，就深藏了一大矛盾：中国古代文人因受温柔敦厚的中道智慧影响，对奔放、张扬的性格多持贬抑态度——班固对屈原露才扬己的个性不就腹诽过吗？更何况，在战乱频仍、血雨腥风的魏晋南北朝，士人为了全身避祸更是低调，玄风大炽就是这种社会心理的体现。陶弘景当时虽无杀身之虞，还被皇帝咨以政事，有“山中宰相”之称，但既然对官场生活厌倦，执意隐居山水，心气就该淡逸，为何还会如此“嚣张”，将自己与自我期许很高，在文学史上开山水诗派，后被宋文帝以“叛逆”罪名杀害的谢灵运并列呢？这样追索下去，学生便不难感受到：作者高调自傲，并非庸俗的权势、财富炫耀，实乃以山水的真正知音而自豪，而自豪的原因恰恰是山水风光太奇美，太诱人，这便照应了上文的景色描写，并与不加掩饰的夸耀“实是欲界之仙都”，共同掀起了对山水炽热的爱恋的情感高潮。

三、超越“课眼”，揭示秘妙

如果说玩绎课眼侧重的是在文眼的引领下，深入文本，实现对意蕴层个性化开掘的话，那么超越课眼则是强调跳出文本，围绕文眼，展开对形式层的秘妙揭示。

夏丏尊先生早在民国时期就强调：“读到一部书，收得其内容，同时欣赏玩味其文字……仅仅留心内容，或只注意于文字的模效，都不是最好的方法。”[①] 的确如此，没有很好地收得内容，想玩味文字是玩不起来的；不经历玩味文字的过程，想深入把握文本的内容、意蕴，乃至获得言语表现的智

① 夏丏尊. 夏丏尊教育名篇[M]. 北京：教育科学出版社，2007：123-124.

慧，实现读写触类旁通也是不可能的。

回归形式，揭秘形式，说穿了就是对“怎么写”的审视、内化和估衡，主要围绕结构、修辞、表现手法等方面展开。在这方面，依然见仁见智，方法纷呈。但不管从何种角度切入，都必须指向文眼统摄下的形式秘妙。何以能揭秘形式？鲁迅先生提出过对照未定稿，揣摩“不应该那么写”的原因，从而悟得“应该怎么写”的技巧——因为一对照，你就会知道“这是应该删去的。这要缩短，这要改作，因为不自然了。在这里，还得加些渲染，使形象更加显豁些”。[①] 这种方法当然绝好，但作者的未定稿太难寻觅。在电脑写作时代，更是难求。可是，如果将比照的视野适当拓宽，如将不同作家的同类型作品进行比较，或对作者本人不同时期的同类型作品进行比较，甚至就在文本内部进行还原式比较，揭秘的方式一下子就会丰富起来。

拿《答谢中书书》一文来说，因为同《与朱元思书》都写到了山水之奇，所以完全可以拿来比较。

（1）同样是写水的奇，陶弘景仅写了水的清，且高度概括为“清澈见底”，而吴均不仅写了水的清，还写了水的急，描写更见精致、形象和生动——游鱼细石，直视无碍；急湍甚箭，猛浪若奔，这是否意味着陶弘景的作品等而下之？

（2）同是用心理描写，状山水之奇，陶弘景突出与山水相知的自得、自豪；吴均则突出了山水对人的灵魂的净化力、拯救力，这该如何评价？

（3）陶弘景十分高调地将自己与谢灵运并列，以山水的伯乐或知音自居，如果去掉这种自炫性的句子，表达效果是否会更好一些？

将这些探究性思考题引入教学，学生必然会与文本形式有更深层面的接触，对作者的创作匠心有更为圆融、具体的体认。陶弘景白描式的勾勒，是在空间、时间的大顺序、大视野下展开的，似乎怀着天帝的视角，如数家珍，一一道来，简约而集中，为后文的浓情绽放蓄势，自有浑然大成之美。更何况，这种大顺序、大视野下的勾勒，依然有着内在的精致。比如，动静相映之美中就内含了声音的动（猿鸟乱鸣）与静（晓雾将歇）、形体的动（清流见底）与静（高峰入云）、色彩的动（五色交辉）与静（青林翠竹）。吴均只记单次游历的所见所闻，用了婴儿般的眼光，捕捉山水的种种新奇，并细细描摹，与当时优游的心情相契合，亦别有风味。从意脉、结构的浑成

① 鲁迅. 鲁迅全集（第 6 集）[M]. 北京：人民文学出版社，2005：322.

来看，二者难分轩轾。

同是状山水之奇，两人阐发的感受、角度、风格均有不同，这正是个性创造力的鲜活表现，陶弘景奔放、浓烈，吴均含蓄、内敛，这些差别也为后世读者带来了不一样的阅读体验。写作如此，说话亦如此，都应当相信自我的体验，忠于自我的思索，表现出独特的“这一个”来。

有了这样的理解，学生自然会明白：陶弘景的高调抒情句是不能删的，因为那是最富魅力的个性化语句，画龙点睛，振起全文，使读者的审美体验得以刷新。删去，则个性暗淡，泯然众文了。

托尔斯泰说：“艺术是一种‘人性活动’，它的要义只是一个人有意地用具体的符号，把自己所曾经历的情感传给旁人，旁人受这些情感的感染，也产生同感。”① 艺术创造是用具体的符号去传递情感，对于语文教学来说，则需要通过一系列精致而巧妙的活动设计。要想成功地传递情思，使学生学会探究，学会对话，学会体验，实现与不同生命的灵魂遇合，也使语文教学突破就文本教文本、不知如何打通的瓶颈，必须聚焦课眼，深入文本。如此，学者们所批判的“泛语文”“反文本”“无中心拓展”等教学怪现象，② 也应该会自动收敛，乃至绝迹。

（发表于《福建教育》中学版 2016 年第 1-2 期合刊，作者：汲安庆）

① 朱光潜. 谈文学[M]. 桂林：漓江出版社，2011：106.

② 李海林. 李海林讲语文[M]. 北京：语文出版社，2008：112-115.

向着篇性特征的审美，漫溯

——以《爱莲说》一文教学为例

关注文本的类性特征，把持小说、诗歌、戏剧等文类的界域，而非将之一锅煮，目前很多语文老师都能做到了。然而，对文本篇性特征的审美观照，尚处于严重的不自知、不自觉、不作为的状态。

关于篇性研究的理论资料少，教学无法投入使用；教师自身素养薄弱，无力深入探究；篇性指标的评价含糊或阙如，老师们懒得或不屑研究——语文课程标准提到“欣赏文学作品，有自己的情感体验，初步领悟作品的内涵，从中获得对自然、社会、人生的有益启示”，[①] 像个空心大萝卜，如何具体展开，从何处展开，均语焉不详。如此，想指望语文教学中出现对文本篇性特征的深入探究、发掘，真的是戛戛乎其难矣！连李镇西、窦桂梅、董一菲等一大批名师的教例中都有此类的“阿喀琉斯之踵”，更遑论普通教师。

但是，瞩目文本的篇性特征的精神传统从来就没有中断过。从苏格拉底要求在细节的描绘中“现出生命”“表现出心灵状态”，[②] 到黑格尔、恩格斯强调典型塑造中的“这一个”，再到王国维突出的“大诗人之秘妙”，[③] 鲁迅关注的文中“极要紧，极精彩处”，[④] 还有当下学者孙绍振指出的对“文本深层形式规范”的着力攻坚，这些思想犹如明亮的灯塔，始终照耀着文本解读的航程。

向着篇性特征的审美漫溯，是文本解读的挑战，更是文本解读的魅力。

本文以《爱莲说》一文的教学为例，对这一理论问题试加探讨。

---

① 中华人民共和国教育部. 义务教育语文课程标准[M]. 北京：北京师范大学出版社，2012：22.

② 朱光潜. 西方美学史[M]. 北京：北京大学出版社，2000：37.

③ 李铎. 中国古代文论教程[M]. 北京：北京大学出版社，2000：359.

④ 鲁迅. 鲁迅全集（第 12 卷）[M]. 北京：人民文学出版社，2005：434.

一、耐人寻味的闭合式结构

在某种程度上，语词的顺序就代表着精神的次序，文本的结构就是作者情感结构、表意结构的投射。《过零丁洋》一诗的火炬式结构，不就揭示了诗人杀身成仁的伟岸信念是如何凤凰涅槃般诞生的吗？《岳阳楼记》中的双声话语结构，表面上是为自己的好朋友滕子京的心灵疗伤，实际上更是对自我灵魂发出的神圣命令——不以物喜，不以己悲，无形中也构成了对后世居庙堂者的严正警示。美国艺术史家伯纳德·贝瑞孙在评价海明威的小说《老人与海》时说："任何一部真正的艺术品都散发着象征和寓言的意味。"[①] 如何散发？结构起到了重要的作用。不仅散发象征、寓言的意味，还流露出作者心灵的密码。

从结构上看，《爱莲说》与陶渊明的《归园田居（其一）》、郁达夫的《故都的秋》相类，均呈现了首尾呼应的闭合式结构。但是，在具体的言语表现上，又存在一定的差别。这种差别便是结构上的篇性特征，属我的形式秘妙。

《归园田居（其一）》劈头六句全是形象化的说理：少无适俗韵/性本爱丘山/误落尘网中/一去三十年/羁鸟恋旧林/池鱼思故渊。结尾两句再次呼应、强化：久在樊笼里/复得返自然，靠意象形成一泻汪洋的幸福流，开始轰腾澎湃，终结余音袅袅。《故都的秋》主要是靠对比，将自我对故都之秋的迷恋、沉醉推向极致，结尾折去寿命的三分之二，换得三分之一故都之秋的绵延的想法都冒出来了，开始缓慢婉转，尾声高亢激昂，与《归园田居（其一）》的抒情节奏正好相反。

《爱莲说》则是两者的中和，主要用的是衬托的手法。开首不疾不徐地交代陶渊明独爱菊、李唐之后世人盛爱牡丹的史实，再引出自我对莲花的情有独钟，结尾部分依然是这样不疾不徐的絮叨，似乎将《礼记·中庸》中的"致中和，天地位焉，万物育焉"的思想，在创作中发挥到了极致。

但是，在这种看似不温不火的无特色结构中，依然强劲地显示着作者独特的情感、个性。

首先，烘云托月手法的运用。先写晋陶渊明独爱菊，李唐后的人甚爱牡丹，再亮出自己与众不同——独爱莲。文章末尾对三种花的隐喻介绍，依然

① 余秋雨. 艺术创造论[M]. 上海：上海教育出版社，2005：171.

遵循这种次序：先菊花（花之隐逸者也），次牡丹（花之富贵者也），最后莲花（花之君子者也）。仿佛是压轴戏，大牌明星的最后出场，其间的高调、自信、自得之情，呼之欲出。无独有偶，梁启超的《最苦与最乐》也用到了这种表现手法——人生什么事最苦呢？贫吗？不是。失意吗？不是。老吗？死吗？都不是。我说人生最苦的事，莫苦于身上背着一种未了的责任。这是很耐人寻味的，也值得在教学中引导学生细心体味并学会运用。

其次，言说顺序的重新洗牌。文章的开首，周敦颐是按"陶渊明—唐以后人—自我"的顺序描写各自对花的喜好的，但是最后抒情的时候，并非这种顺序的照搬，而是采用了"陶渊明—自我—唐以后人"的顺序：

噫！菊之爱，陶后鲜有闻。莲之爱，同予者何人？牡丹之爱，宜乎众矣。

这种潜隐的小变化是否更能形成一种犬牙交错的参差之美，将作者的清高自赏、自我陶醉以及对庸俗世人的不屑或无奈，更有力地表现出来呢？答案是肯定的。文似看山不喜平，惯常顺序的突然打破，往往更能产生表现的张力和弹性，给阅读带来新鲜和惊奇，连单纯的绝句尚且会在第三或第四句来个句式的逆转——从陈述句变为否定句或疑问句，[①] 更何况形式更为灵活的散文呢？因此，这种结构上的春秋笔法，和陶渊明、郁达夫那种一泻千里、抒情写意的手法形式虽不一，但情意表现的力道，丝毫也不逊色。教学中，如果不让学生体会到这一点，并用诵读将这种蕴藉的情感表现出来，肯定会令人惋惜地错过。

基于此，课堂教学不妨做如下设计。

（1）探讨：周敦颐在亮出自己爱莲的情感倾向时，先分别推出陶渊明，还有唐代以来世人的爱花取向；阐述三种花的象征义时，也是先说菊花、牡丹，最后让莲花出场。他为什么不第一个亮出自己所爱之花呢？这种次序安排的背后体现了他怎样的情感秘密？

（2）分享：这种烘云托月的表现手法，在你的阅读经历中还遇到过吗？请说出来，与大家分享分享。

（3）辨正：在文章的收尾处，周敦颐突然一改先前的表达顺序，将"自

---

① 比如王翰的《凉州词》：葡萄美酒夜光杯，欲饮琵琶马上催。醉卧沙场君莫笑，古来征战几人回？前两句是陈述句，第三句变成了否定句，第四句再变为反问句，句式极具错落、灵动之美，更能表现一种豪壮与悲情。

我”放在了中间—— 噫！菊之爱，陶后鲜有闻。莲之爱，同予者何人？牡丹之爱，宜乎众矣。这样写有何深意？将“牡丹之爱，宜乎众矣”放在第二位，与前面的两种描述顺序保持一致，不是更加有整齐划一之美吗？

二、炽热爱流、比德与自况

篇性的审美，还可聚焦在作者的浓墨重彩处。

比如，朱自清《背影》中的攀爬月台的场景，美国诗人弗罗斯特《未选择的路》一诗中对犹豫、叹息心理的细写，《烛之武退秦师》中关于烛之武“劝退”的描述。以这些地方为审美或探究的枢纽，悉心开发，往往更能使语文教学探骊得珠，事半功倍。

如果说朱自清《背影》中对父亲攀爬月台的背影描写，塑造了一个“情感的直觉造型”——情感和文字之间的一个中介结构，[①] 那么周敦颐《爱莲说》中对莲花的直接礼赞，则形成了一股强劲的抒情洪流，一组震撼力十足的说理连珠炮——

予独爱莲之出淤泥而不染，濯清涟而不妖，中通外直，不蔓不枝，香远益清，亭亭净植，可远观而不可亵玩焉。

骈散相间、左右驰援、热情滔滔、源远流长。

从韵律的角度讲，这一组句子押的是“zhi”韵。“直”“植”在古代属于入声字，押这个韵，语气是比较急促的，情感的内质往往也是很刚、烈、猛、矬（另类）的——李清照的词《声声慢》（寻寻觅觅）便很好地体现了这一点，所以这段文字特别能看出周敦颐温和背后的性格之刚、情感之热，以及他说这段话时内心的无边快意。

从表现手法的角度讲，照理，写过莲花的行为、气质、外形（直）、味道之后，就不应该再写外形（亭亭净植，“植”也是笔直地站立之意）。如果真的温柔敦厚，通常也应该先具象，再抽象，有理性、有条理地表达，但是寻味这段文字，周敦颐完全没有遵循这些规矩，而是一任情感肆意流淌。他遵循的是情感的逻辑，个性的逻辑，反常而又合道。所以在这里，看似波澜不惊的文字背后还是泄露了他的情感秘密——这正是文本的篇性特征所在。

但是，对莲花的描摹绝不陷于写实，更重要的是借莲花之形，写君子之质——洁身自爱、不媚于俗、刚正不阿、谦冲自牧、清雅脱俗……一下子接

① 余秋雨. 艺术创造论[M]. 上海：上海教育出版社，2005：136.

通了诗骚以来的“比兴”“比德”的精神传统。这使全文具有了象征意蕴、哲理品格，有效实现了独感与共感的统一，进而拓宽了表现的境界。难能可贵的是，与先贤对君子直接、理性的认知不同——“君子坦荡荡，小人长戚戚”，“君子喻于义，小人喻于利”，“君子求诸己，小人求诸人”，“君子之交淡如水，小人之交甘若醴；君子淡以亲，小人甘以绝”，周敦颐借莲花对君子品质的描述更为形象、丰富和可感，这也属于篇性之一吧。就像人需要通过他者确证自我，文本的篇性特征也是通过其他文本确证或互证的。

不过，赞美君子的内在品质也不是周敦颐的终极目的。真正的终极目的，实际上是他对自我君子般品行的一种肯定、坚守和礼赞。历史上的周敦颐就是一位为人清廉正直、襟怀坦荡的官员，黄庭坚曾盛赞他：“人品甚高，胸怀洒落，如光风霁月，廉于取名而锐于求志，薄于徼福而厚于得民，菲于奉身而燕及茕嫠，陋于希世而尚友千古。”[①] 缘于此，他不仅在生活上极度青睐莲花，而且在精神上也完全与莲花融为一体了。史载，熙宁四年（1071年），周敦颐赴江西星子任南康知军。在军衙东侧开挖了一口池塘，全部种植荷花。时年周敦颐55岁，且抱病在身，但每当茶余饭后，他或独自一人，或邀三五幕僚好友，于池畔赏花品茗，并写下了散文名篇《爱莲说》。

虽然这种比德的写法与其他文人相类，如刘桢笔下的“亭亭山上松”，于谦笔下“要留清白在人间”的石灰，都是自况性的描写，但是在浓情泼墨，不失冲动地讴歌礼赞对象方面，《爱莲说》还是显示出了其独有的篇性特征的。

这便成了教学设计的一个节点，不妨以下列问题来启悟学生详加体味。

（1）仔细吟味作者直接讴歌莲花的文字，看看他在用韵上有何独到之处。这种用韵特点，你还能举出一些例子来吗？

（2）从表现手法的角度讲，照理，作者在写过莲花的行为、气质、外形（直）、味道之后，就不应该再写外形（亭亭净植，“植”也是笔直地站立之意）。他为何如此不怕重复呢？还有，状物一般按先具象、再抽象的顺序来写，可是周敦颐完全打破了这种写作格局。对这种“叛逆”的写法，你认同吗？为什么？

（3）周敦颐仅是在赞美莲花吗？这种借物抒情、托物言志的写法，其他人的诗文中有过表现吗？请举一二例，略加阐述。

① 脱脱，等. 宋史[M]. 北京：中华书局，1977：12711.

学生一旦体味、探究到位，便不会止步于对作者高洁品性的感悟（有的老师便倾向于多方比较、拓展，引领学生从外围、宏观上把握人物的内在精神风貌，如比较陶渊明和周敦颐的价值取向：“面对淤泥，陶渊明的选择是远离，他到红尘边去寻找一片净土。而周敦颐的选择是生长，哪怕是淤泥之中，依旧成长为高洁独立的荷花。”），[①] 而是会更进一步，深入到形式的核心，去玩绎这种高洁品性是如何被作者极富魅力地表现出来的，这种感悟无疑走向了言语表现的更高境界。

三、潜隐而奔突的极化情感

篇性更多的时候是潜隐在词法、句法、章法，乃至标点之中的。

如《项脊轩志》中作者对项脊轩称呼的变化：室→轩→室，这种称呼转换线，既是归氏家族的命运变化线，也是作者心情的嬗变线；《记承天寺夜游》中将“盖竹柏影也”一句，放置在“庭下如积水空明，水中藻荇交横”之后，而不是之前，就是为了更好地表现作者与庭下月色合一的沉醉，继而如梦初醒。

这便需要通过还原、比照、追问、联想等方法，促使其现出真身。很多成功的语文教学，莫不是遵循了这一教学策略：将篇性特征从隐在状态推到显在状态。

相对于《归园田居（其一）》等风格明快的文本，《爱莲说》的篇性特征是比较隐蔽的。其表现至少有二：

（1）说莲花有香远益清、亭亭净植的特点，菊花就没有吗？陶渊明说：“芳菊开林耀，青松冠岩列；怀此贞秀姿，卓为霜下杰。”（《和郭主簿》）苏轼说：“荷尽已无擎雨盖，菊残犹有傲霜枝。”（《赠刘景文》）有贞秀姿、傲霜枝，菊花还不够净植吗？陶渊明、苏轼都看到了莲花与菊花的共同特点，周敦颐为什么视而不见？

（2）含蓄地讽刺牡丹的富贵，世人的庸俗，且有针砭现实之意——批判当时“追逐富贵功名的世俗价值观念”，对因封建官场的权力斗争愈演愈烈，导致“许多儒家上了 踏入其中，就常常失去伦理道德”的不良流习也有所

---

① 王君. 刘禹锡的心灵世界探幽:《陋室铭》《爱莲说》整合教学实录片段[J]. 语文建设，2008（6）：25-31.

批判，[1]可是同样刚直不阿、才识卓荦的唐代大诗人刘禹锡却对牡丹盛情歌唱：“唯有牡丹真国色，花开时节动京城。”真正的国色天香，贵族气派，周敦颐为什么要抹黑它呢？

一旦引入类似的相关资料，周敦颐的极化情感，个性执着与张扬之处就跃然纸上了，文本表现手法上的独特之处——篇性特征，也会随之被带出来。夏丏尊、叶圣陶、陈望道等人曾经有过消极修辞和积极修辞的分类，消极修辞强调意义明确、伦次通顺、词句平匀、安排稳密，求“不坏”；积极修辞追求调和、具体、增义、奇警、朦胧、减义等，求“更好”。[2]文本的篇性特征，正是作者的积极修辞处，或者鲁迅先生所强调的“极要紧，极精彩处”。教学中，如果开掘到这个层次的篇性特征，真是掘到了宝贝，定会使整个语文教学光华四射。

对上述两个篇性特征的审美开掘，不妨作如下问题设计。

（1）作者说莲花有香远益清、亭亭净植的特点，难道菊花就没有吗？“荷尽已无擎雨盖，菊残犹有傲霜枝”，苏轼所说的“傲霜枝”不就是赞美菊花的傲然挺立吗？既然如此，周敦颐为什么视而不见，偏执地认为只有莲花具有呢？

（2）唐代大诗人刘禹锡曾盛情赞颂过牡丹：“唯有牡丹真国色，花开时节动京城。”真正的国色天香，倾国倾城，饱览诗书的周敦颐对此不可能一无所知，他为什么故意在《爱莲说》中过滤掉这个极具说服力的信息？

将这两个问题探讨清楚，文本的篇性特征也就能深入学生的心了，而个性化、创意性、有深度的教学之境也会不期而至。

（发表于《福建教育》中学版 2017 年第 8 期，作者：汲安庆）

---

① 刘中黎. 儒者的战歌：多元文化联姻与《爱莲说》散文创作[J]. 名作欣赏，2001（1）：30-32.

② 夏丏尊，叶绍钧. 国文百八课[M]. 北京：生活·读书·新知三联书店出版社，2008：73-132.

聚焦情脉的审美散文教学知识模型建构

——以《记承天寺夜游》一文教学为例

相对于审智散文的依“理”而教，审美散文通常依“情”而教：抒的是什么情？如何抒情？如何独特地抒情？所抒之情的背后，彰显了怎样的言语情趣、言语人格或言语韵味？这内在地决定了聚焦“情脉”而教成为“天纵之选”。

又因为情脉不仅是审美散文情感意蕴的载体，更深度关涉着视角、结构、手法、情趣、文气等语文教学知识——亦即，与文本言语内容层、言语形式层、言语气韵层天然相连，这种关系颇像藤蔓与叶子、花蕊之于果实，所以抓住情脉来教学可以更好地实现教学知识的结构化，促进知、情、意、行素养的和谐培育。

另，审美散文情脉的同中之异，往往能彰显出文本的篇性①——比如鲁迅的《阿长与〈山海经〉》与朱自清的《背影》的情脉共同表现为“波峰波谷”式结构，但一个是惊涛骇浪式，一个是微波荡漾式；一个情感直觉造型偏于写意，另一个偏于写实；背后的言语人格则一个冷峻而炽热，一个敦厚而不失锋芒，所以切入情脉教学，对陶养师生的审美创造力，同样发挥着重要作用。

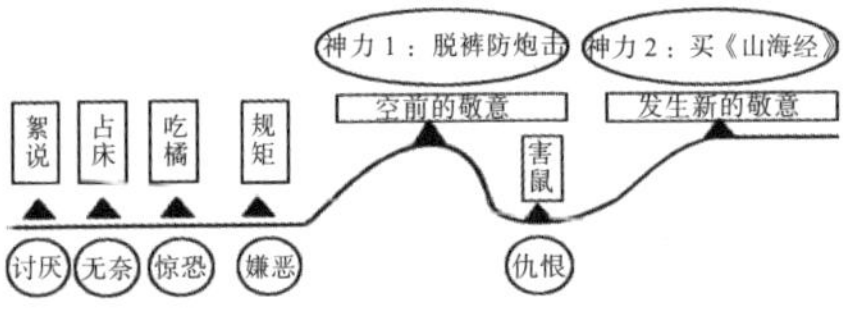

（《阿长与〈山海经〉》情脉）

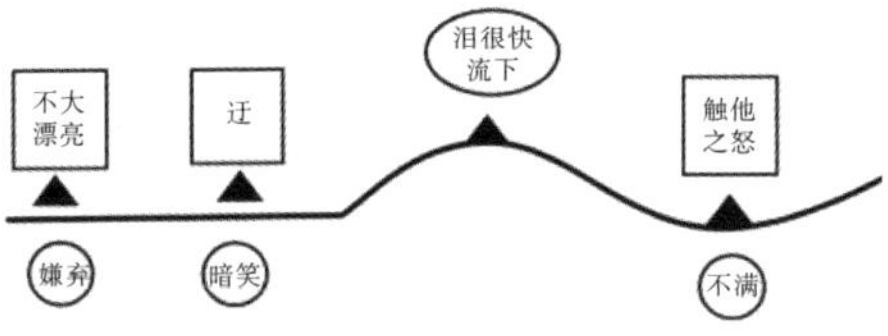

（《背影》情脉）

① 汲安庆.语文阅读教学：必须正视的三大范畴[J].河北师范大学学报（教育科学版），2017，19（6）：96-100.

那么，到底该如何聚焦情脉，建构审美散文教学知识模型呢？本文拟以《记承天寺夜游》一文的教学为例试析之。

一、聚焦情脉，感受情感内涵

不同于《小石潭记》“欢乐→迷惘→忧伤”的明朗情脉，《记承天寺夜游》的情脉显得较为隐蔽和复杂。

除文章开头“月色入户，欣然起行”一句显示了“欣然”之情，后面文字均无明显情感标识。好在一些独特的措辞或句式显示了作者的情感密码。“庭下如积水空明，水中藻、荇交横，盖竹柏影也”一句中“盖”字，人教版教材将之译为“原来是”，表示恍然大悟的语气，非常传神地写出了彼时苏轼与月色合一，陶然忘我的心情状态。这样，从“欣然”到“陶然”，情脉便流动起来了，也能见出作者的喜悦程度在加深。统编本将之译为“大概是”，不仅掩盖了作者从审美自失到理性复归的心理过程，而且与后文的理性感慨，在文气上还形成了一种断裂——作者不可能前一秒还拿不定是否为竹柏的影子，后面就突然理性地借竹柏抒怀了。

对文本的结句“何夜无月？何处无竹柏？但少闲人如吾两人者耳”，不少老师从“闲人”，以及“我”与张怀民能欣赏月色、欣赏竹柏之美而其他人不能的感叹中，读出了作者的释然之情——闲适、豁达、自得、自豪之情的升华。其实，这仅是情感的表象，骨子里还是有怅然之情的。孙绍振先生说得更重，他认为苏轼写作此文时已经44岁，被贬至黄州为团练副使已经四年了，“总的来说，心情是比较沉郁的”，只不过即使“在政治上十分艰难的岁月里，他仍然有他自己的欢乐”①。关于“怅然”之情的判断，与苏轼同期所写的《念奴娇·赤壁怀古》《赤壁赋》等作品互文阅读，不难一窥消息——渲染周瑜的爱情得意、事业得意与人生得意，在表达自我建功立业渴望的同时，也传达了功业难成的落寞与忧伤；《赤壁赋》中客人关于生命须臾、渺小的忧伤，本质上也是苏轼的忧伤。

“闲”的繁体写法有两种：閒（门+月）和閑（门+木），前者“闭门而仍见到月光”，象征着门内的闲暇与宁静；后者本义为栅栏，引申为“防范、规范”，进而又有了“闲置”之意。这两种情感恰好自然统一在苏轼的自嘲中，释然是表，怅然是里。若从行文的韵脚来看，更能见出其情感的秘

① 孙绍振. 孙绍振解读经典散文[M]. 北京：中华书局，2015：142.

密——开篇行文均为阳声韵，“行”“民”“亭”“明”“横”，字字悠扬悦耳，揭示了其欣然、陶然的心情，但是结尾两句的仄声韵“月”“柏”“耳”，发音短促、浊而有力，颇能表现内心深处的失落、无奈和伤痛，只不过因有明月与竹柏的排解，强度稍减罢了。

这便触及了文本的深层结构——明月、竹柏两种意象的象征意涵。苏轼与张怀民在承天寺夜游所见的景物应该有很多，如回廊、屋檐、青瓦、小草、秋虫、远处的田野等，为何只写了竹柏？无他，剥离一切背景，只写明月、竹柏，意在凸显他看重的“空明”之境。这种空明之境是写实，更是写意——明月之下，现实中的所有纠缠、羁绊、负累统统放下，回到本然的自我，回到赤子婴儿的状态，回到无盔甲、无污染的心灵，好好享受这清澈灵魂的月色。这种空明之境，与海德格尔视之为神性的“澄明之境”——让“思”与“在”得以发生的诗意之境，与曹雪芹借林黛玉之口所欣赏的“无立足境”——超越世俗立足之境，进入真我无我状态的一种大自在、大自由之境，颇为相通。虽然此时的苏轼也有借松柏以明志的意识，内心深处也有挥之不去的怅然，但本质上已超越了立足之境，回归了本真之我，所以审美的天眼打开了，在寻常的月色、竹柏中发现了令自己陶醉的美。

为了引导学生深入把握上述情感内涵，可设计如下问题。

（1）《记承天寺夜游》在表现苏轼“欣然”之情的同时，还抒发了其他情感吗？你是怎么体会到的？

（2）“何夜无月？何处无竹柏？但少闲人如吾两人者耳”一句，仅是表现释然之情吗？你还能体味到什么样的情感？

（3）本文仅是在抒情吗？还有没有某种意蕴的表达？如有，是什么？作者是如何表达的？

因为是基于情脉而问，利于学生整体上把握全文内容；又因为触及了文本的深层结构，所以能于无声处磨砺学生的高阶思维。

二、聚焦情脉，玩绎抒情艺术

聚焦情脉，感受情感内涵，只是完成了审美散文“言语内容”层面的鉴赏，要想守住语文体性，还必须引领学生沉浸式阅读，在言语形式层面玩绎作者的抒情艺术。抒情艺术的玩绎，必须在文类视角下围绕篇性开掘展开——这是成为文本知音的必然条件，也是对学情的精准把握，因为篇性开掘无一例外地会成为学生文本解读的重点或难点。

《记承天寺夜游》在抒情上的篇性，至少有以下四点需引起重视。

一是抒情的复杂性。表面上看，“欣然→陶然→释然”的情脉十分单纯，与陶渊明《饮酒（其五）》一诗中“超然→悠然→陶然”的情脉并无二致，但是深入其中会发现，结句除了表现释然之情，背后依然有一种怅然的心情在，构成一种抒情的和弦，所以情脉在行文结束时呈现出分叉的状态。还有，《饮酒（其五）》的情脉基本上是一条欢乐的情感流，但是《记承天寺夜游》在运行到“何夜无月”时，却生出了一股怅然的情感流，这使得抒情的复杂性陡生。抒情出现“支流”现象，与《三峡》《答谢中书书》等文本主要围绕四季、晨昏的美，集中抒发欢乐、新奇之情也不一样。虽然有情感逐渐加深的相似点——《三峡》是通过渲染肃杀之景的趣味来深化欣悦之情，《答谢中书书》是通过概写四时，详写晨昏的方式，将自己由新奇到沉迷的心情转化与欢悦程度加深的状态揭示出来，这与苏轼从欣然到陶然的喜悦浓度增强是一致的，但《记承天寺夜游》结尾时的情感转向，迥异于上述所有文本。

二是抒情的含蓄性。含蓄的美学追求，从先秦时代的比德取向、比兴手法、春秋笔法中便可一窥端倪，其后的文学创作更是沉醉其间。同是写陶醉之情，陶渊明是从山气、飞鸟回家的现象中觅得真意而激动得不知如何用语言来描述，苏轼则是以一“盖”字写出了自己与月色融为一体，审美自失又理性复归的过程，大有庄周梦蝶，不知是庄周变成了蝴蝶，还是蝴蝶变成了庄周的意境。沉醉之深，更胜一筹。以现代哲学观之，是苏轼在世界中，而非世界之外。人在世界中，是世界的“在”者，而不是“观”者。[①] 即使是流水账式的首句“元丰六年十月十二日夜”，也体现了抒情的含蓄性。古人以阴历纪年，十月已近岁末，寒风渐起，万物凋零，可是苏轼竟能在这萧瑟的季节，且是夜晚，被月色吸引，欣然起行，去承天寺邀好友张怀民一起赏月，并郑重记下这个美丽的日子，这不就是赤子之心的抒写吗？

三是抒情的精致性。“欣然→陶然→释然/怅然”的情脉已经体现了抒情的精致性，月意象的一脉贯穿更是强化了抒情的精致性。从“月色入户，欣然起行”，到与空明月色的融合，再到发出“何夜无月”的慨叹，月是欣然之情的引线，更是陶醉之情的见证，还是明心见性的启迪者。月意象的统

① 朱良志. 中国美学十五讲[M]. 北京：北京大学出版社，2006：6.

摄、空明意境的凸显，自我情思的流淌与翻转，一切都显得那么巧夺天工。这种抒情的精致性，中学很多文本都体现了，如《老王》以“送”意象状写老王的现实生活和温暖人格，《百合花》以“百合花”意象营构情节、塑造人物、点染诗化风格，皆值得群文阅读以揭示各自的篇性。

四是抒情的象征性。相对于《三峡》聚焦趣味的纯然抒情，《答谢中书书》以“奇”字立骨状写自我寄情山水的快乐与笃定，《记承天寺夜游》还多了一层象征的韵味。这种象征至少表现有二：一是空明的意境象征自我已经看开了，看透了，即进入了佛家所说的“观”的境界，海德格尔向往的“澄明之境”；二是竹柏意象所象征的刚正、高洁、清雅品质，无论命运如何多舛都不能失其节、失其性的意识，可以说已经融化到苏轼的精神血脉里去了。这在他《于潜僧绿筠轩》一诗中也能得到验证：“可使食无肉，不可居无竹。无肉令人瘦，无竹令人俗。”可以说，竹品就是他追求的人品，即使自我闲情多了，被抛掷久了，也要自拔于流俗，守住本心。

落实到教学设计与实施中，可围绕下述问题与学生进行深度对话。

（1）将“庭下如积水空明，水中藻、荇交横，盖竹柏影也”改为“庭下如积水空明，竹柏之影如水中藻、荇交横交错”，是否可以？从“闲人”一词中，你能读出苏轼怎样的情感？

（2）本文“欣然→陶然→释然/怅然”的情脉，与你读过的诗文作品中的线性情脉有何不同之处？

（3）文中明月和竹柏两种意象有怎样的象征意涵，请谈谈你的理解。

如果学生学养积淀不错，也可围绕“抒情艺术的独特性”这一专题，从复杂性、含蓄性、精致性、象征性等层面切入，直接建构抒情艺术欣赏的教学知识模型。

三、聚焦情脉，体悟言语人格

聚焦情脉的审美散文教学知识模型建构，还可深入到“言语气韵”层面，即由言语人格、语言情趣等所构成的更为深邃的文气与韵味层面。进入这一层面，方可真正实现“知、情、意、行”素养的和谐培育，在语文学视域下将立德树人、培根铸魂的教育目标落到实处。

言语气韵层面看似羚羊挂角，无迹可求，其实结合文本具体的词句以及整体的语境，辅之以知人论世之法，依然可以具身认知。

拿《记承天寺夜游》来说，以下几个方面完全可以引导学生体悟。

一是婴儿眼光。一个经历文字狱差点儿丢掉性命的中年男人，一个有空头官衔而无签字权、行政权，又无正常俸禄的犯官，本已脱掉衣服准备就寝了，见到月色入户，竟欢欣鼓舞地立刻起身。觉得一个人欣赏不过瘾，又去承天寺找好友张怀民共赏。欣赏时，还能迅速与月色融为一体，不知不觉将竹柏的影子当作水中的藻荇，这样的“景痴”恐怕不是一句概括性评论“无可救药的乐天派”所能说得清楚的。用北大诗人林庚称道的“婴儿眼光”，或者美国诗人梭罗所说的“黎明感觉”来形容，庶几更为细腻、具象。将婴儿的眼光保持到成年，所以黎明的感觉一直存在于心中，一旦与美丽的景色相遇，立刻如逢知己，喜出望外。没有婴儿的眼光、黎明的感觉，苏轼也不可能写出逆天诗句“谁道人生无再少？门前流水尚能西”（苏轼《浣溪沙·游蕲水清泉寺》）。这种清新的言语人格，远不止苏轼一人拥有，理应让学生多维感应——“晓雾将歇，猿鸟乱鸣”本质上是不美的，为什么陶弘景还迷醉不已；“小草偷偷地从土里钻出来，嫩嫩的，绿绿的”，朱自清为什么将修饰语置后？如许的审美自觉了，还用得着担心学生审美感官瘫痪，变成情感枯竭、想象萎缩、对真善美无动于衷的单面人吗？

二是空明心地。苏轼以“空明”写月色，实际上也是对自我空明心地的写真。空明心地，在苏轼其他诗文作品中亦有呈现：在“一尊还酹江月”的行动中，有对永恒江月的尊崇，对名缰利锁、世事纷争的告别，对昔日梦想的放下，这是空明心地的表征；赤壁感悟“惟江上之清风，与山间之明月，耳得之而为声，目遇之而成色，取之无禁，用之不竭，是造物者之无尽藏也，而吾与子之所共适”，让江上清风、山间明月入住心灵，而非世俗的各种欲望，这也是空明心地的表征。在《临皋闲题》一文中，他更是明确表示：“江山风月，本无常主，闲者便是主人。”[①]自觉成为江山风月的精神主人，正是对世俗功利的自觉超越。有学者认为：“空是欲、情、灵的形上化，或者说，是对三者的哲学把握，终极的真实是空。”[②]苏轼正是因为有对自然、宇宙、苦难现实的形而上思考，且自觉“虚室生白”，所以即使现实生活风雨如晦，他的内心也能始终一片澄明。他的空明，不是看破尘世的四大皆空、心灰意冷，而是看透之后对灵魂的自觉去蔽，使自性的阳光不断生

① 苏轼. 苏轼文集[M]. 孔凡礼，点校. 北京：中华书局，1986：1453.

② 刘再复. 红楼哲学笔记[M]. 北京：生活·读书·新知三联书店，2009：22-23.

长，这或许是他生前能够照拂身边很多在苦难中挣扎的生命，逝后又能以自己的精神之光照耀历史的根本原因。

三是“观止”哲学。观、止是大乘佛教创立的两大法门，观，即看破；止，即放下。中国哲学也会讲观、止，如《易经》主张“观人观己观天地”，儒家倡导“止于礼”“止于至善”。苏轼作品中更是多处表现了他独特的观止哲学。比如在《赤壁赋》中写自己看破了“物与我皆无尽也”的规律后，立刻转忧为喜，呼呼大睡，“不知东方之既白”；在《定风波·莫听穿林打叶声》中写自己看破“回首向来萧瑟处，归去，也无风雨也无晴”的秘密后，立刻增强了“一蓑烟雨任平生”的信念。在《记承天寺夜游》一文中，“观”也有体现——参破了闲人才能欣赏月色之美的道理，“止”则被留白了，但能体悟到，即以闲心、闲情、闲趣享受当下，去发现生活中的美。尽管“止”得并不彻底——用世报国一直深埋在内心，“闲”是无奈的选择，但这种观止哲学已经足以支撑他圆融、乐观地对待这个世界了，而非像柳宗元那样始终难以释怀，最后郁郁而终。

为了避免概念化的外铄教育，可结合文本与学情，让问题变得软化、情趣化一些。

（1）你能想象得出苏轼“欣然起行”“庭中赏月”时的神情吗？有学者认为他彼时用了婴儿般新奇、惊喜的目光在打量月下的世界，但是也有学者认为将苏轼“童真化”，破坏了他与天地相参的大气，如何看待学者们的争鸣？

（2）与现实景色或书中景象融为一体、陶然忘我的经历，你有过吗？“空明”仅仅写的是月色吗？空明的心境、空明的心地，怎样才能像苏轼那样养成和保持呢？

（3）苏轼在本文中参透“有闲才能发现月色之美”的道理，你是否认同？为什么有闲才能发现月色之美？是否有闲，只能发现月色之美？

带着这些问题与学生对话，并顺势而化，应该会使他们对苏轼的言语人格、言语情趣等有更深切的体味。

（发表于《语文建设》2025 年第 2 期，作者：汲安庆、李茹茹）

点、线、体的营构艺术

——以《藤野先生》一文教学为例

一

教学《藤野先生》，倘若选择切入点，“伟大”一词当是首选。因为在该文的尾声部分，鲁迅蓄势已久的感激之情终于冲决而出：

但不知怎地，我总还时时记起他，在我所认为我师的之中，他是最使我感激，给我鼓励的一个。有时我常常想：他的对于我的热心的希望，不倦的教诲，小而言之，是为中国，就是希望中国有新的医学；大而言之，是为学术，就是希望新的医学传到中国去。他的性格，在我的眼里和心里是伟大的，虽然他的姓名并不为许多人所知道。

这里，“伟大”成了作者感激之情的最高标识，是他对藤野先生人格的最高赞誉，也是统摄全篇最鲜明的文眼。“使我感激”“给我鼓励”反映了藤野先生的伟大，“对于我的热心的希望”“不倦的教诲”内蕴了藤野先生的伟大，“为中国”“为学术”的希望更是彰显了藤野先生的伟大。此段中，作者的感激之情如钱塘江潮，一浪盖过一浪，终于在“伟大”这个节点上达到了“吞天沃日”“势极雄豪”的境界。

正因为感激之情很浓、很盛、很激越，加上行文至此，抒情节奏突然加快，情感基调突然昂扬，作者的措辞在不知不觉中脱离了常轨（他的性格，在我的眼里和心里是伟大的）：

（1）“性格”无所谓伟大或渺小，真正伟大的是“人格”或“品质”，故词语搭配有误；

（2）在“我”的眼里伟大，已经意味着“心里”觉得伟大——“视”不是客观地观照，而是打上主体情思烙印的“灵视”，故无须重复。

但恰恰是作者的这种无意识误用、重复，反而更加精准、个性化地传递了对藤野先生最真挚、最深切的感激之情！神奇地反常合道，违“法”而合情！

鉴于此，课堂教学如果没有在总体上把握“伟大”对全文统摄与表现的价值，也没有引导学生对这段文字的句式特点、抒情节奏、情感基调，以及反常规措辞进行深入玩味，肯定是很难进入鲁迅那独特而丰富的精神世界的。

有学者认为“伟大”一词带有夸饰的成分，上升到藤野先生的毫无民族偏见则可，落实到对学生学业上的关心或自我研究学问的严谨，则有大词小用，小题大做之嫌。这显然是忽略了“伟大”与全文的有机联系，以及它对全文情思的总摄作用。

第一，夸饰并不意味着失真，而是更加逼近了灵魂的真实。一如“言之不足，手之舞之，足之蹈之”，不用“伟大”一词，鲁迅便无法表达对藤野先生深厚的感激和敬重之情。更何况，用大词、热句表达浓度很高的情感一直是鲁迅的言语表现风格——用“神力”表达对长妈妈的敬意和怀念，用“地狱的毒焰将围绕我，猛烈地烧尽我的悔恨和悲哀”抒写涓生的大悔恨，大悲痛，莫不如此。

第二，伟大也并非一定要上升到民族、国家的层面才“名副其实”，在一地鸡毛的琐屑生活中同样可以显现。我们不能说孔子的伟大只能在他做中都宰、大司寇，处理内政外交的时候才显现，在行走于列国之时就无法显现。我们也不能说杜甫在忧国思君时伟大，在忧民忧己时就渺小。事实上，没有看似一地鸡毛的具体细节，伟大将失去存在、生长的土壤，变得非常空洞而虚幻。所谓平凡之中见伟大，细微之处有乾坤，说的就是这个道理。对鲁迅来说，藤野先生的伟大，正是通过添改讲义、纠正血管图、关注解剖、询问裹脚法、临别赠照片这些貌似琐屑的小事结晶而出的。

第三，对“伟大”的估衡，除了显得很高大上，体现主流意识形态的普适性标准外，还有极其普通的很私人化的标准。一般说来，对情感有巨大的温暖、润泽、升华之功的，往往会被主体破格视为伟大。尽管不符合理性的逻辑、现实的逻辑，但绝对符合情感的逻辑、审美的逻辑。作为普通学者的藤野，之所以被鲁迅奉为伟大，亦缘于此。

不妨以“添改讲义”这件事略作展开。回忆这件事，鲁迅明确说到了自己当时的“不安和感激”，因为所记录的讲义“从头到尾”被藤野先生用红笔添改过了，“不但增加了许多脱漏的地方，连文法的错误，也都一一订正”，这等于是聆听了藤野先生的一次纸面上的教学，结结实实地享受了一次开小灶的优待。况且，藤野先生教学之精细、严谨、热情、投入，在鲁迅的求学生涯中是绝无仅有的，岂能不心潮澎湃？胡适在回忆幼时蒙馆学习的情形时，曾提到：普通学生每年的学费也就两块银圆，可是自己上学的第一年，母亲就给先生“六块”银圆，“以后每年增加，最后一年加到十二元”，图的就是让先生精细讲授——每读一字，须讲一字的意思；每读一句，须讲一句的意思。[①] 这种情形绝非个别，而是旧中国的通例。鲁迅当年考取江南水师学堂读书，后转入矿务铁路学堂，也是图的不收学费。所以，在异国他乡受到藤野先生无偿的认真、细致的辅导，又岂能不“不安和感激”呢？

再一个，藤野先生的倾情付出，不是一次性的，而是持续性、长期性的，直到“教完了他所担任的功课：骨学、血管学、神经学”。假如每学期一门功课的话，藤野先生如此认真地批改讲义，至少坚持了一年半的时间。一年半，不计现实的报酬，也不求未来的回报，主动自讨苦吃了一年半，那是何等高尚的奉献，不是伟大的人格又是什么？

更为可贵的是，藤野先生为鲁迅添改讲义还是在紧锣密鼓的忙碌工作中进行的。这一点，鲁迅特地做了交代：

过了一星期，大约是星期六，他使助手来叫我了。到得研究室，见他坐在人骨和许多单独的头骨中间，——他其时正在研究着头骨，后来有一篇论文在本校的杂志上发表出来。

周末研究头骨、发表论文，忙碌的紧张感可见一斑。遇到这种情况，即使有学生请求批改，也完全可以名正言顺地拒绝。可是，藤野先生竟然主动分身，自我加压，帮助一个“弱国”的穷留学生，这怎能不使鲁迅感激涕零呢？“伟大”一词，既有鲁迅对藤野先生毫无民族偏见品质的赞扬，也有对藤野先生热情、无私、严谨、认真品格的深情讴歌，这是一种复合的伟大，饱满的伟大，真实的伟大。

因此，教学中唯有以“伟大”为课眼，站在这样的高度，进行辩证的分析和把握，才能真正揭示形式的秘妙，走进人物的内心世界，实现高质量的生命对话。否则，课堂教学很可能会落入碎片化、肤浅化、狭隘化的解读窘境。

① 胡适. 胡适全集（第 18 卷）[M]. 合肥：安徽教育出版社，2003：30.

二

以“伟大”作为教学的切入点，自然也须一“线”贯之。

这种“线”在文本中至少体现为三种。

一是情节线：①相识—相处—相别；②自我介绍→修改讲义→纠正血管图→关心解剖实习→询问裹脚法→得悉匿名信事件→依依惜别；③东京自修→仙台求学→离开仙台。前两者以藤野先生为中心，后者以作者的活动为线索。从把握人物形象的角度出发，教学自然应以前两条明线、主线为主，后一条只能当作暗线、副线处理。

二是情感线：平易、和悦（添改讲义、纠正血管图）→激动难耐（关心解剖实习）→淡淡失落（询问裹脚法）→悲哀、不舍（依依惜别）。

三是语气线：自信、投入（自我介绍）→不容分说（添改讲义）→亲切、和蔼（纠正血管图）→如释重负（关心解剖实习）→真诚、同情（询问裹脚法）→无奈、叹惋（依依惜别）。

教学中，不管以哪条线贯穿，都必须做到：①始终不渝地突出主体——藤野先生。②时时不忘指向切入点——伟大。突出主体，事件就不会显得冗杂、碎裂而干扰思路；指向切入点，教学则会详略得当，缓急有致，目中有人，不会出现热闹交流，却偏离方向，甚至不知所云的怪现象。

之所以如此强调“线”的贯穿，主要基于以下三方面的学理性思考。

1. 训练学生简要、清顺的言语概括力和表现力

理出文章的线索，看似对文章结构的宏观把握，带有直觉性，模糊性——仿佛是对阅读初感的勾勒，但是这种直觉性的勾勒一定是有体验、想象、思维打底的，比如对时间、地点标识的搜寻，对主人公经历的事件，内心活动的识别、分析、判断，并进行整体地把握等，都是需要理性思辨的。李泽厚的“判断（以理解为主）在先，愉悦在后”的智慧审美论很好地解释了这种心理现象。在他看来，美感是个体的感性中积淀了社会的理性，包含了认识、理解、判断，不过这些认识、理解、判断，也就是理性的东西只是作为一种因素融解在感性中，所以美感的呈现是直觉的，直截了当，当下即得。[①] 余秋雨也说：“直觉，最完整、最经济地体现了一个人此时此刻的总体

① 李泽厚. 美学三书 · 美学四讲[M]. 合肥：安徽文艺出版社，1999：520-521.

审美水平。”① 梳理情节线、情感线或语气线尽管算不上什么美感获得，但是其间也有审美的直觉顿悟，思维的直觉判断。不过，要在短时间内做出回应，且要实现对“神”“意”的精准概括，挑战的难度很大。

当然，这种“线”的梳理千万不能沦为远离文眼、远离对人物形象丰满多姿的内心世界的探寻，因而也远离了美感的应试训练。如进行纯技术上的机械、刻板的段落划分，段意总结，进而将整体、有机、情韵丰饶的文本切割得鸡零狗碎，不忍目睹。当然，注重“线”的梳理也非课课都要经历这个环节，或必须浓墨重彩地进行，而是指执教者心中要有战略上的把握。唯其如此，阅读才会既“收得其内容”，又能更好地“欣赏玩味其文字”；② 教学方能自由地纲举目张，吞吐万千。

2. 可以对文本意脉或情脉有整体的审美感知

情节线也罢，语气线也罢，本质上都是情感线，是文本的情脉或意脉。把握了，阅读便不会碎片化或一头雾水，教学也不会东一榔头西一棒槌，茫无头绪地乱闯乱撞，或踩着西瓜皮，滑到哪儿算哪儿，因为意脉/情脉是语文教学中“设色”“绘图”的底板，离开它，教学活动陷于盲目几乎是必然的。

用组织学生替孔乙己告状的方式进行阅读教学何以显得不伦不类，正是因为教者无视《孔乙己》一文中“笑”这条草蛇灰线，或“鲜活生命力被凌迟”这条意脉的存在；讲朱自清的《春》，在听音乐，想画面，象征性地读读、议议后，就迫不及待引领学生欣赏春的图片，聆听春的音乐，朗诵春的诗歌，唱《北国之春》和其他流行歌曲，被学者批为“无中心拓展”，③ 也是因为脱离了文眼“希望”统摄下的春草、春花、春风、春雨所构成的扇面式结构，成了严重越界的反面典型。同样，如果在《藤野先生》的教学中，引导学生大谈中国留学生如何不学无术，日暮里和朱舜水如何体现了鲁迅的爱国情怀，匿名信事件如何表现日本同学的嚣张，幻灯片事件如何鞭挞国人愚昧、麻木的灵魂，可是对体验藤野先生人格的伟大却淡然处之，犯的也是胸无意脉的毛病。

3. 便于在行动中感悟人物形象的“典型性”

有“线”的贯穿意识，不仅可以更好地在整体上理解文本，营构教学，

① 余秋雨. 艺术创造论[M]. 上海：上海教育出版社，2005：126.

② 夏丏尊. 夏丏尊教育名篇[M]. 北京：教育科学出版社，2007：123.

③ 李海林. 李海林讲语文[M]. 北京：语文出版社，2008：115.

而且可以更好地引导学生动态地感受、分析人物形象。因为人物“只有在行动中才见出典型性。如果把典型看作静止面或数量上的总结，那就不会真正了解典型”，亦即亚里士多德论人物性格时不断强调的“在行动中的人物”。①

拿本文来说，倘若心存“线”的意识，便会发现：藤野先生在穿着上不拘小节，在学术上却锱铢必较；帮助学生学习非常果断、热情，但是对待学生的人生抉择，却充分尊重。时而内敛、克制，时而奔放、爽朗；时而含蓄委婉，时而直言不讳；时而严格，时而深情。表现不一，却无一不是真诚、善良的内心世界的流露。这种立体化的认知，也是基于文本情脉，才实现对人物形象的多维度把握的。

三

抓住了“点”，贯穿了“线”，还应采取多种方式在优游涵泳、玩绎反思，与不同生命对话的过程中，让教学之“体”立起来。

立体化的教学，人们通常采用的是“问题探讨法”：以精心设计的几个问题，带动全篇的理解。但是如何设计，颇有讲究。设计得好，课堂教学可以尺幅千里，窥一斑而知全豹；设计得不好，课堂教学便会拉拉杂杂，不胜其烦，让教者自己都恶心。

如何设计？瞄准文眼，立足文脉，紧扣秘妙是关键。如果说瞄准文眼是让语文教学“神”立的话，那么立足文脉就是“骨”立，而紧扣秘妙就是“肉”立了，三者呼应，和谐统一，教学的立体感、美感才会出得来。这方面，很多优秀的老师都悟到了，且付诸行动了。比如熊芳芳老师执教的《窦娥冤》，她所提出的问题“文中什么字眼出现得最多”，实际上就是奔文眼去的，而“窦娥既然选择了为婆婆替罪，为什么还要喊冤”（熊芳芳《语文：生命的，文学的》）则既立足文脉，又扣住了形式表现的秘妙。同样，对于《藤野先生》的教学，最能概括全文主旨的一个词是什么？为什么这么说？藤野先生的哪些地方令鲁迅感到伟大，时隔二十多年还念念不忘？你怎么看待这种“伟大”？…… 这些围绕文眼、情脉展开的问题都是无法绕开的。

“矛盾开掘法”也是问题设计的一大方法。不论是显在矛盾，还是隐在矛盾，不论是人物形象的内心矛盾，还是作者言语表现的矛盾，一旦捕捉、

① 朱光潜. 西方美学史[M]. 北京：人民文学出版社，1979：75.

开掘，往往能顺利地破解人物心灵密码，发现形式表现的秘妙，而且更容易激发学生的认知冲突，调动他们的求解兴趣。《藤野先生》一文便蕴含了不少矛盾矿藏。

（1）老师给学生批改作业纯属分内之事，为什么鲁迅看了藤野先生的批改，还感到不安和感激？

（2）藤野先生仅指出鲁迅所画的血管图移了一点位置，为什么 20 多年后鲁迅还充满了感激，并为当年的任性自责不已？

（3）藤野先生的发问都让鲁迅深感为难了，鲁迅为什么还感激藤野先生，称他的性格伟大？

（4）藤野先生明明知道鲁迅所学的解剖学对生物学没有多大帮助，为什么不对鲁迅当头棒喝？这不是“见死不救”吗？

诸如此类的矛盾一旦被抛出，必然会引爆学生的思维、联想和想象，文本探究便会从外在走向内在，从被动走向主动，从沉寂走向活跃。

（1）老师给学生批改作业属分内之事不假，但没有规定周末也要批改，也没有规定必须详批详改，更没有规定不是作业的听课笔记也要批改。在这种情况下，藤野先生主动给自己加压，义无反顾地施以援手，鲁迅岂能不震惊？岂能不感激？

（2）尽管是细微的错误，但是因为涉及科学，且与生命相关，依然被郑重地指出，这何尝不是藤野先生对鲁迅学术精神的熏陶呢？鲁迅非常反感中国传统教育中神而明之的“暗胡同教学”——一任你自己去摸索，走得通与否，大家听天由命，① 现在遇到知识上、做人上如此细心、严谨的点睛之人，他怎能不感激涕零，视为伟大呢？而且随着年龄的增长，认识的加深，这种感激将会持续升温，“伟大”就是这种炽热情感的最好写照。

（3）询问裹脚法虽然令鲁迅为难，但是藤野先生不是猎奇，更不是借嘲弄中国的文化糟粕来嘲笑鲁迅。他真诚询问的背后，有着对中国女性不幸命运的同情，有着对自己研究学问的天然敏感和探究的欲望——足骨如何变得畸形，与他教授的骨学、血管学、神经学，有着紧密的联系，这种人道主义的悲悯、同情，还有对专业领域探究不止的执着，怎能不让鲁迅对之高山仰止呢？

（4）藤野先生知道鲁迅所学的解剖学对生物学没有多大帮助，但他更知道应该充分尊重学生的选择和兴趣。“己所不欲，勿施于人”很可贵，但是

① 鲁迅. 做古人和做好人的秘诀[C]//鲁迅全集（第 4 卷）. 北京：人民文学出版社，2005：276.

克制己之所欲，也不强行施于人，更显可贵。和盘托出自己的想法，却绝不绑架别人的思想，这不是伟大的人格又是什么呢？

如此一来，“背景联系法”（如前文提到的私塾先生有偿开小灶，鲁迅先生颇有微词的“暗胡同教学法”），还有“词句玩绎法”也就成了立体化教学的重要方法。

“背景联系法”因为暗合知人论世的阐释传统，既有助于立体化地把握人物形象，也可以开拓学生的视界，刷新学生的体验，使语文教学充满学术的气息，因此深受很多优秀老师的喜爱。试想，在《藤野先生》一文的教学中，教师如果提供如下史料：①鲁迅在北京女子师范高等学校任教时，衣着也是不太讲究的，他穿的破皮鞋就曾遭到阔小姐身份的女学生掩口窃笑。②在文学的道路上，鲁迅也热忱地帮助过无数的青年，如艾芜、沙汀、曹白、许钦文、高长虹……许广平就曾说鲁迅为了帮助青年，“逐字逐页地批改文稿，逐字逐句地校勘译稿，几乎费去先生半生工夫”。[①] ③在《野草·题辞》中，鲁迅这样写道：“当我沉默着的时候，我觉得充实；我将开口，同时感到空虚。”让学生感受到鲁迅与藤野在穿着、助人，甚至欲言又止的个性方面都有着惊人的相似，进而悟到作为老师的藤野，竟然令鲁迅不仅继承了其习惯，而且继承了其品性。这种人格力量怎能说不伟大呢？不过，此法对学养不深，阅读量不大的老师来说，足以令之望而却步也是事实。

“词句玩绎法”的使用频率尤其高。扣住关键词句，运用换词、省略、吟诵、联想、质疑等方式，以少总多，触类旁通，可谓屡试不爽。比如，抓住“从头到尾”“不但……连……也都……一直……”体味藤野先生的细心、耐心、热情和执着；抓住“一点位置”体味藤野先生的苛严与和蔼；抓住“敬重”而非“迷信”的措辞，体味藤野先生对中国文化的尊重，对鲁迅民族自尊心的保护；抓住“很担心”“怕”“总算放心了”体味藤野先生的牵肠挂肚和如释重负。当然，使用这些方法的时候，也需要结合朗读、表演、评价、仿说、仿写等方式，进行巧妙地运用。唯其如此，体悟人物形象，感受形式秘妙的教学，才能真正走向圆融、深入和立体。

（发表于《福建教育》（中学版）2016 年第 3 期，作者：汲安庆）

① 许广平. 鲁迅和青年们[C]//欣慰的纪念[M]. 北京：人民文学出版社，1952：96.

解读就是解写的审美实践

——以《别了，不列颠尼亚》一文教学为例

“解读就是解写”是表现/存在本位语文学习观的集中体现。①

它迥异于知识本位的语文学习观——不是为了一个劲地吸收、占有知识，而是在特定的文本、语境，以及与不同主体的对话中建构、化用知识；迥异于能力本位的语文学习观——不是一味着眼于应试或应世的平均、机械、封闭的听、说、读、写训练，而是指向更高层级的精神需求与价值实现：不断充盈自我，与优秀的自我相遇，亦即不满足于学以致用，还追求学以致美、学以致在；也超越了素养本位的语文学习观——素养本位看似什么都提到了，思想感情、语言积累、语感培养、思维发展、良好习惯、能力训练、文化熏陶、审美情趣……实际上仍缺少一个得力的把手，或具有强大统摄力的精神指向。试问：语文素养如何积淀、丰富、渊深？是否依旧像以前一样眉毛胡子一把抓，或东一榔头西一棒槌？关于这个，“核心素养”说还是未揭示，只不过对昔日的杂素养提纯了一下。语文素养积淀了、丰富了、渊深了，还要干什么？是否仅为了积淀而积淀、丰富而丰富、渊深而渊深？如此，岂不是又陷入了占有式学习的怪圈，而远离了存在性学习？

解题引领下的解读就不一样了。不论是知识建构、能力训练，还是素养积淀，均可走向集约、灵动和高效。“解读就是解写”不仅是语文教学之术，更是语文教学之道。从解写到能写、善写、乐写，不仅可以提升阅读的品质和境界，更可以不断确证自我的精神生命，这样的语文教学，岂能不活力四射？潘新和教授说得好：“这种指向表现——言语创造的阅读，作为指导思想和教学策略，贯穿渗透于教学的全过程。阅读活动中不可能都要说和写，即便在不说不写时，也应想着说、写，也在为说、写做准备，或直接或间接、或表层或深层地做准备，自觉自愿地建构言语表现的认知图式和人格修

① “解读就是解写”观念的首倡者为福建师范大学的赖瑞云先生，具体的理论阐释可参见其主编的《文本解读与语文教学新论》一书，北京师范大学出版社，2013 年版。

养。”因为“表现本位的阅读，是建立在阅读的积累性、创造性、建构性和人的思想、内心的丰富自由之上的，从根本上说，是一种改变了人的生命状态和人生态度的积极阅读，是一种由内化而外化、由深层而表层的孕育、转化的生命活动过程”。①

但是，这种理念的践行在当下是有一定难度的。阅读本位者固持阅读和写作的分离，只求读懂、吸收，且指向应试的有选择、有限度地读懂、吸收，解写教学等于被放逐；能力本位者貌似听、说、读、写训练面面俱到，但因主要矛盾抓不住，解写的教学依然无法凸显；写作本位者倒是偏于言语表现，但因注重文章学、写作学知识机械、零碎地传授，缺少基于文本语境的以点带面、会通奥窔的个性化建构，且忽略非智力因素的培育，解写的魅力几乎处于尘封状态。素养本位者虽然重视语言的建构与运用，同时还关注思维的发展与提升，审美的鉴赏与创造，文化的传承与理解，但因为对体式素养、言语动机、价值观素养的重视尚缺少自觉，解写的教学也不是特别系统、深入和博大。

如何让解读就是解写的观念成为语文教学的自觉，并走向理想的教学境界，本文以《别了，不列颠尼亚》的教学为例，试加阐述。

一、教学实体：着眼“怎么写”的秘妙揭示

解写的“解/写”作何解？一般倾向于：为什么写、写什么、怎么写（或“为什么这么写”）。为什么写属于观念层面，涉及言语表现的动机、价值观、人格、胸襟、态度、习惯等写作素养中的非智能素养，尽管比较“虚”，也不是教学的实体所在，但具有本体性的决定作用，且能引领学生在言语表现的征程中不满足于辞章之文，而追求学问之文、道之文。写什么、怎么写、为什么这么写更偏于技能层面，是教学的实体所在。如何处理三者的关系？应以“怎么写”的秘妙揭示为实体、主体，带动对“写什么”“为什么写”的探索与感悟，这样的教学才能主次分明，虚实相生。

关于“怎么写”的秘妙揭示，也应有所为，有所不为。鲁迅先生在《致董永舒》《不应该那么写》等篇中曾指出“应该怎样写”和“不应该那么写”之别，并强调阅读的重点是后者。如何知晓作者的“不应该那么写”？他提到的方法主要是从定稿和未定稿的差别中寻找。这对电脑写作成为主流的当

① 潘新和. 语文：我写故我在[M]. 福州：海峡文艺出版社，2014：163.

下，几乎不太可能。不过，这启示我们，用比较法还原，一样可以达到目的。孙绍振先生认为文学形象是一个三维结构，第一层次是表层的意象群落，第二层次是潜隐在意象群落背后的情志脉络，第三层次是更为深层的文学形式，文学解读应着力于第二、第三层次的探究。① 这与夏丏尊先生强调的“学习国文，应该着眼在文字的形式上，不应该着眼在内容上”的思想一脉相承。② 着力于情志脉的把握，可以确保阅读教学的整体性和活力美；着力于形式秘妙的揭示，则可以有力地捍卫语文的体性，不至于“种了别人的田，荒了自家的园”。从语文课程与教学论的角度讲，则应在类性与篇性统一的基础上，充分发掘文本的篇性，更好地提升学生的写作素养，开启他们的言语表现智慧。

《别了，不列颠尼亚》是“现场短新闻”。现场短新闻均为“迅速而及时来自新闻事件发生地的现场报道，即作者在新闻事实发生的现场，主要用耳闻目睹、观察分析得到的第一手材料，在浓郁的现场气氛中，忠实地向读者报告新闻事实的发生及其变化的状貌”，③ 短、新、真是其类性特征。教学中，当然要让学生知道这些。全文只有 900 余字，不可谓不短；香港回归的当天便以电文形式发表，不可谓不新；作为中国通讯社——新华社的记者，作者目睹了香港回归交接仪式的全程，不可谓不真。

但仅让学生了解这些还不够，必须深入到文本篇性特征的开掘中。截至 1997 年 5 月 8 日，全球便有 778 家传媒，8423 人登记采访香港政权交接仪式，更遑论回归的当日。报道媒体、人数如此之众，如何才能使自己的报道脱颖而出，吸睛度爆棚，没有独特的篇性特征，肯定不行。

那么，《别了，不列颠尼亚》的篇性特征有哪些呢？

一是视角选择的独特性。不写与查尔斯王子或离任港督彭定康的告别，专写与英国皇家游轮“不列颠尼亚号”的告别，新颖性、象征性、艺术性立显。不列颠尼亚号为英国历史上第 87 艘王室游艇，1953 年至 1997 年间服役，曾服务于英女王及其他王室成员，做过 696 次外访及 272 次英国水域内的探访，在战争中承担过救援角色。相对于与人告别的常规视角，与极具

① 孙绍振，孙彦君. 文学文本解读学[M]. 北京：北京大学出版社，2015：21-27.

② 夏丏尊. 夏丏尊教育名篇[M]. 北京：教育科学出版社，2007：152.

③ 彭朝丞. 为盛世纪实，为历史留影：评获奖消息《别了，“不列颠尼亚”》[J]. 新闻战线，2001：(11)：36-37.

代表性的游轮告别，显然更具陌生化的效果，也更能暗暗释放中国崛起的自豪感和幸福感。这颇类似于苏霍姆林斯基《致女儿的一封信》中故事的创意，以上帝的视角见证爱情的伟力，倘若借普通人的视角来写，表现力则会大打折扣。

另外，与一艘游轮告别，也会在深层的联想机制上打通与古代送别诗（词）意境的联系，“山回路转不见君，雪上空留马行处”，“孤帆远影碧空尽，唯见长江天际流”……以物代人，所抒之情更为醇永，也更能开拓读者/听众的想象空间。不同之处在于，经典送别诗词体现的是依依惜别的深情，而与“不列颠尼亚号”的告别传递的则是民族自强后的无边快意。

二是不断强化的时间艺术。亚里士多德说“时间是主要的破坏者”，可是在《别了，不列颠尼亚》一文中，时间却成了正面的“主角”。4∶30，降下港督旗；4∶40，港督最后一次离开；6∶15，举行告别仪式；7∶45，英国第二次降国旗；1997年6月30日的最后一分钟，中英两国易帜；0∶40，不列颠尼亚号消失在夜幕中。看似流水账式的忠实记录，实质上却是在不断渲染内心的激动、甜蜜和幸福。时间不断被点击，对英国人来说，是伤疤的不断被揭开；对中华儿女来说，这是一次次的幸福狂欢。但是，这种狂欢又是隐在的，是内心幸福的汹涌澎湃，因此显得典雅而艺术。从4∶30的降港督旗，到凌晨0点前一分钟的两国易帜，颇有体育比赛中的倒计时效果，令人既紧张又亢奋，时间感与幸福感得到了同步强化。美中不足的是，4∶40港督最后一次离开这部分文字，没有被独立成段。如果独立成段，欢乐释放的力度会更强、更足。

三是对比手法的尽情使用。一篇不足千字的短文，竟然有七处用了对比。可是，又看不出它的呆板和拖沓，这无疑是非常高明的言语表现艺术。七处对比，虽内容各异，却无一例外地指向祖国崛起的激动、幸福和自豪，宛如烟花怒放，绚丽无比，但因为富有层次——如降旗的对比（写彭定康降旗，同时点明：永远都不会有另一面港督旗帜从这里升起）；建筑的对比（许多港督对港督府都有过改建、扩建和装修，但随着末代港督的离去，这座古典风格的白色建筑成为历史的陈迹）；背景的对比（停泊在港湾中的皇家游轮“不列颠尼亚号”和邻近大厦上悬挂的巨幅紫荆花图案，恰好构成这个“日落仪式”的背景），明暗有致（有的是明对比，如156年前爱德华·贝尔彻的升旗与今天的一位英国海军士兵的降旗；有的是暗对比，如6

月 30 日最后一分钟的易帜），忠于史实（港督府的历史与现实的对比，易帜时的降旗与升旗的对比），所以又给人以自然、清新之感。

为了使学生对这些篇性特征有深切的体悟，不妨设计或引导学生提出如下问题进行探讨。

（1）报道香港回归的新闻视角千姿百态，作者为什么独独选择与“不列颠尼亚号”皇家游轮作别？选择与查尔斯王子或离任港督彭定康作别不也可以吗？这种作别视角，你在其他作品中遇到过吗？请谈谈它的妙处。

（2）在《别了，不列颠尼亚》一文中，时间成了“主角”。何时降下港督旗帜，何时举行告别仪式，何时进行中英两国易帜，写得事无巨细。这种描写，是否类似于令人讨厌的流水账风格？为什么？

（3）数一数，本文一共用了几次对比，作者为何不计冗余的风险，对此津津乐道？其中蕴含了怎样的言说匠心？

二、相机启悟：“写什么”“为什么写”

“怎么写”的探究是教学的实体、主体，应围绕篇性特征的揭示展开。但是，这并不意味着要放弃对“写什么”“为什么写”的感悟和思考。这两方面虽然不需要浓墨重彩地展开，但仍需触及。艺术地触及，可以以虚统实，彻底地照亮整个课堂教学，就像武术中的“四两拨千斤”，书法中的“斜中求正”。

从表面上看，“写什么”“为什么写”似乎不是问题，因为大家报道的都是相同内容——为盛世立传，为历史留影，出于相同的目的——表达中国人一洗百年耻辱，大长民族志气，重振国家声威的自信、自豪、激动、幸福之情。然而，在这共性的表达中，依然有细微差别存在。这细微差别是文本的独特魅力，也是教学的攻坚所在。

《别了，不列颠尼亚》一文中的细微差别在哪里？

一是事象的选择。置身于相同的情境，人们的视听选择是有差异的，这种差异的形成与一个人的学养、经历、审美、喜好等息息相关。于是，相同的报道中，依然会显出个性差异来。比如对“雨”这一物象，很多记者会熟视无睹，但是周婷、杨兴却对之加以突出——末代港督是在“蒙蒙细雨”中告别港督府的；举行象征英国管治结束的告别仪式时，“雨越下越大”。所以，“雨”成了新闻中的“草蛇灰线”，别具深意——对英国人来说，那是伤心的泪水；对中国人来说，则是幸福的甘霖。再如对查尔斯王子宣读英国女王赠言，赠言的内容肯定有不少句，但是作者只报道了这两句——英国国旗就要降下，中国国旗将飘扬于香港上空。150 多年的英国殖民统治即将结束。为何？抒情表意的需要！因为这两句太能长中国人志气，扬中国人幸福了！写什么、为什么写，不是照相机式的刻板记录，还有心灵的选择与讲究，教学中对此必须予以关照。

二是背景的介绍。文章体量很小，却有三处背景介绍（关于港督府的历史穿插一次；英国第一次在港岛插旗，被变换措辞介绍了两次），这也是作者报道的独特之处。语言极其简洁，却颇富表现力。第一次背景介绍对英国人来说，可能有“阁中帝子今何在，槛外长江空自流”的兴亡之感，但是对中国人来说，则是“雄关漫道真如铁，而今迈步从头越”的扬眉吐气之感。后面两次背景介绍，表达效果如故。因此，忠实报道的背后，作者一唱三叹，“嗟叹不足，故歌咏之；歌咏不足，则手之舞之足之蹈之”的兴奋之情已呼之欲出。更为可贵的是，作者对数字的清晰（1841、156、1997），对史料的熟谙，使得扎实的史学素养与深沉的爱国之情相映生辉。夏丏尊、叶圣陶在《文心》中写道：“情意与知识，虽方面不同，实是彼此关联的。情意如不经知识的驾驭，就成了盲目的东西。”[①] 周婷、杨兴的背景介绍正是驾驭了情意，又释放了情意的极好范例。爱国之情不是靠口号喊出来的、泪水流出来的，而是需要理性、深邃地表达，三处背景介绍就恰到好处地起到了这样的表达效果。

三是措辞的独特。虽然是在介绍同样的场景、事件、人物，但在修饰语、语序、标点等细微处依然能见出个性，幸福的花蕾，这同样是写什么、为什么写的细微差别之处。如写注视港督旗帜下降的彭定康，作者用了一个“面色凝重”的修饰语；写接载查尔斯王子和彭定康回国的不列颠尼亚号皇家游轮驶离维多利亚港湾，作者特意补叙了一句——这是英国撤离香港的最后时刻（其实，这句也可不用倒装，但表达效果就会差很多）；写象征英国管治结束的告别仪式，作者特地强调：停泊在港湾中的皇家游轮“不列颠尼亚”号和邻近大厦上悬挂的巨幅紫荆花图案，恰好构成这个“日落仪式”的背景——日落仪式这个词组何以被加上引号？无他，表面上是写实（傍晚），其实更是象征（号称“日不落帝国”的英国衰落了）。

---

① 夏丏尊，叶圣陶. 文心[M]. 北京：生活 · 读书 · 新知三联书店，2008：47.

面对这些细微之处，教学中必须相机启悟。

（1）“雨”这一物象真的只是写实吗？英国女王的赠言，肯定不止两句，作者为什么只报道了这两句？——英国国旗就要降下，中国国旗将飘扬于香港上空。150多年的英国殖民统治即将结束。

（2）本文的背景介绍共有几处？请一一找出，说说其间妙处。

（3）虽然是客观报道相关的场景、事件、人物，但在修饰语、语序、标点等细微处依然能一窥作者的幸福之情，你能举例说明吗？

三、解读就是解写，必须注意审美的观照

解读就是解写，不能停留在言语表现技能的阐析上，还应走向言语表现智慧的体悟，亦即注意审美的观照，真切地感受作者的言语表现之美。

这方面，民国时期就有很多学者注意到了。夏丏尊、叶圣陶在《国文百八课》中便提到了“消极修辞”和“积极修辞”之别。前者追求意义明确、伦次通顺、词句平匀，安排稳密，后者追求调和、具体、增义、奇警、朦胧、减义。[①] 写作既要求通，更要求好。如果说求通是追求抒情表意准确的话，那么求好则上升到了求美的层次。这对各种文体的解读与写作，都是适用的。落实到语文教学中，更需探讨：作者的言语表现通在哪里？好在何处？

从教学的角度讲，审美观照还应注意上文所说的类性与篇性的统一，尤须挖掘出文本的篇性特征，因为这里有着极为丰富的美的矿藏。这是由创作的境界决定的——优秀的作家一定是既注意适体创作，又注意跨体创作的。钱锺书在《管锥编》中便指出过：“文学有各种文体。大致有体，死守则自缚。贾谊的论文像赋，辛弃疾的词似论。真正的大家总是在文体形式上有突破创新。”所以，注意对篇性特征的发掘，审美的精神便会像空气一样无处不在。

但这种发掘不是单向度的传授，而是多向度的对话；不是单篇文本的画地为牢，而是向其他文本、其他学科，向历史、生活充分开放、融通、生长的个性化建构。这便需要多层面课程知识（教材知识、师生的经历、体验、学养等）的介入、互动与共生。特别是学生层面课程知识、审美体验的唤醒和生成，这更是审美效应最好的确证，正如日本学者佐藤学所言：“对教师

① 夏丏尊，叶绍钧. 国文百八课[M]. 北京：生活·读书·新知三联书店，2008：73-132.

来说，每一个学生的想法和头脑中的表象都相互碰撞、呼应起来的‘交响乐’本身，乃是教学的最大妙趣所在。”

《别了，不列颠尼亚》尽管在文类上属于新闻，但如果注意审美观照，写作的秘妙还是颇为丰富的。除了篇性特征外，下述特点也是值得关注的。

一是精致描写。虽是短新闻，但在有些细节上，作者却毫不吝惜笔墨。比如彭定康是几时几分离开港督府的，乘什么车离开的，第二次降国旗是何时降的，谁降的，156 年前谁在这里升的，一笔一笔交代，非常精细、耐心。为何？写得越细，越清楚，内在的欢悦就表达得越醇厚。这就像朱自清笔下父亲攀月台买橘子的特写镜头，写得越精细，表现的父爱就越浓郁；就像苏轼《念奴娇·赤壁怀古》中对周瑜春风得意的形象描写，写得越精致，反衬出自我的失落就越强。很多不同文类的作品，上升到求好、求美的层面，其实都是相通的。这种写作的匠心，在教学中也应该让学生体味到。

二是春秋笔法。看似寻常甚至平庸的描写中，其实寄寓着极其深邃的情感。比如，对 4：30 分降港督旗的描写中有这么一句——但这一次不同：永远不会有另一面港督旗帜从这里升起，这是妇孺皆知的常识，为什么还要交代？是否太低估了读者/听众的智商？当然不是。这样不忌低智商的描写，只因自豪、幸福到了极致，乐到极处语自拙嘛！再如结尾部分的描写——大英帝国从海上来，又从海上去，如将“大英帝国”改成“英国佬”是否可以？当然不可以。倘若改成“英国佬”，不仅有失大国作者风范，而且大国崛起的炽烈而醇厚的幸福之情也难以彰显。从写作的角度讲，“从海上来，又从海上去”这种集对比、对仗于一体的警句，还有振起全文的作用——东方的雄狮苏醒了，侵略者殖民的梦想归零了，我们中华民族终于再度进入了崛起的新时代……但是，这种大欢乐、大自豪、大鞭挞、大自信的情感又不是倾泻而出，而是含蓄、典雅地表现，因此显得意味深长。这么好的审美资源，岂能不让学生好好开发一下？

三是多重回旋。除了前文介绍的“背景回旋”，“最后一次”在全文中也有多处回旋。文章采取的是横截面报道方式，从英国撤离香港的最后时刻写起，所以“最后一次”成了名副其实的关键词。文章开首，“在香港飘扬了一百五十多年的英国米字旗最后一次在这里降下后”；4：40，代表英国女王统治了香港 5 年的彭定康登上带有皇家标记的黑色“劳斯莱斯”，最后一次离开港督府。“最后一次”的不断强调，正是作者喜悦之情不断迸发的表现。

只有将这些审美资源悉数开发出来，解读就是解写的理念才能真正贯彻，解写才会进入一个令人心向往之的境界。如何开发，以下探究题可资参考。

（1）虽是短新闻，但在有些细节上，作者却毫不吝惜笔墨，你能举出一些例子，并尝试分析为何要这样精细地描写吗？

（2）看似寻常最奇崛。这样的句子，你能悟出其间妙处吗？比如，对4：30降港督旗的描写——但这一次不同：永远不会有另一面港督旗帜从这里升起，这是妇孺皆知的常识，作者为什么还要交代？是否太低估了读者/听众的智商？再如，大英帝国从海上来，又从海上去，如果将“大英帝国”改成“英国佬”是否可以？为什么？

（3）“最后一次”在全文中有多处回旋，你能找出相关例句，并思考为什么要这样不断回旋吗？

（发表于《福建教育》（中学版）2017年第3期，作者：汲安庆）

第四章

语文解读素养

明清家族小说的历史演进和现代品格

家族是社会的细胞，浓缩了诸多社会历史文化变迁中的文化信息。由于中国家族形态较为持久也较为发达，所以家族题材与其他题材相比，在小说素材和民族文化心理展示等方面有着得天独厚的优势。这是五四运动以后，中国古典小说众多品类渐入低谷，唯有家族类一枝独秀、保持健旺势头的根本原因。

自20世纪90年代以来，现代家族小说的研究渐成热点，且成果丰硕。但是我们不能否认这些研究还存在一定的缺憾。作为在明清时期就已经相当成熟的家族小说，当它跨过“五四”的关口进入现代，与古代究竟有没有彻底断裂？单就这方面来讲，目前学术界存在的问题有三：第一，对现代家族小说的研究大多与古代分域而治，很少将《金瓶梅》等纳入观照视野；第二，有些学者虽然注意到传统对现代的影响，但对传统的观照多仅限于《红楼梦》或《金瓶梅》，而对其他作品关注不够；第三，少数将古今家族小说看成一个有机整体的学者，虽然具有宏观视野，但忽略了家族小说的流动性和生动性，对家族小说的生命质感缺少足够的体认。基于以上情况，本文拟从家族小说的古典元素、现代元素以及二者熔铸而成的现代品格方面进行考察，以期对此问题进行一些有意义的探索。

一、家族小说的古典元素

作为古代家族小说的代表作，《金瓶梅》《醒世姻缘传》《红楼梦》《歧路灯》等作品无一例外地在人际关系、时间和空间结构、生活手段和经济环境、文化生活和社会关系等层面构成了完整形态的家族结构，是家族小说的成熟之作。在这些作品中，家族小说的一些基本元素和文化基因得以孕育和形成。主要有以下几个方面。

其一，人物构成模式。家族小说“既写两代人以上的家族本身及生活，甚至追溯家族的历史，也涉及同代人中几个成员和几个家庭之间的关系”。[①] 由于父子纵向关系为封建家族的主轴关系，所以圆满的家族生活一般由祖辈、父辈和子辈三代人构成。但并不是所有的家族小说都具备这些人物构成，由于侧重点不同，在人物构成上会有偏重或者个别缺失。如《金瓶梅》《醒世姻缘传》《林兰香》侧重写夫妻婚姻关系，上下垂直的父子关系就不是作者关注的重点。作品中各自不同的人物构成，是作者对文化、人生深沉思考的结果，服务于作者不同的写作目的。

其二，选材特点和叙事走向。相对于古典小说的其他题材如历史演义、英雄传奇、神魔志怪等，家族小说从《金瓶梅》开始就具有了明显的选材倾向，那就是以家族人物的日常生活为描写中心，通过家族人物之间的冲突凸显封建家族制度的弊端和不合理，以揭示其必然走向沉沦的最终结局。其中父子矛盾是所有矛盾的核心（《金瓶梅》《林兰香》中父亲缺席另有深意），祖父辈是家族城堡的坚守者，败家子和逆子是家族城堡的毁坏者，家族叙事的基本走向是家族城堡的维护和拆解。[②]

其三，盛衰主题的结构方式。深谙《金瓶梅》笔法的张竹坡曾经一针见血地指出：“《金瓶梅》以‘冷热’二字开讲，抑殊不知此二字为一部之金钥乎？”[③]“冷热”二字不仅是解读《金瓶梅》的钥匙，也是其他几部家族小说的共同特点。可以说，由盛而衰是明清家族小说一个突出的时代特征。其中的深层原因是多方面的。

其四，家国一体的网状叙事。家族本身“涵括着人物关系的复杂性、结构组织的多重性、故事生成的自足性、叙事行为的自发性和叙述形式的多样性”，[④] 不仅具有丰富的故事性，而且作为绾结社会和家族人物的中介结构，在叙事时空和叙事走向上还具有较强的自主性和灵活性：对内可以直接深入到家族人物的内心世界，对人物的复杂心理和复杂情感进行探索；对外可以透视和联系整个社会，涵纳各种政治风云、经济形态等大的社会问题，收放自如，形成张力很强的家族—社会半立体或立体网络式的叙事结构。《金瓶

① 邵旭东. 步入异国的家族殿堂：西方“家族小说”概论[J]. 外国文学研究，1988（3）：53.
② 李永东. 现代家族小说的叙事模式[J]. 柳州师专学报，2003（4）：18-22.
③ 张竹坡. 张竹坡批评第一奇书金瓶梅[M]. 济南：齐鲁书社，1987：12.
④ 吴秉杰. 长篇的收获[N]. 人民日报，2000-10-26.

梅》“著此一家，即骂尽诸色”；[①] “因一人写及全县”。[②]《醒世姻缘传》以晁、狄两家为中心，触及太监、京官、地主、农夫、僧道等各个阶层，深刻而全面地描写了社会政治风云和世情民俗的动态，展现了明代晚期社会生活的丰富画卷。《红楼梦》以贾府为网心，以四大家族为网线，串联起上至皇帝贵妃、下至奴婢村夫的涵盖万端的家族—社会立体网络，由一家而及天下的特点更加突出。

二、家族小说的现代元素

随着新文化运动的兴起，封建家族制度受到猛烈的攻击。反映在文学领域，出现了一大批较为优秀的家族小说，如《金粉世家》《家》《科尔沁旗草原》《四世同堂》《财主底儿女们》等。处在思想、政治、军事瞬息万变的现代语境，再加上西方思潮和西方小说写作技巧的影响，现代家族小说出现了一些与传统母题迥异的现代元素。主要表现在以下几个方面：

其一，“长子”形象。现代文学中的“长子”，是指生活在20世纪上半叶文化转型期封建家族中的末代长子，如高觉新、蒋蔚祖、祁瑞宣等。他们在“父亲”与“社会”、新与旧的矛盾旋涡中承受着相似的心灵煎熬，形成了顺从、懦弱等相似的文化性格，成为现代文学中一个具有特定语义内涵的文化符码。他们在父亲意志和情感的阉割下，由隐忍、自囚最后走向精神的死亡，是中国文化的转型期和交接期特有的一群具有浓厚悲剧意味的典型形象，是家族小说人物构成的新品种。

其二，开放虚拟式结尾。古代家族小说受史传文学的影响，习惯在时间的顺时状态下自然地展开情节，关注人物的来龙去脉、故事的有始有终和结构的有头有尾，形成了一套固定不变的环状结构模式。受时代风云和西方思潮的强烈影响，一些优秀的现代作家打破了传统小说一以贯之的环形结构，不注重交代故事的结局，用虚化的结尾代替传统的勾连，呈现出开放式的小说新格局。如《科尔沁旗草原》的结尾是：“接近地平线的一带，还有一块黑云，墨龙似的在伸张它的牙爪，晨光在和它搏斗……不久，天必须得亮了。”云诡波谲、风云突变的时代环境中，新的与旧的正处在紧张的博弈之中，胜负难以决断。小说采用开放虚拟式结尾，不仅符合社会现实状况，也

---

① 鲁迅. 中国小说史略[M]. 北京：东方出版社，1996：142

② 张竹坡. 张竹坡批评第一奇书金瓶梅[M]. 济南：齐鲁书社，1987：47.

在一定程度上给读者留下了更为广阔的艺术创造和想象空间，无疑是小说的一大进步。

其三，普遍而自觉地探测人的内心世界，有的甚至通篇使用精神分析法。中国古代小说大多侧重于第三人称全知叙事，为了讲述故事的方便，小说多侧重描写人物的动作和对话，而不习惯于深入探讨人物的内心世界，常用“暗想”“想到”这样的词语简单概括。《金瓶梅》《红楼梦》出现了一些较为成功的心理描写，尤其是《红楼梦》，王熙凤与老尼净虚的心理较量，袭人对宝玉的攻心战术，宝黛之间的相互试探、进攻和误会等，历来为学术界所称道。但这些精彩的心理描写毕竟是少之又少的。到了现代家族小说，受西方思潮的影响，关注人物的内心世界，从人物的心理、行为出发推动情节的发展已经成为现代作家们非常普遍的创作自觉。《科尔沁旗草原》中的丁宁怀着一腔热忱从城里回到草原，然而等待他的却是意想不到的失望。作者用了大段的独白，描写他精神的疲惫不堪以及为审视自己、定位自己而做的努力。《财主底儿女们》更是一部知识分子的心灵史，作品里面众声和鸣，有多少人物就交织着多少心底的声音。张爱玲尤其擅长心理描写。她从来不用“我想”“他想”等浅显贫乏的词语，而是化虚为实，将抽象的、个人的体验陈述为可被读者所想所触的具象来表达。如：“她起初倒觉得不安，仿佛下楼的时候踏空了一级似的，心里异常忐忑，后来也就惯了。”（《倾城之恋》）当范柳原虚假地维持君子风度没有向白流苏套近乎的时候，白流苏内心的失望用一个具体的动作——“下楼的时候踏空了一级”传达出来。这样鲜活传神、入木三分的心理描写，是古代家族小说所没有的。不仅如此，张爱玲甚至通篇使用精神分析法。《金锁记》就是一篇精彩的“弗洛伊德式”心理小说，可称得上是家族小说新变的一个奇迹。

三、现代品格：古典元素与现代元素的熔铸

在新的历史语境下，现代作家继承了古代家族小说的智慧和精神，在创作中将家族小说的古典元素和现代元素较好地熔铸在一起，从而在更高层面锻造出家族小说的现代品格。

其一，现代家族小说丰富充实了古代家族小说的人物构成，改变了后者父辈或祖辈缺失的状况，主要人物基本上都由三代人组成。如《家》《财主底儿女们》《京华烟云》《金粉世家》《创世纪》《金锁记》等，莫不如此。

丰富并深化了“逆子”的形象。同为封建家族的叛逆者，贾宝玉与高觉慧、蒋纯祖等斩钉截铁的逆子们相比，其叛逆的行动性和实践性远远不够。现代家族小说中的逆子们，不仅数量增多了，而且其行动也由稚嫩逐渐走向成熟。他们像接力赛一样延伸了贾宝玉的“出走”动作，并付诸行动将贾宝玉“出走”之后未能顾及的“重建”进行下去，从而成为“父亲和家”真正的掘墓人，这是受时代局限的贾宝玉们所无法抵达的。他们叛逆的文化血脉，他们对旧家族摧枯拉朽的破坏和丢弃，体现着人类自我拯救的意志和不断超越自我的品格，具有重要的时代意义。①

对现实生活中“新女性”的深切关怀成为现代家族小说的一个亮点。小说中不仅出现了琴、曾瑞贞、冷清秋等一批自尊、自强、自立的进步女子，还刻画了一批从传统走向现代处在过渡链条上的女子，比如韵梅、姚木兰等。此两类女性的出现，改变了古代男权作家对女性非“天使”即“魔鬼”的单一刻画及刻板印象，丰富了家族小说的人物画廊，具有深刻的时代内涵。

其二，关怀现实人性，传承家族小说的俗世精神。由《金瓶梅》为发端的古代家族小说从帝王将相、英雄传奇、神魔精怪的超凡世界挣脱出来，第一次将注意力投向现实世界中平凡的人，还原人的本来面目，这无疑是古代家族小说相对于其他题材的小说而言最令人欢欣鼓舞的开拓和进步。它摆脱了历史或传奇的重大话题，将注意点转移到琐碎的现实生活中，关注“市井之常谈，闺房之碎语”，写宅院厅堂、饮食起居、服饰装扮、婚丧嫁娶、吵架拌嘴，写“小小物事”中引起的家庭风波，而且善于“勺水生波”，化腐朽为神奇等。“这种‘小题大做’的模式促使小说家专注于题材细节的渲染，而不急于交代故事情节，着实影响了中国小说视景与叙述步调的呈现。”② 现代作家吸收了这一手法，并结合时代特点倾力于笔下的人物，使家族小说的俗世精神得以传承和激活。张爱玲是继承和发扬这一特点最好的作家。她往往从细节出发，借用传统家族小说的叙述角度和叙述习惯，将与时代隔离的旧家庭中的遗老遗少的日常画面一一展现在读者面前，带给读者深沉而又悠长的思考。无论是场景的烘托还是语言的白描，抑或人物的动作、对话、心理、服饰等各方面的展示，都凸显了作者对传统家族小说世态人情神韵的继

① 楚爱华. 从父子关系看贾宝玉叛逆形象在现代文学中的流变[J]. 红楼梦学刊，2009（2）：223-236.

② 子通，亦清. 张爱玲评说六十年[M]. 北京：中国华侨出版社，2001：446.

承和发扬。

其三，意象的构成和运用更加炉火纯青。意象，简单地说就是寓“意”之“象”，是指用来寄托主观情思的客观物象。意象理论在中国起源很早，《周易·系辞》已有“观物取象”“立象以尽意”之说。在束缚较多的诗词王国中，为了弥补逻辑语言“言不尽意”的缺憾，人们常常要借用丰富的意象来达到言有尽而意无穷的神奇效果。与诗词相比，意象在小说家的笔下没有得到充分的重视，这种情况一直到《红楼梦》的出现才得到改观。《红楼梦》不仅意象丰富，如落花意象、石头意象、东风意象、冷月意象、竹意象等，营造了小说的诗化氛围，而且承担了叙事、抒情和寓意象征的多重功能，体现着作者对社会人生深沉的理性思考，具有指向人类生存悲剧的哲学向度。

现代家族小说继承了《红楼梦》意象运用的成功经验，并融合进现代智慧和艺术技巧，使得意象的运用达到了非常高妙的境界。特别是张爱玲，她发挥女性特有的感知优势，利用通感唤起的一连串意象营造自己独特的艺术氛围，并以此传达出人物特定的心理状态。尤其是月亮意象的运用，张爱玲以现代意识对它的传统文化内涵进行了改装和变形，以服务于笔下不同人物的需要。比如《金锁记》，当长安不堪母亲的羞辱被迫休学的时候，半夜失眠的她爬起来偷偷吹口琴，“墨灰的天，几点疏星，模糊的缺月，像石印的图画，下面白云蒸腾，树顶上透出街灯淡淡的圆光”。模糊、残缺、迷蒙的月光，恰是一个迷失的少女茫然无措的心境的写照。母亲和儿子躺在烟榻上烧大烟，同样的月亮却走形了：一搭黑一搭白、狰狞的脸谱、炯炯的面具底下的眼睛……传统话语中原本温和娴雅的月亮突然颠覆性地被赋予了这些奇怪的文化内涵，无疑是母子二人精神变态的表征。在决意自杀的芝寿的眼里，月亮变形为炽白的太阳，且高高的、满满的一轮，恰是芝寿被“疯子般审慎和机智”的婆婆追杀得无路可逃的心理外化。这些意象不仅因人而异随时变换，成为烘托、映照人物命运的背景，而且外拓了文本的张力空间，取得了意涵深邃的审美效果。

其四，悲剧精神的承继和发扬。古代家族小说以批判现实主义的精神反映现实，批判人性的丑陋，暴露世态的炎凉。尤其是被王国维称为“彻头彻尾之悲剧”的《红楼梦》，彻底打破了中国传统小说的大团圆结局模式，将时代悲剧、文化悲剧、人生悲剧和存在悲剧等多种悲剧演绎得石破天惊、冰冷彻骨，堪称中国悲剧之集大成者。古代家族小说浓重的悲剧意识影响着现代作家们，并在新的历史语境下引发他们深沉的思索。《金粉世家》中金家由盛而衰，弥漫着浓重的时代悲剧气氛。以《家》为代表的一系列家族小说，其结局无一例外是悲剧。张爱玲继承了古代家族小说的悲剧精神，并将其作为自己的精神内核。家族的失落与个人的遭际使她对世界悲观失望，乱世喧嚣又使她悲悯地领悟到一切繁华都将成为过眼烟云。在时代的梦魇里，青年男女失去了做人的真诚以及对美好爱情的纯净信仰，逢场作戏、彼此算计。“天下最真者，莫若伦常；最假者，莫若财色。”[①] 母子、父子之间的血缘亲情应该是世界上最真诚无私的，而这些神圣的人类情感在张爱玲的笔下却扭曲变形，在金钱的魔棒下映照出人性自私丑陋的一面。张爱玲继承了古代家族小说的悲剧主题，却抛弃了传统家族小说幻想未来的浪漫气质，对人生充满了绝望的宿命感。这些源于人类自身的悲剧，无疑更让人伤心蚀骨。

我们看到，“五四”以来的新文学虽然在思想观念、语言形式上对古代文学是一次革命，但二者内在的联系并没有断裂。家族小说的发展流变说明了这一点。现代家族小说从古代家族小说的传统中走来，但并没有为传统所禁囿，而是呼吸着新的时代气息，积极吸纳古代的营养元素，熔铸了独特的现代品格，最终成长为文学园地里一棵枝叶繁茂、遒劲茁壮的参天大树。

（发表于《天津社会科学》2012 年第 1 期，作者：楚爱华）

① 张竹坡. 张竹坡批评第一奇书金瓶梅[M]. 济南：齐鲁书社，1987：9.

女性统治神话的张扬和终结

——《红楼梦》和《创世纪》中两个祖母形象的文化比较

在《红楼梦》中，和曹雪芹尊女重女情结相一致，端坐在封建家族宝塔顶上、享尽人间荣华富贵的不是贾家的任何一个男性，而是寿高、福深、威重，在家庭中享有崇高地位的老祖母——贾母。她慈祥练达、阅历丰富、深明大义，是封建贵族之家的掌权人物，又是家族秩序的重要支柱和象征符号。在贾府盘根错节的人际关系中，她一呼百应，是维系贾府全局的精神支柱和向心力量。这是一个与当时仍处于强势状态的传统男权封建秩序相悖的女性统治神话景观。旧红学的评点派作者王雪香在《红楼梦总评》中对他人多有贬抑，唯独推崇贾母“福、寿、才、德四字”。她的理家才干和懿德风范以及与此相匹配的富贵尊荣，代表了女性统治神话的极致。

而在现代才女张爱玲的《创世纪》里，衰败贵族匡家掌权的也是一个老祖母。匡氏父子匡霆谷和匡仰彝生活在女主人戚紫薇所主导的家居环境里，像个家庭乞丐一样仰她鼻息，向她伸手要钱，没有任何男性威严和主体地位。作为匡家的老祖母，全家十几口人的开销都依靠她典卖陪嫁来维持。她虽然拥有一家之主的权威，但男人们颓废荒唐，小辈们她又看不上眼，生活的捉襟见肘和精神的窘迫困顿使她笼罩在深深的失意孤独和无尽的凄冷荒凉中，如同“寒天在寒冷亲戚家中捧着冷茶”“整个的天都黑了”，呈现出一片断肠人在天涯的苍凉景观。

瑞士心理学家荣格认为，任何种族都有很多原始心象与观念留存在集体潜意识中，[①] 贾母和戚紫薇是贾家和匡家最年长的老人，她们代表着封建家族的祖先崇拜，无疑带有一种母权的原始象征。贾母统治的 度繁荣是女性统治神话的极度张扬，而产生在新旧交替时期的匡老太太戚紫薇的冷寂荒凉

① 张春兴. 现代心理学[M]. 上海：上海人民出版社，1994：460.

则打破了历史上的女性神话，暗示着女性统治神话的终结。

一

贾母出身富贵人家，她是金陵世勋史侯之女，嫁到贾家成为荣国公长子贾代善之妻。一家是“阿房宫，三百里，住不下金陵一个史”，一家是“贾不假，白玉为堂金作马”。封建婚姻如同恩格斯所说：“结婚是一种政治行为，是一种借新的联姻来扩大自己的势力的机会，起决定作用的是家庭利益，而不是个人的意愿。”① 尊贵显赫的史家和贾家的联姻绾结在贾母身上，无形中加重了她在这个鲜花锦簇的阀阅世家的砝码，为后来成为贾府宝塔“一个高高在上的金顶”② 奠定了资历和权威基础。她是贾赦、贾政、贾敏之母，贵妃元春的祖母，是荣宁两府唯一健在的老祖宗。她初嫁贾府，正值荣宁两府功名显赫、家业兴旺之时，又曾经历过数次接驾的场面，如今虽然世事已移，年事已高，贾府也大不如以前，但她经多见广，在家族中仍然享有崇高的声望。

最能体现老年人贾母“安富尊荣”气派的首先是她对美餐的挑剔和奢侈。她有自己专门的厨房，“把天下所有的菜蔬用水牌写了，天天转着吃。”这种膳食规矩可以追溯到《周礼·天官·膳夫》：“岁终则会，唯王及后、世子之膳不会。”即周王、王后和王世子三个人的膳费不作预算，吃多少算多少。贾母是宁、荣两府的“老祖宗”，地位非常尊贵，所以沿用了《周礼》中王、后及世子的礼制。③ 她的吃与同时代的其他统治者相比，品位高雅，内容丰富，吃什么，吃多少，怎么吃都特别讲究，已经上升到饮食文化的高雅层次。她虽然拥有至高的权威，但她慈爱随和、宽容怜悯，“看着多多的人吃饭，最有趣的事”，对身旁的小儿女们体贴关怀、情深意长；对贫穷人亦能仁爱同情，怜贫恤老。吹笛子的小女孩，她不忘在节日之时为她们送去特别的礼物。八十大寿那天，穷亲戚喜鸾（四姐儿）随母前来拜寿，她特地嘱咐众人，将她们跟自己家姑娘一样对待。批评家人“一个富贵心，两只体面眼”，若有人小看了她们，“我可不依”。“可怜见的”是她的口头语。女性的仁慈、博爱、同情、体贴等特质在她身上散发着耀眼的光辉。冰心论及

① 马克思，恩格斯.马克思恩格斯选集[M].北京：人民出版社，1972：74.

② 王昆仑.《红楼梦》人物论[M].北京：北京出版社，2004（1）：122.

③ 刘世南.《红楼梦》奇思异想的文化渊源[J].明清小说研究，2002（1）：111-117.

女性时说："上帝创造了她，就是叫她来爱，来维护这个世界。她是上帝化工厂里一架'爱'的机器。"[1]大观园里的孩子们是她的"心肝"，是她重要的幸福之源，她常常置身其中，环搂着他们，在一菜一蔬的亲情中弥补他们残缺的母爱，[2]与他们同享人生的快乐。正因为贾母身上散发着女神一般仁爱的光辉，大观园中的儿女们都喜欢亲昵地围绕着她，沐浴着仁慈和爱的滋润，欣欣向荣地营造了一个温馨欢乐的精神王国。"大观园有了她才有了群体感、整体感，才有了精神核心。"[3]

匡老太太戚紫薇也出身名门，父亲是有名的戚文靖公。煊赫的娘家给了她一笔丰厚的妆奁，却将她稀里糊涂地嫁到匡家。匡家逐渐衰落，后来靠典卖她的嫁妆度日。贾母贺寿，荣宁两处，齐开盛宴，连请了八天。来祝贺的皇亲国戚川流不息，送的奇珍异宝多得无暇过目，只好"叫凤丫头收了，改日闷了再瞧"。而戚紫薇生日那天，一帮小辈买了礼物敷衍地来磕头，却是寒酸的十五六个人一桌的酒席，没人稀罕吃她家的面和蛋糕。这已经够清冷的了，偏偏这时有商人来看要典卖的皮子。没有足够的钱，老妈子也不买账，一个在关键时刻抽身离去，一个恶言恶语，让她觉得仿佛"有人咳嗽直咳到她脸上来似的"。她处处气闷，儿孙们也不愿跟她套近乎，大家"坐得笔直，板着脸扒饭，黑沉沉地罩着年轻人特有的严肃"。一家人如此隔膜，如此难以沟通，连她自己都想不明白，"都是她肚子里出来的呀！"别人则将她视为怪异，"两眼空空地站在那里，至多卖个耳朵听听"，然后去做毫不相干的事，以示自己的心不在焉。所以戚紫薇统治下的生命场，冷落萧瑟，荒草丛生，几千里没有人烟。

贾母博学多识，具有很高的艺术修养，她对大观园的精神生活起着高屋建瓴的领袖作用。她虽然没有宝钗等人的"文才风流"，但她饱经世故，历练老成，而且对音乐戏曲、针凿烹调、酒令灯谜、服饰摆设等样样精通，有着很高的艺术造诣。她在享受物质快乐时，从内容到形式，都自觉地追求艺术化和审美化。她指出潇湘馆绿竹成荫，不宜选用绿窗纱，而应配以银红的"软烟罗"，并且用自己丰富的知识给大家上了一课，让众人心悦诚服。宝钗的蘅芜院，雪洞一般，十分素朴，她亲自帮她布置房间，让丫头放上石头盆

① 冰心. 关于女人[M]. 上海：上海文艺出版社，1982：404.

② Rich. 女人所生：母职作为一种经验与制度[M]. 重庆：重庆出版社，2008：84.

③ 徐定宝. 论贾母文化心态中的新质[J]. 红楼梦学刊，2000（2）：133-145.

景、纱桌屏和墨烟冻石鼎等，体现了贾母大方不俗的审美趣味。她主张女子多读书，以便长才增德。黛玉一来，便问她读什么书，对刘姥姥夸奖惜春会画画。刘姥姥见潇湘馆桌案上设有笔砚，书架上摆满了书，颇为惊讶，以为是哪个哥儿的书房。贾母笑着指向黛玉说："这是我外孙女的屋子。"得意之情溢于言表。她让家中的戏班子"铺排在藕香榭的水亭子上，借着水音更好听"。中秋赏月，提议说"如此好月不能不闻笛"，叫那"吹笛的远远吹来"，"须得拣那曲谱越慢的吹来越好"。她用自己高超的艺术修养熏陶感染着孩子们，陶冶他们的性情，纯化他们的心灵，让孩子们跟着她在玩耍的过程中不知不觉"自己也提高了"。[①]

贾母在贾府遭遇危机的关键时刻总能挺身而出，独当一面，显示出其卓异不凡的大将才能和领袖风范。怡红院海棠花死而复荣，大家众说纷纭，贾府笼罩在一片惊恐之中。贾母冷静沉着，根据自己渊博的见识对之做了合理的解释："这花儿应在三月里开的，如今虽是十一月，因节气迟，还算十月，应着小阳春的天气，这花开因为和暖是有的。"贾赦认为必是花妖作怪，力主把花砍去。贾母立即反驳："什么怪不怪的。若有好事，你们享去！若是不好，我一个人担去。你们不许胡说。"有理有据，有胆有识，给众人吃了一颗定心丸。贾府被抄，凤姐病重，贾府总危机爆发，男人们一筹莫展。贾母不顾年迈，勇挑重担，将一生积攒的私房钱拿出来补贴家用，处变不惊，从容应对。针对儿孙们各自的具体情况，分配得滴水不漏。作为一个老祖母，她让所有的亲人都获得了母爱的最后滋润。待做完这一切，她"脸带笑容"，坦然地撒手人间。王蒙先生盛赞后四十回对贾母的描写"最见精神""它从新的高度塑造了贾母，赋予贾母以新的精神品质和精神内容"。[②]这种新的精神内容，就是指她能够在困境中以全家生计为己任，宽大为怀，识大体、明大义的精神品质和领袖风采。

与贾母相比，戚紫薇虽然年事已高，为人祖母，但她本质上却是个没有长大的女儿。她是在对父亲的崇拜和敬畏中长大的。在她做女儿时的记忆里，老爹爹身材魁伟，有着山一样的分量。父亲跟她讲书，她心里是既欢喜又惧怕的。她"坐在清冷的大屋子里，就像坐在水里，稍微动一动就怕有很大的响声"。讲的什么并不重要，重要的是被父亲疼爱的感觉，而且是这样

---

① 马斯洛. 人性能达到的境界[M]. 昆明：云南人民出版社，1995：194.

② 王蒙. 话说《红楼梦》后四十回[J]. 红楼梦学刊，1991（2）：21-44.

一位威严的父亲。

跟贾母相比，她没有多少天赋。但却是个美人。美貌应该是女人的财富吧？然而她的美却没有创造奇迹，就白白地流逝了。她不像贾母那样能够作为一个旁观的长者冷静地批评才子佳人故事。她喜欢看戏，而且特别投入，像个没有长大的小女儿，“戏里净是些悲欢离合，大哭了，自杀了，为父报仇，又是爱上了，一定要娶，一定要嫁……”可是回到真实的人生中，她就不大相信了。她不像贾母那样喜欢孙辈，自私地认为她们只会怀春，给她惹出许多麻烦。孙女潆珠出去做事，她满心不同意，还得拿着架子装聋作哑。潆珠找了男朋友，她出面干涉。潆珠和那人分了手，她还是不满意。她的“大观园”对年轻一代来说，是个没有亲情温暖，寸草不生的所在。她没有长大，也不愿意别人长大。她不会爱别人，也没有力量去爱。她将自己和身边的人以及这个小小的家庭王国捆绑在一起，她不幸福，别人也休想；她烦恼，也不能允许别人有一丝的喜悦。

二

贾母这位“女皇”再有魄力，还是未能补住贾府之天。抄检大观园，给了这个女性统治的王国以致命的打击。随后晴雯和司棋被赶出了大观园，迎春出嫁中山狼，探春远嫁匈奴，林黛玉魂归离恨天，一直到后来贾母归天、凤姐魂归金陵，直至最后宝玉出家。可怜这个曾经有泼天之财的富贵之家最后落了个“好一似食尽鸟投林，落了片白茫茫大地真干净”。女性统治的伊甸园如镜花水月，随风而逝，成为人们心目中一道悲凉至极的风景。

卡西尔在《人论》中说：“人被宣称为应当不断探究他自身的存在物——一个在他生存的每时每刻都必须查问和审视他的生存状况的存在物。人类生活的真正价值恰恰就存在于这种审视中，存在于对于人类生活的批判态度中。”[①]女性王国败亡的原因纷繁复杂，既有客观根源，也有主观因素。作者一开始就描绘了一幅苍天已破、大厦将倾的末世图像，第二回冷子兴点出“如今的这宁荣两门，也都萧疏了”，“外面的架子虽未甚倒，内囊却也尽上来了”。第五回宁荣二公之灵更明白地宣告：“富贵传流，虽历百年，奈运终数尽，不可挽回。”贾家衰败的原因种种，学界多有议论。俞平伯先生将

① 恩斯特·卡西尔. 人论[M]. 上海：上海译文出版社，1985：8.

它归结为三个原因：①渐渐枯干；②抄家；③自生自灭。[①]第七十四回探春说："可知这样大族人家，若从外头杀来，一时是杀不死的！这可是古人说的，百足之虫，死而不僵，必须先从家里，自杀自灭起，才能一败涂地呢！"在俞平伯先生所列的这三个原因中，第三条是最致命的。可见理应齐家撑天的贾府男性非但未能力挽乾坤，反而相互残杀，推波助澜，加速了贾府的衰亡。

贾府的祖上贾源和贾演曾以军功创业，是开国元勋，获得了"荣国公""宁国公"的封爵。这贾家就依仗着"天恩祖德"树立了高贵的门阀，积累了叠床架屋的财富。但是"君子之泽，五世而斩"，到了贾敬这一辈，不去创业守业，反而和道士混在一起烧丹求仙，最后中毒而死。

贾赦袭了世爵，贪淫昏暴，沉湎酒色，连贾母的贴身丫头都打主意。贾政虽说"端方正直"，但谨小慎微，在长辈和上级面前诚惶诚恐，做了一名部员，成绩平平，毫无建树。到了第四代、第五代，贾珍贾琏贾蓉等更是一群偷鸡摸狗的败家能手，他们拈花惹草，连亲属都不放过。贾府男性一代不如一代，他们灰头灰脸地游走在政治和才能的边缘，腐朽堕落，鲜廉寡耻，全然没有祖辈的胆识和魄力，更缺少男性的阳刚血气。独有"宝玉一人，聪颖灵慧，略可望成"，但他却喜欢在内闱厮混，厌恶支撑家族所必需的仕途经济之路。"只憧憬着未来，跟老一辈完全格格不入而且彼此敌对。"[②]他"爱博而心劳"，既没有祖辈的创业精神，又缺乏封建家族男性所应有的使命感。最后在参悟人世红尘后离家出走。男性权威的丧失和衰微，暗示着以男性为中流砥柱的封建统治秩序已经穷途末路而且后继无人，如一辆刹不住的战车沿着历史的悬崖滚滚而下，摧毁与坠落势在必然。皮之不存，毛将焉附？寄存在男权统治母体上的贾母统治虽然在一个小小的局部曾经繁盛张扬过，但她的毁灭亦在所难免。

贾母统治的悲剧也是女性性别悲剧的宿命体现。几千年来，女性生活在男权的强力遮蔽下，所受的束缚层层叠叠就跟裹脚布一样。在政治生活中，她们没有发言权，是一群沉默失语的弱者。贵为贾府"女皇"的贾母也不例外。她作为贾府年纪最长、辈分最高的老祖宗，"孝"的伦理观赋予了她宗法家长的至高地位，但是一旦走出贾府，一旦置身于以男性为代表的外部政

① 俞平伯. 红楼梦研究[M]. 上海：复旦大学出版社，2004：150-180.

② 高尔基. 俄国文学史[M]. 上海：上海译文出版社，1979：261.

治秩序中，她只是个什么都不是的女人。

紫薇身边的男性从心理人格到精神层次更加猥琐。祖父匡霆谷大半辈子生活在紫薇的阉割与压抑之中，丧失了象征宗法父权的权威身份，被张爱玲滑稽地定格成了“顽童身份”。①儿子匡仰彝贪婪猥琐、恬不知耻。做了父亲，对日益贫困的家庭不负任何责任，一心想着自己：“我两个大点的女儿，叫她们去做舞女，那还不容易！”如此父子俩，简直是家庭的破烂垃圾。紫薇这家当得实在灰心透顶：“这样的糊涂老子，生出的小孩还有明白的？我又要说了：都是他们匡家的坏种！”

贾母统治伊甸园的丧失还有她的主观原因。她作为贾府的最高权力象征，平时太偏重追求享乐，缺乏领导者带领众人积极上进、开拓进取的朝气和魄力，致使贾府坐吃山空。如第二回冷子兴所言，贾府“主仆上下，安富尊荣者尽多，运筹谋划者无一”。只要不触及封建家族利益，她就对一些“不规矩”的行为视而不见，亦不深究贾府公子哥儿们“偷鸡摸狗”的秽行。贾赦要娶鸳鸯为妾，她大发雷霆。并非因为儿子年老纳不得妾，而是他看中的人是她的得力女仆。“他要什么人，我这里有钱，叫他只管一万八千的买”，就是不能动她的鸳鸯。最后贾赦只好出钱买了个十七岁的女子做妾了事。贾琏和鲍二家的偷情，王熙凤吃醋大闹，几乎酿成人命案。贾母却不当回事：“什么要紧的，小孩子年轻馋嘴猫儿似的，那里保得住不这么着，从小儿世人都打这么过的。”所以，贾府的腐朽败落在一定程度上来说是她放纵溺爱的结果。

贾母是一个蕴含复杂个性元素的立体人物形象。如果说个性作为一种文化的结果在现代话语的语境中已不是一个石破天惊的事情，那么对于曹雪芹所处的旧时代来说，从群体形象的塑造向人的个体本位转移的自觉的确具有划时代的意义。因为作家开始撩开罩在人物浅层的面纱，将笔触纵向伸到人性汪洋大海的底部，指出人类生活的关联和意义，从而为我们“揭示人生之谜”。②尽管学术界对贾母心态中与传统观念相悖的诸多新质进行了探讨，但可以看出她的人格内核还是传统型的。从她的社会本质来说，她代表了封建社会的族权，恪守宗法男权统治秩序的大方向。她维护封建礼教，“但她本身作为人所富有创造力和追求自由的特点，在生命愿望的冲动下不断突破

① 张爱玲. 张看[M]. 台北：皇冠出版社，1991：103.

② 狄尔泰. 体验与诗[M]. 济南：山东文艺出版社，1986：159.

现实的自身”，[1] 又本能地渴望冲破自身现实条件去追求更高的生活目的和生活理想，去实现对自我的超越。黑格尔说：“人从各方面遭到有限事物的纠缠。”[2] 就是说个体的生存和自由从根本上说是不自由的。贾母靠自己的大聪明、大智慧睿智地穿行在礼教的缝隙中，试图获得最大的自由和生命张力，但结果还是以失败宣告结束。她的悲剧，是“对生命质量本身超越”的悲剧，[3] 是人的生命力被毁的悲剧，同时也是整个人类诗意存在的悲剧，因此具有更深刻的存在意义和哲学内涵。

紫薇的悲剧主要是性格悲剧。她始终沉湎于以前父亲做官时的旧梦中：富贵祥和、随从簇拥、车马鼎沸。她久久不愿醒来，不知道脚下的土地已经发生了裂变。现在，除了回忆能唤醒她的一点生活温情之外，她对什么都没兴趣。她折磨着自己，也让其他人不痛快。她自己百无聊赖，也不能容忍别人追求快乐。她本身是苍白贫血的，她的家庭也是昏暗模糊的，她用一张无形的网罩住身边所有的人，谁也无法逃脱。

“悲剧之悲不仅在于外界如何给女人强加一种命运，更在于女人自己如何为自己‘制造’一种命运。”[4] 如果说紫薇的命运悲剧是外在原因造成的，那么她的统治悲剧却是由性格的负面因素造成的。

三

女权批评主义认为：一个自由的社会将是一个女性占主导的社会；如果没有人类历史的“女性化”，世界就不能得救。是寓言还是谬说？然而无论如何，这样的消息唤醒了人类潜藏着的一种深切的生命体验或生命直感，揭示出一种蕴含在艺术极境中的奥秘。

曹雪芹是一位女性的崇拜者。在《红楼梦》第一回中他就明确交代自己要为“行止见识，皆出于我之上”的闺阁女子作传，更不用说文中贾宝玉不时地代作者发出评论：“女儿是水做的骨肉，男子是泥做的骨肉，我见了女儿便清爽，见了男子便觉浊臭逼人。”“老天，老天！你有多少精华灵秀，生出这些‘人上之人’来。”这些对女性的礼赞在当时男尊女卑的社会里被人

---

① 赖志明.“脂粉英雄”的末路：论贾母、凤姐和探春悲剧命运的根源及曹雪芹的精神悲剧[J].广东教育学院学报，2000（5）：30-34.

② 黑格尔.美学[M].北京：商务印书馆，1982：127.

③ 狄尔泰.体验与诗[M].济南：山东文艺出版社，1986：159.

④ 张爱玲.有女同车[M].合肥：安徽文艺出版社，1996：56.

惊呼为“惊人的发言”“破天荒的事情”。[①]从《红楼梦》人物形象的塑造中我们可以看出，作者心目中的理想王国是一个女性化的世界。曹雪芹欣赏的男性不是没有一点女性气质如薛蟠“呆霸王”之流的纯阳刚男性，而是聪颖灵秀带有女性妩媚之气的男性，如宝玉、秦钟等。至于大观园更是一个情爱缠绵、高洁雅致、超然于世俗之上的诗意憩园。

清末文学理论批评家刘熙载在《艺概·文概》中说：“文有仰视，有俯视，有平视。仰视者其言恭；俯视者，其言慈；平视者，其言直。”除被宝玉骂作“死鱼眼珠”的混账女人外，对于《红楼梦》中的其他女性，无论是出身高贵的小姐还是端茶送水的丫头，作者都怀着同样的敬意去塑造她们。至于贾母，作者更是用了仰视的恭敬姿态，去表现这位老祖母的性格仪态、情怀风范，真实地描写了中国老祖母身上的优点与缺点、功利与纯情、明智与糊涂自然并存的文化心态，同时表现了一种源于人类潜意识的母亲神话和母亲崇拜。歌德在《浮士德》中说：“永恒的女性在引领我们飞升！”贾母这位近乎完美的老祖母（母亲的母亲）无疑是一种文化的代表，同时又是一种生生不息的民族精神的象征。中华民族历经沧桑而依然负重前行，就在于这种来自母性的文化血脉的滋润供给和精神支撑。它引领着我们向高贵的人性飞升，同时也为近代、现代小说的建构提供了丰厚的艺术资源。

曹雪芹的女性崇拜是与他对当时男性文化的失望相一致的。《红楼梦》产生的时代，是历史上著名的“康乾盛世”，在这貌似太平繁荣之世，作为封建统治中心的男子退化无能、萎靡不振，缺乏健旺的生命力和必需的创造性，已无力支撑封建宗法统治的苍天大穹。曹氏家族由盛而衰的自身遭际和切肤之痛，使他敏锐地捕捉到封建末世的来临和封建社会权威的失势。封建社会腐朽堕落的政治本性决定了它灭亡的必然性，这是历史发展的规律。中国已到了“天崩地解”（黄宗羲语）的危机时刻，天柱折、地维裂，封建男权统治已走到了穷途末路。

男性雄强健全人格的萎缩，是社会元气丧失的标志，也是贾母女性统治神话的绝好寓言。在这里，男人的能力才智不如女人，能挑起治国大梁的非女性莫属。男人的弱反衬出女人的强。“金紫万千谁治国，裙钗一二可齐家。”女人以贾母为女皇，以王熙凤和贾探春为主帅，组成了一个替男儿补

① 伊藤漱平氏.李渔和曹霑，在作品上表现的一面：围绕爱的相的喜剧和悲剧的记录[J].北京：红楼梦学刊，2000.

天的女性阵营。她们以大观园为女性阵地，共同为大观园的女儿们营造了一个充满精神向度的诗意王国，呈现了与日益颓废的男权主流态势相悖的女性神化统治景观。这个女性王国的辉煌虽然昙花一现，但在那个黑暗如磐的“无女”时代里，她却如惊鸿一瞥，将女性的才能和智慧一览无余地挥洒在历史的天空。那灿烂耀眼的辉煌，将惊醒每一个对男权文明抱有天真幻想的人，唤起他们的社会良知，同时也启迪着进步的社会力量对女性的正确定位和再思考。

贾母的女性王国与紫薇的女性统治有着血缘上的亲子关系。张爱玲说过：“《金瓶梅》与《红楼梦》这两部书在我是一切的源泉，尤其是《红楼梦》”。[①] 她从小就迷恋《红楼梦》，熟读的程度以至于“不同的本子不用留神看，稍微眼生点的字自会蹦出来”。[②] 长大后张爱玲重读《红楼梦》，由小时候的“看热闹”开始转向注重“人物故事的轮廓、风格、笔触”。[③] 晚年，她完全沉醉于《红楼梦》的考据之中，写了一部凝聚她十年心血的《红楼梦魇》。可以说，《红楼梦》的人生艺术经验成了她创作的宝贵财富。她显赫的家世在父辈时败落下来，与曹雪芹有相似的经历和心境。而她周围男性与女性的黑白参照——父亲的无能猥琐、弟弟的懦弱羞怯与母亲的智慧勇敢、姑姑的独立不羁，直接启迪了她对男女两性文明的思考和定位。所以，她能够穿越历史记忆中男尊女卑的主流文化与曹雪芹的重女轻男思想不谋而合。

同为女性主体的书写者，张爱玲对女性的态度却和曹雪芹恭敬仰视的女性观有着明显的差异。她虽然崇拜母亲，可后来又对母亲的家产生了失望情绪以至于离开了母亲，这种生命体验使得她对于笔下的女性既眷恋又绝望，充满了审慎和疑惧的矛盾态度。

如果说曹雪芹将历史上潜伏流动的女尊男卑思想第一次以女性统治神话的方式惊天动地地呼喊出来，那么女性意识发展到“五四”时期，在一些觉悟的女性作家的推动下，已经由当初的涓涓细流发展成汪洋大海的亚主流态势。控诉旧婚姻、旧礼教对妇女的摧残，探讨“娜拉出走以后怎么办”，女性文学蔚为壮观，和时代脉搏相一致，成为一个大的时代话题。而发展到张爱玲，女性问题第一次出现了大的转折，开始向女性自身辐射：对女性悲剧

---

① 金宏达，于青. 张爱玲文集对曾补卷[M]. 合肥：安徽文艺出版社，1994：4.

② 张爱玲. 红楼梦魇[M]. 北京：十月文艺出版社，2012.

③ 张爱玲. 论写作[M]. 大连：大连出版社，1996：67.

命运的挖掘，在关注婚姻制度、社会伦理等外在原因的同时，更注入了对女性内在人格的自身审视，并提出文化质疑：除了外在原因，折磨女人的还有什么？那就是女人自己的心狱。即女人骨子里对男权社会的依赖性，对自身价值的不肯定性，等等，写出了封建文化对女性人格的扭曲以及女性自觉接受封建文化而造成的人格变异，因而具有更加深刻的意义。

张爱玲继承了《红楼梦》的古典主义关怀，同时骨子里又流淌着叛逆的血液。她生活在都市细碎的阴影与缝隙之间，用她充满绝望的眼睛剥去大人的童话，直逼女人（母亲或母亲的母亲）人性的深处。“张爱玲把探寻女性不幸的目光转到女性自身，从女性本体出发揭去那个时代集体无意识的种种表象，展露女性深层意识里顽固而持久的‘原罪意识’，从女性自身的性格悲剧，从人性堕落的角度挖掘出女性不幸的根源。”[①] 如果说那个令匡老太太戚紫薇既期待又受虐的封建礼教是一个阻碍她幸福的外在力量的话，那么刻薄险恶、懒惰自私等诸多人性的弱点则是一股来自她自身的内在力量。如果说贾母的内心冲突，更多是为了追求人生的快意和生命的张力的话，那么匡老太太内心暗涌的黑色潜流则极具破坏性，它纠缠成一个无底的深渊，扼杀着刚刚萌芽的幸福和希望，既摧残着别人也埋葬着自己。这种复杂的人性冲突，解构了历史上对母亲神话的温情叙述，并使女性统治万劫不复。

（发表于《明清小说研究》2006 年第 1 期，作者：楚爱华）

① 任一鸣. 中国女性文学的现代衍进[M]. 台北：台湾青文书屋，1997：45.

父权遮蔽下的母亲生存景观和应对策略

在中国传统社会中，由于男性在政治、经济、文化上拥有特权，处在宗法社会中家族血缘和政治体制交叉合一的顶端位置，男人因此成为家庭的最高权威，成为家庭的主人和中心。女人则沦为丧失发言权的“他者”，在男人的权力下讨生活，地位非常卑微。但任何事物都不是绝对的，不能一概而论，女人并非一生都与权力无缘。在封建宗法制家庭中，女性从女儿到媳妇到母亲（婆婆）的三级跳，是一个逐渐浮出水面、拥有权力的过程。“婚姻为女子在中国唯一不可动摇的权利，而由于享受这种权利的机会，她们用妻子或母亲的身份，作为掌握权力的最优越的武器。”①

且不说吕后、武则天、慈禧等政治女性从家庭中走出去步入政坛，俯视须眉，笑傲群雄，将女性潜在的受压抑的权力欲望发挥得淋漓尽致，就是一些普通女性，上至官宦世家，下至普通百姓，母亲掌权也不是一个罕见的现象，特别是一些寡母单亲家庭。林语堂为说明在中国“所谓压迫妇女乃为西方的一种独断的批判”，“所谓‘被压迫女性’这一名词，绝不能适应于中国的母亲身份和家庭中至高之主脑”。②在《京华烟云》中，林语堂有意让男性家长退居二线：在姚家，姚思安潜心修道，不理日常琐事；在曾家，当家作主的是能干的媳妇姚木兰，而不是曾家的长辈曾文璞或者曾家的任何一个儿子；在牛家，牛太太是有名的“马祖婆”，在家中说一不二，牛先生一向对她低眉顺眼。在其他一些家庭小说中，母亲是一家之主、执掌权力的情况也很多，如《林兰香》中耿朗的寡母康夫人、《野叟曝言》中文素臣的母亲水夫人、《红楼梦》中的贾母、《寒夜》中的汪母、《创世纪》中匡家的老祖母、《金锁记》中姜家老太太、《倾城之恋》中白老太太，等等。寡母掌权的现象在清代的传奇小说中更是一种普遍的现象：作者干脆将父亲驱逐出文本，让寡母掌权教育英雄，如岳飞的母亲、程咬金的母亲、狄青的母亲、龙

① 林语堂. 中国人[M]. 海口：海南国际新闻出版中心，1995：116.

② 林语堂. 吾国与吾民[M]. 长沙：岳麓书社，2000：123.

标的母亲、郑印的母亲等。因为父亲的缺席，寡母们在家中拥有双重身份：既是慈母，又是严父。既要在日常生活中给予儿子情感照顾，还要担当父亲人生导航的角色，从而对儿子行使权力。

女权主义批评者李小江说："中国历史上没有女权（在社会上），但有母权（在家族中）"。① 段江丽老师认为，传统家庭中的女性占统治地位可以从三个方面找到原因：①男主外女主内的分工原则；②孝道观念；③女子自身的能力，② 并深入细致地展开分析，对人启发很大。我认为，除了段江丽老师论述的三个重要原因外，还有以下几个原因同样值得我们关注。

首先是人类潜意识中的恋母情结。在人类社会的初始阶段，也就是母系氏族时期，自然界的灾难祸害、氏族间的拼杀冲突，决定了一个氏族的强大必须依靠氏族成员数量的增多。因为女性的身体结构中先天背负着延续物种的使命，"孤雌生殖"信仰使女性拥有了至尊的地位。《庄子·盗跖》："古者……民知其母，不知其父。"人们认为生孩子完全是母亲一人的功劳，与父亲无关，母亲怀上孩子完全是因为神秘的原因。后来的男权文化虽然强大，但它并没有完全剪除对母亲的崇拜意识，而是作为一种"种族记忆"遗留在了人类的潜意识中。《穆天子传》记载了天子朝拜母性象征的西王母的情景："吉日甲子，天子宾于西王母。乃执白圭玄璧，以见西王母。好献锦组白纯，口组三百纯，西王母再拜受之。"③ 把封建社会最高统治者置于"西王母"之下，流露出浓厚的母性崇拜集体无意识。

其次，由于中国社会的基本组成单位是家庭而非个人，所以即使男尊女卑的思想在中国延续了几千年，母亲在家庭中依然拥有一定的地位。杜芳琴说："尊母是母系氏族的传统。但进入父系——父权社会，尊母是以重母职、重祭祀生育为前提的，而不再是从社会贡献的角度赞扬公众意义上的母性。"④ 中国人对母亲的依恋爱戴，是在长时间的家庭生活中形成的。由于与母亲长期处于一种很亲密的关系中，在衣、食、住、行诸方面都受到母亲无微不至的照顾，更由于天然的血缘亲情，与母亲之间产生一条无法割舍的情感纽带是非常自然的。在民间，孝母比孝父更为人所传颂。流传甚广的"二

① 李小江. 夏娃的探索：妇女研究论稿[M]. 郑州：河南人民出版社，1988：175.

② 段江丽. 礼法与人情：明清家庭小说的家庭主题[M]. 北京：中华书局，2006：141.

③ 袁珂. 周明. 中国神话资料萃编[C]. 成都：四川社会科学院出版社，1985：288.

④ 杜芳琴. 等级中的合和：西周礼制与性别制度[C]//妇女学和妇女史的本土探索：社会性别视角和跨学科视野. 天津：天津人民出版社，2002：128.

十四孝”中，6 人是孝养双亲，4 人是孝父，而孝母者多达 14 人。

再次，历史上的男性优势和大家族制度滋养助长了男性的无能和堕落，使得他们逐渐丧失了男性精明强悍的生命意志和高贵的理性持守而日趋腐朽。“它以生物上的新陈代谢的方式来维持社会结构与家庭结构的稳定，让男人们无须表现任何的才智就轻而易举地坐上家族权力的巅峰，而这种毫无竞争的承继方式也终于使男人们羽翼退化，血气消尽，在一种精致烂熟的贵族生活中沦为家族的蛀虫。”[①] 与男性整体的滑坡相反，女性由于性别的劣势和受儒家教育濡染较少，长期从事家庭具体细碎的操作，与空洞理性的男性架构相比，反而更具有实际的操作技能和灵活的生存能力。比如文素臣的母亲、贾母、狄婆子、童奶奶、匡家老祖母等。

最后，封建宗法家族伦理秩序中，长幼人伦之序高于男女两性之别，虽然有“从子”一说，但在实际操作中却没有多少意义。母亲在人伦地位中往往高于儿子，特别是丈夫死之后，母亲代替父亲，成了权柄的操持者。《野史曝言》中的文素臣对母亲言听计从，母亲一旦发怒，立刻匍匐在地，汗如雨下。《红楼梦》中贾府的一切都要按贾母的心意行事，贾琏与鲍二家的私通，贾母一句话便让无地自容的贾琏从容过关，有理有据的王熙凤也只能兵败滑铁卢；老子教训儿子本是天经地义的事情，可是如果教训的恰是贾母的心肝宝贝，那最后的结局只能是贾政给母亲下跪认错了。当然，对母亲的敬重，是尊母亲的生育之苦、养育之恩、操持之劳，是尊“母职”，而不是从性别上尊重母亲作为女性的独立人格和家庭地位。

母亲在家庭王国中拥有权力，并非出于性别上的自觉，而是代替父亲行使权力。在她表面的发号施令背后，同样隐藏着男权意志的参与。她引导家庭遵守的是父权秩序，恪守的是父权规则，所以母亲形象往往出现男性化角色认同趋向。美国学者玛杰里·沃尔夫在《台湾乡村妇女与家庭》一书中对父权社会中母亲掌权的微妙性进行了分析：“为了巩固自己通过儿子获得的家庭地位，母亲又往往需要以传统的忠孝观教育儿子，维护儿子在男性中心的家庭里的统治地位。这样，这个以母亲为中心的‘子宫家庭’在男性统治的家庭运作过程中既巧妙地向男权统治挑战，又巩固了男性统治的传统。”心理学家解释，女性作为弱势群体在男性强势文化的误导下，往往将强势文

① 谭桂林. 写出人性深处的原始悲怆：谈张爱玲的家庭题材小说《金锁记》和《创世纪》[J]. 中国现代文学研究丛刊，1997（4）：224-231.

化所赋予的意识形态视为正当，并据此建立起与强势者的想象关系，并以之组建自我。母亲作为女性，从出生就有着先天的性别劣势，在成长的过程中逐渐将男权意识内化为生命理念，并形成自己的性格。在很多时候不自觉地按照男性贵贱秩序类比女性排序，张扬的是男性化权力特征，是一种寄生式的权力。王熙凤在贾府呼风唤雨、说一不二，但她遵循的仍然是男权礼法，是男权社会的共谋。贾琏偷情被她抓住，闹到贾府最高权威贾母那儿，竟然心虚地不敢直陈事端原委，这是出于对妻子“不妒”的男权规则的自觉认同。贾母宽厚仁爱、慈祥练达，见识卓绝、品位高雅，渴望冲破自身现实条件去追求更高的生活目的和生活理想，去实现对自我的超越，在她身上具有很多新质，这无疑和身边的贾政、王夫人等庸俗人生形成鲜明的对比，但可以看出她的人格内核仍旧是传统型的。她作为一个高龄的老祖母，平时溺爱孙子，对他千疼百爱，但仍然有礼教底线：“不知你我这样人家的孩子，凭他们有什么刁钻古怪的毛病儿，见了外人必是要还出正经礼数来的。若他不还正经礼数，也断不容他刁钻去了。就是大人溺爱的，也因为他一则生得人意儿，二则见人礼数，竟比大人行出来的还周到，使人见了可爱可怜，背地里所以才纵他一点子。若一味地只管没里没外，不给人争气，凭他生得怎样也是该打死的。”所以，从她的社会本质来说，她仍然代表了封建社会的族权，是恪守宗法男权统治秩序的大方向的。

现代家族小说中的母亲，同样难以摆脱父权意识的羁绊。她们对子女婚事的干涉，对儿媳本能的排斥，无疑都是父权秩序的产物。张爱玲笔下的母亲继承和发展了传统，同时又具有深刻的性别内涵。《金锁记》中的七巧屡战屡败地被男权社会所圈治，当她终于掌握了权力，她就开始反过来将之当成武器，通过一个疯子的审慎和机智去惩治身边的男人，包括她的亲生儿子。她与儿媳之间的战争已经不纯粹是两个女人之间争夺儿子的拉锯战，而是一个变态的女人对使她变态的男权社会的挑战。她从自己的亲生儿子开始下手，疯狂地对之包围、阉割、谋杀、窒息，无所不用其极，将儿子彻底变成一具行尸走肉，喷涌而出、一泻千里地发泄着女人对男人郁积了几千年的不平、控诉和复仇欲望。

据《金锁记》改编而成的《怨女》，则借“母亲掌权”的原型酣畅淋漓地表达了作者的性别寓言：那些受控于男权统治的母亲，通过与男权共谋的伎俩攫取权力之后，巧妙地以其人之道还治其人之身，对男人实行了最后的报复。或者说，正是因为这些柔韧的女性具有了男权压制下虚与委蛇、九曲回肠的应对策略，所以才奇迹般地挺过了数千年的男权专制，直至等待机会反过来压迫那些压制过她们的男人。“在张爱玲的‘国度’里，权威的统治者是睡在内房床榻上的母亲……母亲的统治亦不是女权的统治或温和仁慈的统治；而是一种近于女巫与恶魔般的威慑。她将以父权社会最为暴虐的形式，玩味着支配他人（儿子）的权力，对他‘施行种种绝密的精神上的虐待’。”[①]张爱玲对父亲充满了偏执的厌恶，在她的文本中，传统话语中父亲的威武阳刚、理性尊严、慈爱善良等均受到质疑和解构，取而代之的是男性的丑陋自私、无能无爱、狂嫖滥赌、玩世不恭与放荡不羁。作者极尽贬抑去势之能事，赋予他们残疾的身躯或者不长进的思想，让母亲代替他们行使职权，不仅消解了他们在家庭中的主体身份，还将他们的历史权威交到了母亲的手中。在她的小说中，掌握家庭大权的不是父亲，而是生活在父权遮蔽下的母亲。在《谈女人》中张爱玲自己说道：“人类驯服了飞禽走兽，独独不能彻底驯服女人。几千年来女人始终处于教化之外，焉知她们不在那里培养元气，徐图大举？”[②]可以说，张爱玲笔下的母亲继承了历史上母亲的男性化权力特征，同时又具有了反抗父权的隐秘倾向，其女性话语在现代语境下表达了更为意味深长的思考。

（发表于《齐鲁学刊》2007年第2期，作者：楚爱华）

① 孟悦，敝锦华. 浮出历史地表[M]. 北京：中国人民大学出版社，2004：239.

② 张爱玲. 张爱玲文集（第4卷）[M]. 合肥：安徽文艺出版社，1998：722.

父亲缺席与《水浒传》的叙事策略

《水浒传》作为中国古代经典名著之一、英雄传奇体小说的典范，历来为学术界所重视。对之进行的文化研究、艺术研究、实证研究、宏观研究、个案研究、文献研究等，近一个世纪以来其成果异常显著，可谓是叠床架屋、多如山积。但是从家庭的角度，特别是从父亲的角度关照这部“大书”的研究成果还不多见。到目前为止，笔者只见过一篇陈金文博士的学术论文《李逵的性格缺陷与父亲的缺席》。[①] 受其启发，笔者试着从子辈气质和子辈对父亲之家的丢弃与重建等角度探讨一下父亲缺席对《水浒传》叙事策略的影响。（梁山好汉淡漠夫妻关系，这种叙事策略在一定意义上来讲也与父亲缺席有关，限于篇幅，在此不予展开）

一

中国是家族形态高度发达且持续时间最为长久的国家之一。家族文化代表着中国的民族精神和民族文化，从某种意义上讲，中国文化在很大程度上蕴含着家族文化的特质与内涵。在这种家族文化中，父亲是家族的主人，掌管着家族各方面的事务，对家族成员实行专制统治。父子纵向关系为家族的主轴关系，无论财产、家姓、声誉，都是男系父子相承。对于儿子来讲，父亲不仅是血缘上的长辈，更是严厉、刻板、威迫、端凝、疏远、敌对和冲突的代名词，是一个具有压抑性质的文化符号。在中国两千多年来的封建社会历程中，儒家思想作为一种典型的“父权”文化，着重强调的是对“父亲”的绝对服从。父亲在家中说一不二，具有绝对的权威。而在父亲控制下的儿子，多半唯唯诺诺，没有主见，缺乏自主人格、独立精神以及杀伐决断的勇气，是一群被父亲的强大意志阉割了的文化奴隶。[②]

---

① 陈金文. 李逵的性格缺陷与父亲的缺席[C]//马现诚，冯仲平. 中国文学史的理论维度. 广西：广西师范大学出版社，2008：178.

② 楚爱华. 明清至现代家族小说流变研究[M]. 济南：齐鲁书社，2008：12-15.

而《水浒传》[①]却开天辟地地描写了一个勇武无比、铲强扶弱的江湖子弟群体，他们大碗吃酒肉，大秤分金银，路遇不平拔刀相助，风风火火勇闯天下，彰显着男性世界的阳刚和豪情。与父亲安定有序、死气沉沉的家族苑囿相比，他们展现的是一个与山林沼泽、水域岩石相融合的充满血腥和杀戮的外部野性景观。英雄好汉们普遍具备的这种充满血性和粗犷气质的文化性格，不能不说与文本中父亲的缺席是分不开的。

我们发现，在《水浒传》中，父亲角色是非常边缘甚至微不足道的。梁山好汉中，父亲健在的屈指可数，少而又少，如宋江、史进等。大多数父母双亡，如鲁智深、林冲、晁盖、吴用、武松、杨志、石秀、杨雄等。还有一小部分只有老母健在，如王进、公孙胜、阮氏三兄弟、李逵、雷横、凌振等。在传统社会中，作为第二性的女人（包括母亲）一般没有多少主体性可言，"夫死从子"，再加上年老的女人本身就是一个失语的群体，处于社会的边缘，所以母亲在儿子的成人世界中多数仅作为尽孝的对象而存在，很少具有父亲代言人的政治意义。儿子们常常自作主张，并不太在意母亲的意见。

父亲角色的隐退让儿子群体的狠、蛮、勇淋漓尽致地发泄了出来，他们再也不是生活在父亲阴影下的傀儡和附庸，而是洋溢着蛮野的激情和自由意志，"撞破天罗归水浒，掀开地网上梁山"（第三十六回），心无挂碍义无反顾地冲向江湖，见义勇为、除暴安良、抗敌除奸。智取生辰纲、劫法场救宋江、戴宗，劫牢狱救解珍、解宝，两赢童贯、三败高太尉、大破辽兵等，与才子佳人小说中吟诗诵词、文弱白面的书生相反，他们豪迈刚强、力大无比，体现着与现实毫不妥协的硬汉性格。

如喝了十八碗烈酒的武松，不听酒家的劝告，踉踉跄跄走向景阳冈，单凭一身力气，硬是赤手空拳将一只吊睛白额猛虎活活按在地上打死；斗杀西门庆一场，刚交手，武松的刀就被西门庆踢飞，正当西门庆暗自庆幸的时候，却被武松将肩胛一提扔下酒楼。在飞云浦，他重伤在身，颈上还扣着铁叶盘头枷，面对四个拿着朴刀和腰刀对他要下黑手的公差，他只两脚就将行凶者踢下河去，只一扭铁枷就被折为两半。更不用提威震安平寨、义夺快活林、醉打蒋门神和血溅鸳鸯楼的勇武了。倒拔杨柳的花和尚鲁智深"杀人须见血，求人须救彻"，"禅杖打开危险路，戒刀杀尽不平人"，三拳打死欺负

① 本文所依版本为施耐庵. 水浒传金评本[M]. 济南：齐鲁书社，1991。以下所引没有特殊说明均依据此本。

无辜的无赖镇关西，第一拳打在鼻子上，“却似开了个油酱铺：咸的、酸的、辣的、一发都滚出来”；第二拳打在眼眶上，“也似开了个财帛铺：红的、黑的、绛的、都滚将出来”；第三拳打在太阳穴上，“却似做了个全堂水陆道场：磬儿、拔儿、铙儿一起响”。野猪林救林冲并将其护送到安全地带，为了警戒解差保证林冲的安全，他一禅杖打断了茂盛的松树，将两个解差惊吓得“吐出舌头来，半晌缩不入去”。李逵背娘途经沂岭时，其母被老虎所吃，悲痛欲绝的李逵一时间竟杀了子母四虎，其中就有一只和景阳冈类似的吊睛白额虎。

这些摆脱“父亲”控制的江湖好汉，不仅豪气干云、行侠仗义，而且放荡不羁、桀骜不驯，刀砍斧劈、杀人如麻，甚至无理性地滥杀无辜，是一群蛮野、血腥，甚至暴力的草莽形象（这也是《水浒传》美学多遭学者们诟病的原因）。[①] 这种好武尚勇的精神可以从他们的绰号上窥一斑。梁山一百零八条好汉是由三十六天罡星和七十二地煞星下凡组成，每个人都有和自己特点相对应的诨号，如入云龙公孙胜、大刀关胜、豹子头林冲、霹雳火秦明、双鞭呼延灼、小旋风柴进、扑天雕李应、双枪将董平、青面兽杨志、金枪手徐宁、急先锋索超、赤发鬼刘唐、黑旋风李逵、九纹龙史进、插翅虎雷横、拼命三郎石秀、两头蛇解珍、双尾蝎解宝、混江龙李俊、轰天雷凌振、跳涧虎陈达、金眼彪施恩、中箭虎丁得孙、云里金刚宋万等，这些诨号或者和凶猛的野兽有关：龙、豹、虎、雕、兽、蛇、蝎；或者和强有力的自然物有关：火、旋风、雷等，但无论哪一种，几乎都在强调其狠、快、准的特点，以突出江湖英雄勇猛无比、雷霆万钧的杀伤力。

这些草莽英雄嗜血成癖，常常陶醉在狂杀和征服的喜悦中，经常不问权贵命官还是无辜百姓，只要性起，就杀得“尸横遍野，血流成渠”，“尸横野烂，血染江红”。在江州劫法场约有四千人命丧黄泉，在大名府约有五千人横尸刀下，对祝家庄、李家庄和曾头市的血洗更是不在话下。百姓人民，“家家老幼慌忙，户户儿啼女哭，大小逃生”。石秀“手举钢刀，杀人似砍瓜切草”。对正当护卫本庄安危的祝朝奉，“一刀剁翻，割了首级”。尤其是黑旋风李逵，杀人成癖，其血腥暴力简直到了令人发指的程度。在江州时杀人性起，不顾血溅满身，不分百姓还是官兵“一斧一个，排头儿砍将去”（第

---

① 参见：曾良. 明清小说研究[M]. 成都：四川大学出版社，2005：130；潘知常. 以暴力为美：《水浒》的一个美学误区[J]. 古典文学知识，2007（5）：118-127 等。此外还有学者论及，不再一一列出.

三十九回）。三打祝家庄时，只因杀得手顺，不顾扈成原已经“牵牛担酒来投降了”，还是把他一家老小“尽数杀了，不留一个”（第四十九回）。第五十回，吴用、雷横等诱惑朱仝上山，他一斧将小衙内的头“劈做两半个”。第七十三回，他已经将狄太公的女儿及奸夫杀死，仅只为了消食，又“拿起双斧，看着两个死尸，一上一下，恰似发擂的乱剁了一阵”。

这些血性男儿，其残忍毒辣的杀人手段令人发指。武松杀嫂子祭奠武大，“说时迟，那时快，把尖刀去胸前只一剜，口里衔着刀，双手斡开胸脯，抠出心肝五脏，供养在灵前”（第二十五回）。杨雄杀淫妻潘巧云，“一刀从心窝里直割到小肚子下，取出心肝五脏，挂在松树上”（第四十五回）。为了祭奠晁盖，宋江传令将活捉的史文恭当庭剖腹剜心（第六十七回）。不仅如此，他们还吃人肉。活捉黄文炳后，李逵“把尖刀先从腿上割起，拣好的就当面炭火上炙来下酒。割一块，炙一块……方才把刀割开胸膛，取出心肝，把来与众头领做醒酒汤”（第四十回）。在他们身上，我们经常看到粗犷、凶残、野蛮的血腥因子，这是一种来自人类蛮野时代早期先人茹毛饮血的原始冲动，“这种骇人的野蛮，既是封建社会压抑的直接结果，又是对整个封建社会的彻底的不失矫枉过正的反抗和逃避，是向生命原始状态的呼唤和回归。”[①]他们洋溢着迷乱、狂欢、蛮野的酒神精神，张扬着人性的率意、自由、恣肆和昂扬，与父亲所代表的秩序、稳定、理性背道而驰，体现着子辈们对整个父亲文明的强力背叛。

二

建立在宗法血缘基础之上的家族往往比邻而居、土地共有、注重亲情、提倡责任，有祠堂、家谱、族田等精神和物质财产，是一个具有强烈修复能力和抗震荡功能的“超稳态结构”，具有坚不可摧的凝聚力量。父亲作为一族之长，对内协调家族成员之间的关系，对外处理与社会上的各种交往和事务，让整个家族始终处于平衡稳定的繁荣状态。但是，和父亲的守家持家旺家相反，水浒好汉们却反对钱财的积聚、占有和贪求，以仗义疏财为好汉标准，甚至为了江湖义气，他们随意散发私有财产，拆毁甚至丢弃父亲之家，啸聚山林、占山为王，直至重建好汉们共同的大家庭——水泊梁山。

《墨子·经上》说“义，利也”，义是“有力者，疾以助人，有财者，勉

① 罗书华.喜剧审美中的生命本质：中国传奇喜剧英雄形象研究[J].齐鲁学刊，2001（3）：71-77.

以分人”。[①] 晚唐李德裕在《李卫公外集·豪侠论》中说：“夫侠盖非常人也，虽然以诺许人，必以节义为本。义非侠不立，侠非义不成。”行走江湖，遇到需要帮助的兄弟，慷慨解囊才算是好汉，才算“侠义”，否则就会为江湖人所不齿。在《水浒传》中，仗义疏财是江湖上人人尽知的行规，是水浒精神的一条主旋律，也是表现江湖义气最感人的篇章。不管是世胄阀阅的富贵子弟，还是市井小民的贫寒之家，多则千金，少则几两，江湖好汉们对需要帮助的他人从来都是真诚侠义、热情相助。为救贫苦落难的金翠莲父女，鲁智深将身上仅有的五两银子倾囊而出，又让初次相识的史进和李忠掏腰包资助，史进慷慨拿出十两银子赢得他的好感，李忠摸出二两银子被他耻笑为“不爽利的人”，被不屑地丢还了回去（第二回）。武松遭张都监陷害被押在大牢，施恩知恩图报三入死牢，为之上下打点，前后花去了近二百五十两银子（第二十九回）。晁盖是梁山泊事业的创始人，为人坦诚豪爽、疏财仗义，“原来那东溪村保正，姓晁名盖，祖是本县本乡富户，平生仗义疏财，专爱结识天下好汉。但有人来投奔他的，不论好歹，便留在庄上住。若要去时，又将银两赍助他起身”（第十三回）。他设计智取了十万贯金珠宝贝的生辰纲，没有见利忘义据为己有，而是放火烧掉了自己的村庄（父亲的家），义无反顾地带领大家上了梁山。他在林冲火并了鼠目寸光、心胸狭窄的梁山首领王伦后，将价值昂贵的生辰纲以及自己所有的家产全部疏散给梁山泊原有的头领和兵士，赢得了崇高的声誉和众人的信赖，使梁山泊呈现出兴旺发达的新气象。大周皇帝嫡派子孙柴进广招天下好汉侠客，也是个仗义疏财之士，“专一结识天下好汉，救助遭配的人，是个见世的孟尝君”（第二十一回）。

如果说子辈的疏财弃家，多数因为父亲的亡故而变得较为轻松和容易的话，那么对于父亲在场的子辈来说，要做到这一点就颇费周折。宋江“祖代务农”，宋家庄上修建着“草堂”“佛堂”，拥有大小庄客，有着不薄的田园，父亲宋太公仁慈宽厚，是个家资丰厚的地主。宋江为人仗义，被江湖上尊称为“及时雨”。“这宋江自在郓城县做押司，他刀笔精通，吏道纯熟。更兼爱习枪棒，学得武艺多般。平生只好结识江湖上好汉，但有人来投奔他的，若高若低，无有不纳，便留在庄上馆谷，终日追陪，并无厌倦；若要起身，尽力资助，端的是挥金似土。人问他求钱物，亦不推托；且好做方。每

① 墨子. 墨子[M]. 北京：中华书局，2011：547-552.

每排难解纷，只是周全人性命。时常散施棺材药饵，济人贫苦，赒人之急，扶人之困。”（第十七回）因为父亲的在场，他的行侠仗义与其他英雄好汉相比就显得不那么从容果断，而是顾虑重重并谋划再三。他未雨绸缪早早地就让父亲状告自己，以解除自己的户籍为名，借以保存父亲与家的安全。尽管他为人精明谨慎，但命运还是将他推上了与父亲告别的逃亡生涯中。“释晁”和“杀惜”之后，宋江准备投奔柴进、毛太公和花荣，出发前宋太公洒泪不住，吩咐宋江兄弟俩：“你两个前程万里，休得烦恼。”金圣叹评点此处：“无人处却写太公洒泪，有人处便写宋江大哭。冷眼看破，冷笔写成。普天下读书人，慎勿忽《水浒》无皮里阳秋也。自家洒泪，却吩咐别人休恼，老牛爱犊写来如画。”① 面对如此的慈父，在精神上抗父、违父和杀父是非常困难的，更何况宋江是个出名的孝子。这就不难理解在追捕和解救这场紧张的拉锯战中，宋江为何一而再、再而三地频频回首父亲的宋家庄了。一直到后来，宋江改“聚义厅”为“忠义堂”，菊花会上“望天王降诏早招安"，渴望自己能够“统豺虎，御边幅”，直至葬送梁山事业的“招安”，谁能不说恪守父训的宋江背后一直有个父亲在指挥他呢？谁能不说这是宋太公时时以忠君爱国教育儿子的结果呢？

建立在小农基础之上的家族作为宗法、礼教、血缘关系共同体的组织结构与观念集团，将利益属性和血缘属性扭结在一起，一般看重同姓之间的血缘亲情而排斥异姓人群。《孝经》曰：“不爱其亲而爱他人者，谓之悖德。”它要求家族子弟重视家族血缘伦理，把同族同姓的血亲关系看得高于异姓他人。但水浒好汉们并不特别看重同姓血缘，却以脾气、性格、意气是否相投为衡量关系亲疏的标准。

结拜盟誓作为一种古老的习俗，在东西方各古代民族中都有过广泛的流行。“故胡人弹骨，越人契臂，中国歃血也。所由各异，其于信一也。”② 虽然形式各异，但都是追求同心同德。刘、关、张桃园三结义在民间得到广泛的流传，也是绿林好汉们争相效仿的楷模。江湖上的云诡波谲、风云变幻，让走出父亲护佑的子辈们始终处于动荡不安、性命不保的惊悸之中，虽然刺激，但却没有精神和性命的安全感。“在家靠父母，出门靠朋友”。为了增强自己的生存势能，提高对不测灾厄的应对能力，江湖好汉们经常异姓结拜、

① 金圣叹. 金圣叹批评水浒传[M]. 济南：齐鲁书社，1991：411.

② 刘安. 淮南子[M]. 北京：中华书局，2009：234.

兄弟相称，相约同舟共济、同仇敌忾、誓同生死。在《水浒传》中，结拜几乎成了水浒好汉们表达情感的一种非常普遍的交友方式。在大路人马陆续归向梁山途中，一开始是少数人结拜，如陈达、朱武、杨春在少华山寨结拜为兄弟，晁盖、吴用等截取生辰纲的七人结拜为兄弟等。到第七十一回天罡地煞梁山大聚会之后，一百单八将拈香盟誓，共结金兰之好，“但愿生生相会，世世相逢，永无断阻”。他们斩断与父亲旧家的联系，重建一种新的家庭秩序：“八方共域，异姓一家”，“同心合意，同气相从，共为股肱，一同替天行道”（五十九回）。不分姓氏，“都一般儿哥弟称呼，不分贵贱”，“四海之内皆兄弟”。兼爱、非攻、尚同、有福同享、有难同当，墨子曾经勾勒过的理想之境：“天下之人皆相爱，强不执弱，众不劫寡，富不侮贫，贵不傲贱，诈不欺愚”，老而无妻者有所侍养，以终其寿；幼弱孤童之无父母者有所放依，以长其身”，[①] 在这群异姓兄弟构建的理想之家中得到了完美的实现。

而凝聚这个人口众多、性格迥异的大家庭靠的不再是看似牢固的父系血缘，而是绿林世界的精神旗帜——好汉人格。“与仗义疏财紧密相连的，还有知恩图报和轻生重义，这才是完整的好汉人格。”[②] 每一个走上梁山的绿林英雄都经过了好汉人格的考验和历练，也深深打上了好汉人格的烙印。他们行侠仗义、知恩图报，将他人利益看得高于一切，甚至为此献出自己的生命。宋江处处施恩，生前得到江湖好汉们热烈的拥护。众兄弟拼死护从，甚至以死相报。宋江死后，吴用、花荣感念宋江“恩义难报，交情难舍”，“仁义难舍，恩义难忘”，双双悬于树上自缢而死。李逵得知被宋江骗来饮下药酒后，仍然毫无怨言、忠心一片：“生时服侍哥哥，死了也只是哥哥部下一个小鬼。”嘱托从人将他灵柩运至楚州南门外蓼儿洼葬处与宋江埋在一起。在他们之间，这种靠好汉人格建立起来的兄弟情谊比金坚，丝毫也不比血亲维系逊色，甚至更加自律，更加持久和牢固，回荡着一种豪侠文化中感人肺腑的悲壮和崇高之美。

三

《水浒传》是一首江湖好汉杀富济贫、行侠仗义的英雄赞歌。梁山好汉撒豆成兵、挥剑成河的恢宏气势得益于父亲的缺席，而众英雄纷纷落马、死

① 墨子. 墨子[M]. 北京：中华书局，2001：67-75.

② 王丽娟. 析《水浒传》中的“仗义疏财”及其启示[J]. 广西社会科学，2008（9）：123-127.

散零落的悲剧结局在一定意义上讲恰是因为父亲的在场。这不能不引人深思。宁稼雨先生说得好："历史上几次较大的绿林聚义起事最终都以被儒道两家篡夺、镇压或被消蚀为终结。儒道墨的互补性和墨侠精神的空想性、软弱性的完美结合，葬送了绿林事业。中国封建社会在这种封闭的互补中获得了循环，而封建强权政治则用政治的非理性主义镇压了伦理的非理性。"① 这里的政治非理性多指代与忠君思想、名分观念相关联的"父亲"行为，而伦理的非理性多指代与"父亲"相对应的行侠仗义、特立独行的"子辈"行为。在这里，"父亲"和"子辈"已经不单是家庭特定成员的称谓，而且还承载着特定的文化信息，具有广博丰富的文化象征内涵。

《水浒传》叙事是一种弱化父亲、彰显子辈的英雄叙事，并对后世的英雄传奇体小说产生了深远的影响。在这一宏大叙事中，父亲的干涉和影响降至最低，子辈们抛开传统文化的历史重负，朝气蓬勃地登上历史舞台，在强烈的人性本能和生命能量的驱使下，他们征战杀伐、铲暴除奸，仗义疏财、患难与共，用杀戮和蛮力、血腥和狂野开辟了一个崭新的武林世界，并试图重建新的公道和新的秩序，呈现出与传统父权控制下的子辈历史不一样的人文景观。

这种英雄叙事首先是历史文化选择的结果。自从契丹占据燕云十六州以后，中原人民一直饱受战争铁蹄的创伤。此后约两个世纪，北宋皇帝沦为奴仆；又一个半世纪后，南宋王朝也被北方的游牧民族灭亡了。整个宋室不仅外忧不断，而且皇帝昏聩、内奸横行，造成了许多忠臣蒙冤屈死。所以在这样的历史背景下，板滞中庸的传统父权文化退居边缘，历史呼唤蛮野激情的血性男儿握着拳头拿着武器冲出江湖，用无数的尸体和滚滚的鲜血来冲刷耻辱，重整乾坤，寻找历史的正义和民族的尊严。

其次，父子冲突作为人类文学史上一种典型的、反复出现的意象，"已基本成为一套密传的符号"，② 积淀为全人类的一种文化情结。无论中外，遑论古今。这也是本文选取父亲缺席这一角度观照《水浒》叙事策略的立足点。中国台湾学者乐蘅军先生在《意志与命运》一书中说过："我们的生存需要怀疑和否定才能把贮久的死水倾出。""叛父""杀父"是人类自身实现

---

① 宁稼雨.《水浒传》与中国绿林文化：兼谈墨家思想对绿林文化的影响[J]. 文学遗产，1995（2）：74-84.

② 朱栋霖. 文学新思维（下）[M]. 南京：江苏教育出版社，1996：651.

新陈代谢、向更高更远方向迈进的一种扬弃方式，也是重建生命的尊严以此获得救赎的自我突围，体现着人类自我拯救的意志和不断超越自我的品格，推动着人类的发展和文明的进步。[①]《水浒传》中子辈们走上梁山的过程就是这样一种“叛父”“杀父”的过程，子辈空间的张扬和能力的展现与父亲的缺席互为因果，密不可分。至于后来的招安，无疑是“子辈”被“父亲”降伏和归顺的过程，这种悲剧性与侠文化自身的软弱性有关，同时也是中国封建社会与传统的儒、释、道等各种文化相互纠缠的丰富性和复杂性的结果。

另外，《水浒传》的英雄叙事还是文化自身选择的结果。水浒故事从南宋时就开始流传，后又随着辽、金、元的朝代更迭不断地充实着新的内容，最后被施耐庵“集撰”成长篇。[②]无论是早期说书或戏曲的营造附会，还是埋头书案的施耐庵的创造虚构，这个一直在流动着的水浒故事在它的自然生长中，无师自通地逐渐抛弃了阻碍它欢快游走的枷锁和捆绑，潜意识地选择了最适合它的艺术规律和文化环境，从而在某些局部开出最蓬勃最绚烂的花朵，构成了它在文学史上不朽的粲然一瞬。而这瞬间的粲然，却如同惊鸿一瞥，辉映了中华民族历史尊严中最撼天动地的人格力量和道德力量，在黑暗如磐的漫漫历史中点燃了人们行侠仗义、奋力前行的火种，给人们带来一种精神的洗礼，某些局部的朽坏和缺陷（招安等）绝不可掩盖它的光辉。

（发表于《水浒争鸣》第 11 辑，作者：楚爱华）

① 楚爱华. 从父子关系看贾宝玉叛逆形象在现代文学中的流变[J]. 红楼梦学刊，2009（2）：223-236.

② 陈文新. 小说史上的一处重要分野：追寻《水浒传》与《三国演义》的差异之源[J]. 水浒争鸣，1987（5）：113.

琴乐与古代小说文学叙事的意境生成

中国古琴文化博大精深、源远流长。从琴器—琴艺—琴学—琴道的发展轨迹来看，古琴不仅是文人士大夫修身养性的器乐载体，更是人们在虚静无我、“入于天”的至高境界中体悟宇宙人生的艺术流程。琴乐渗透进了文学领域，在叙事、抒情、状物、表意等诸多方面对文学产生了深远的影响。而琴乐与文学的关系，以往学界的研究者多只涉及诗词曲赋，极少有人关注到叙事文学。由于叙事文学自身的虚构性特点和拥有无限张力空间的大容量等优势，相对于其他文体，琴乐在叙事文学中无疑具有更强大的艺术功能。作为中国古代小说的两大支流——文言小说与白话小说，虽然二者在语言选择和叙述笔调等方面存在着诸多差异，但在借琴乐文化以彰显小说意境之美这一点上，二者却有着惊人的一致性。

当代叙事学认为，叙事主体在叙事活动中起着举足轻重的作用，但叙事客体也并非逆来顺受，它限制着叙事主体的运作权力，控制着叙事主体对语言的操作和风格的选择，并形成一种审美的强力结构。[①] 琴乐作为一种内涵丰富的叙事客体作用于中国古代小说，使小说文学叙事的情绪节奏、叙事节奏等要素骤然发生改变，由热闹趋于静冷，由快实趋于慢虚，渐入清微淡远、含蓄静雅的境界。此外，古代小说对琴人形象的塑造也多采用意境化的笔法。古代小说呈现出的这些艺术风貌，与琴乐的文化气质、审美要求等艺术规定性有着紧密的联系，是古典叙事文学受制于琴乐客观自律性的结果。

一

琴乐的渗入往往使小说文学叙事的情绪节奏由热趋冷，由闹趋静。如《三国志平话》卷中，诸葛亮一路激战，使计捉了吕凯、杜祺，夺了三门关之后，引军南至泸水欲擒捉孟获，不料“其江泛溪热，不能进”。整个情节陷入狂热愤激、急躁难耐的情绪状态。“武侯抚琴，其江水自冷”，泠泠琴声

① 徐岱. 小说叙事学[M]. 北京：中国社会科学出版社，1992：76-79.

给兵士们从心理到生理都降了温，小说情绪由闹热转入静冷。《春秋列国志传》第三十六回，管仲病危，齐桓公心急如焚，差遣田宁越急速往骊山寻高人验其凶吉。田宁越日夜兼程火速赶至骊山，但见“深谷幽处有一所草庐，竹篱茅舍，甚是幽雅”，一个长相古怪的白头老翁正凝神端坐弹琴。田宁越徘徊再三不敢擅入，急迫的气氛在古琴老翁面前瞬时沉静下来。再如《三国演义》中司马懿十五万大军压境，犹如云水怒涛势不可挡，而诸葛亮只有二千五百军留守城中，事态紧张得如箭在弦。面对敌军黑云压城，诸葛亮大开城门指挥若定，令二十军士扮作百姓洒扫街道，自己则鹤氅纶巾于城上敌楼前凭栏而坐，焚香弹琴。松沉绵邈的琴音如轻风穿林，又似闲云出岫，从容淡定，有效地平息了大敌当前的紧张气氛，让读者也随之松了一口气。

琴乐在不同的文人笔下，为什么会不约而同地具有“令人躁思顿清，烦襟尽涤”[①]的情绪调控功能呢？这是受古琴这一叙事客体制约的结果。与古琴器静、弹奏环境静、琴人心态静等艺术气质及弹奏要求有着密切的关联。

首先，古琴偏于阴柔，气质静冷不喜喧嚣，多以百年以上的桐木为料，梧桐“得水石之灵，有清高之性”，具有“质静”“易简”“静重”的特点，不仅使人“听不淫”“节制全神”等，而且使人“精神平和，衰气不入，天地交泰，百物来集”。[②]其次，弹琴要选择静谧的时空环境。如明代琴家杨表正《重修正文对音捷要真传琴谱大全》说：“凡鼓琴，必择净室高堂，或升层楼之上，或于林石之间，或登山巅，或游水湄，或观宇中；值二气高明之时，清风明月之夜，焚香静室，坐定，心不外驰，气血和平，方与神合，灵与道合……”[③]静谧的环境是琴人实现物我两忘、澄怀品道的前提。再次，弹奏者要做到心静、手静、音静。虚以待物、凝神静虑是作文、书法、绘画等一切艺术创作的先决条件。琴乐也不例外。徐上瀛《溪山琴况》“静”况曰：“惟涵养之士，淡泊宁静，心无尘翳，指有余闲，与论希声之理，悠然可得矣。所谓希者，至静之极，通乎杳渺，出有入无，而游神乎羲皇之上者也。”[④]琴乐是一门心的艺术，弹奏者只有做到“忘机”“虚一而静”，才能“游心”宇宙以领悟艺术之“道境”。

① 罗贯中. 三国演义[M]. 毛宗岗，评订. 济南：齐鲁书社，1991：18.

② 阮籍. 阮籍集校注[M]. 陈伯君，校注. 北京：中华书局，1987：97-99.

③ 杨表正. 重修正文对音捷要真传琴谱大全[M]. 影印本. 金陵富春堂明万历十三年（1585）刊本.

④ 文化部文学艺术研究院音乐研究所. 中国古代乐论选辑[M]. 北京：人民音乐出版社，1983：306-307.

琴乐主静的文化气质为小说意境的生成提供了艺术上的准备。万籁收声天地静，虚静便于弹奏者炼音洽意，在“了群动”“纳万境”的精神状态下实现艺术上的“移情”。伯牙在老师成连的引导下，从面对大海“三年不成”到“为天下妙手”的瞬间升华，就是在虚静的状态下将自我情感、浩瀚宇宙与古琴曲意融会贯通成功“移情”的结果。琴乐所达到的这种升华，即为“乃若山静秋鸣，月高林表，松风远拂，石涧流寒，而日不知晡，夕不觉曙者，此希声之寓境也”，[①] 是一种在形骸俱忘、虚己应物的氛围中究千变之容、观万殊之妙，体悟天人合一的意境之美。

琴乐主静的文化气质被一些优秀的小说家所认可，并被策略性地穿插在紧张惊险的故事链条中，以使叙事有张有弛、节奏鲜明，有效地缓解读者阅读时的紧张情绪，从而产生审美快感，创造出独特的小说意境。《聊斋志异·粉蝶》中阳生泛舟于海而突遇飓风，“同舟尽没”，靠着一艘小船死里逃生，可谓惊魂未定。到了仙人岛，“遥闻琴声”，紧张的情绪逐渐平复下来。冯镇峦于此处评曰：“从飓风大作，天地震眩后，忽闻琴声，直觉心清神爽，别是一翻世界。小说《三国演义》叙先主马跳檀溪后，入水镜庄闻司马德操琴声，同是一样景色。”[②] 冯镇峦指的是《三国演义》第三十四、第三十五两回。在这两回中，刘备被人追赶飞马西逃，却被阔深险急的檀溪挡住去路，危急时刻的卢马一跃三丈飞上西岸，救刘备脱于敌手。脱险后的刘备来到水镜村，琴声甚美，清气飘然。毛宗岗评曰：“玄德于波翻浪滚之后，忽闻童子吹笛，先生鼓琴；于电走风驰之后，忽见石案香清，松轩茶熟——正在心惊胆战，俄而气定神闲。真如过弱水而访蓬莱，脱苦海而游阆苑，恍疑身在神仙境界矣！”[③] 二者的场景都由紧张惊险转为安静悠闲，渐入幽澹静远、忘怀尘世得失的意境之中。这些情绪节奏的转化以及意境的获得，均赖于琴乐之功。

琴乐不仅调控着小说的情绪节奏，也对小说的叙事节奏产生影响。前文所引刘备飞马过檀溪到“琴声甚美”的水镜庄，阳生泛舟遇险到琴声袅袅的仙人岛等情节，就充分体现了小说叙事节奏由快到慢、由实转虚的转变。再如《太平广记》卷三四《神仙感遇传》中的“文广通条”，讲文广通追捕一只

---

① 文化部文学艺术研究院音乐研究所. 中国古代乐论选辑[M]. 北京：人民音乐出版社，1983：313.

② 蒲松龄. 聊斋志异[M]. 张友鹤，辑校. 上海：上海古籍出版社，1978：1676.

③ 罗贯中. 三国演义[M]. 毛宗岗，评订. 济南：齐鲁书社，1991：427.

被他射伤的野猪，一路奔跑不暇，最后追踪到一个大穴里，“见十数书生，皆冠章甫之冠，服缝掖之衣，有博士，独一榻面南谈《老子》，又见西斋有十人相对，弹一弦琴，而五声自韵……觉其清虚独远，自是胜地，徘徊欲住”。与入穴前一字千里的速行式叙述相比，小说叙事节奏由急快嘈杂趋于舒缓柔谧，由叙事为主转为抒情为主，将读者逐渐引入琴棋书画、仙人玄妙的诗性氛围之中。

在快马加鞭的写实叙事中插入琴乐，的确可以帮助读者从视觉的紧张忙碌转为听觉的舒缓悠闲，空灵跳荡，意境深远。值得注意的是，中国古代的乐器种类非常多，小说家为什么不选择琵琶、笙箫等乐器，却独独对古琴青睐有加呢？这固然是因为在中国传统文化中，古琴是一种内涵丰富的乐器，代表了幽音雅韵，一直为文人士大夫们所喜爱，地位之高远非其他乐器可比。但更重要的原因是古琴自身独特的“尚缓”气质，这种气质深深影响了小说家的创作选择。

首先，清微淡远、恬淡古迟为古琴弹奏的主要风格，这从一些古琴曲的命名如《潇湘水云》《平沙落雁》《醉渔唱晚》等就可以看得出来。这种古沉绵邈、玄远悠长的意蕴，颇为契合不理俗世、心境淡远的隐者气质。所以，我们不难理解，为什么中国古典叙事文学中的仙人或者隐居的高士多是弹琴者。其次，古琴曲多为慢曲，弹奏中讲究缓弹。徐缓弹奏便于琴人稳定心绪、渐入佳境，同时人、琴、音三者还往往构成一个巨大的舒缓、抒情的艺术场，对周遭的人、事构成强烈的艺术感染，使喧嚣嘈杂的外界节奏于此发生改变。前面提到的黄原、文广通、刘备、阳生等人在追跑、逃命、惶恐等一系列非常态的快节奏面前，听到古琴之音即刻安静下来，不知不觉被卷入艺术的“无我之境”即例子。再次，意境的获得需要想象，而古琴舒缓的音色节奏有利于想象的感性显现。弹者如此，听者也是如此。优秀的琴乐演奏可以使虚堂凝雪、草阁流春，也可以使玄霜降、白鹤临、游鱼出听、六马仰秣……琴乐艺术是一门弹奏艺术，更是一门审美联通、驰骋想象的听觉艺术。西方哲学界提倡眼耳独尊，传统中国更是重视眼耳鼻舌身的五官整合和联觉通感，佛家谓“诸根互用”，道家谓“耳视目听”。所以《吕氏春秋》中钟子期听乐而有“巍巍乎若太山”“汤汤乎若流水”的感慨，《聊斋志异·宦娘》中的温如春则听音“觉和风自来”“百鸟群集，庭树为满”等，以上小说中听者反应都是从在场的可显现的东西，联想到无穷的不在场不可显现的东西，都是在艺术想象中视觉、听觉和嗅觉实现奇妙联通的结果。可以说，古琴舒缓的音色节奏为小说中弹听双方“取类比象”“听声类形”的艺术想象插上了腾飞的翅膀。

琴乐的“尚缓”气质弥补了小说语言在意境创造上的不足和局限，为小说增加了言有尽而意无穷的诗性氛围。叶朗先生曾经说过意境的丰富和含蓄只可意会不可言传，而音乐却可以弥补语言的缺陷，因为音乐是一种“能够以特殊的力量和准确性揭示语言表现所不能达到的最隐秘的情感运动、委婉的感情以及不可捉摸的流动的情绪”。[①]前面提到的黄原、文广通二人乍从俗世来到仙界，感受如何？作者没有过多地在他们身上用笔，只用闲散幽淡、古淡清远的琴乐来间接传达他们的仙界感受。虽然是“无字句”，却让我们身临其境地感受到清涤肺腑、焕然一新的新奇之美，将我们直接带到那种氤氲缥缈、大音希声的仙境之中。

二

以虚静清远、和缓含蓄等为艺术旨归的琴乐，不仅制约着小说的情绪节奏和叙事节奏，使之充盈着意境之美，而且制约着小说对琴人形象的塑造，使之有别于其他人物形象：赋予琴人特定的文化气质和人格内涵，在援引琴人出场时运用意境化笔法等等，使之具有言外之意、象外之象等丰赡玄妙的文化内涵。

中国古代小说多赋予琴人自由的个性和不俗的人格，以与现实尘世形成精神的反衬和对抗。这些琴人，除了大量逸神闲仙、琴精雅鬼等超现实人物具有的风神超迈、飘逸仙举等明显的精神特征之外，对于现实中的琴人也多赋予其淡泊名利、超凡脱俗的气质。如《神仙传》中的琴人孙登：“恒止山间，穴地而坐，弹琴读《易》。冬夏单衣，天大寒，人视之，辄被发自覆身，发长丈余。又雅容非常，历世见之，颜色如故。”[②]显示了一个高士隐于心乐的陶醉和自足情怀。《太平广记》卷二〇一“李约”条中的李约不好俗谈，“雅爱玄机，萧萧冲远，德行既优，又有山林之致，琴道酒德词调，皆高绝一时。”[③]据《新唐书》卷二一七《卓行》记载，高士元德秀终日弹琴读书，

① 莫·卡冈. 艺术形态学[M]. 上海：三联书店，1986：294-295.

② 李昉等. 太平广记[M]. 北京：中华书局，1961：63.

③ 李昉等. 太平广记[M]. 北京：中华书局，1961：1514.

怡然自得，睹其神采气质，“使人名利之心都尽”。《陶庵梦忆》卷八中的范与兰，好琴喜兰，虽已高龄仍雅致不辍。这些琴人虽身在尘世，但不理俗务，属于尘世中的“神仙”人物。

至于那些不推却尘世俗务的琴人，则多为品质高尚、慷慨仗义之人。如《原化记》中的崔希真，“善鼓琴，工绘事，好修养之术”。在别人向他求乞时热情相助，最后得到了仙人馈赠千年松胶的厚报。《剪灯余话》卷一《长安夜行录》“月夜弹琴记”条中的乌缉之，精通琴艺，尚气重义，对贞鬼有求必应、全力以赴。《聊斋志异·宦娘》中的宦娘是个爱琴的女鬼，她由爱琴到爱人，又由爱人到主动成全所爱之人的爱情并且真诚地祝福他们，这个痴迷于古琴的女鬼，其身上所具备的行气如虹的侠义之光以及与琴德相匹配的高行懿德，带给人们一场透骨入髓的精神洗礼。[①] 即使是为人诟病的骗物行为，琴人的所为也多异于俗人。《聊斋志异·局诈》中嗜琴成癖的程道士，为了得到心仪的好琴，不远万里隐姓埋名来到李生的家乡，浸渍三年终如愿以偿得琴而去。作者称他为“风雅”之癖，冯镇峦也满怀宽容地一笑了之：“癖也，亦近于痴也。”[②]

琴人多具有磊落不羁的气节和铮铮傲骨。《晋书·戴逵传》记载：戴逵“少博学好谈论，善属文，能鼓琴，工书画，其余巧艺靡不毕综……太宰、武陵王晞闻其善鼓琴，使人召之，逵对使者破琴曰：‘戴安道不为王门伶人！’”[③] 其坚贞独立的个性，让世人读到了琴人傲岸的气节和高贵的品格。《世说新语》中的嵇康刚正峻切、不媚权贵，最后遭到了迫害。临刑前他悲慨激愤地弹奏了一曲《广陵散》，彰显了一个真正的琴人对艺术生命的无限真诚和不向虚伪礼教低眉折腰的高洁壮志。此外，还有贫贱不能移的萧长夫、威武不能屈的邝露等，他们面对世俗功利的摧逼，比德如玉、宁折不弯，用生命捍卫着琴人的尊严。

相反，戏谑或否定古琴的人多人格亏损，为人们所不齿。《宋朝事实类苑》卷六六将轻佻善谑、弹琴若伶人的冯吉归入“无耻”类就是一例。《春渚纪闻》卷八“明皇好恶”条记载，唐明皇癖好羯鼓而不尊重古琴，作者不仅对他的欣赏品位进行了讥讽，还将安史之乱的根源归结于此。

---

① 楚爱华. 古琴意象在《聊斋志异》中的传递与深化[J]. 蒲松龄研究，2010（3）：114-122.

② 蒲松龄. 聊斋志异[M]. 张友鹤，辑校. 上海：上海古籍出版社，1978：1034.

③ 房玄龄，等. 晋书[M]. 北京：中华书局，1974：2457.

有意思的是，一些优秀的古代小说不仅赋予琴人以简傲脱俗的人格，甚至在导引琴人出场时也多采用意境化笔法，如《博物志》“萧思遇”中弹琴的美女，《潇湘录》“王祐”条中弹琴的道士，《传奇》“萧旷”条中的洛水神女等，尤其是《三国演义》中诸葛亮的出场，意境斐然，堪称经典。毛纶、毛宗岗在第三十七回回前评曰：

此篇极写孔明，而篇中却无孔明。盖善写妙人者，不于有处写，正于无处写。写其人如闲云野鹤之不可定，而其人始远；写其人如威凤祥麟之不易睹，而其人始尊；且孔明虽未得一遇，而见孔明之居，则极其幽秀；见孔明之童，则极其古淡；见孔明之友，则极其高超；见孔明之弟，则极其旷逸；见孔明之丈人，则极其清韵；见孔明之题咏，则极其俊妙；不待接席言欢，而孔明之为孔明，于此领略过半矣。①

“不于有处写，正于无处写”，这种高妙的意境化写作，使全文如同缥缈的琴音一样充满了空灵、优雅的艺术气息，让人读后余香满口、回味悠长。古代小说对琴人形象的这种意境化塑造，与琴乐“绝俗”的精神气质和文化特点有着密切的关系。

首先，琴乐是一门严肃的音乐艺术，寄托着古人征道崇圣、天人合一的神圣信仰。古琴的尺寸、形制、命名等俱包含着深刻的文化内涵，体现着天、地、人三者在至高境界的完美结合。正因为如此，古人对古琴有着神圣的尊崇。《警世通言·俞伯牙摔琴谢知音》中钟子期提到琴有“六忌”“七不弹”：忌大寒、忌大暑、忌大风、忌大雨、忌迅雷、忌大雪；闻丧者不弹、奏乐不弹、事冗不弹、不净身不弹、衣冠不整不弹、不焚香不弹等，否则就会辱没琴道的高雅，造成不利的后果。

其次，在中国传统文化中，古琴被视为修性养志、禁邪祛欲的雅器，弹琴利于培养文人高尚的品德和节操。“君子所常御者，琴最亲密不离于身……虽在穷閰陋巷、深山幽谷犹不失琴。”② 肯定古琴的“克己”“养心”和“归正”的作用，认为古琴可以使人抵挡惰慢邪僻之气，培养方正好义、乐善好施的品德。由此可见，古琴已经超越了它自身的规定性而成为琴人道德境界的表征。

再次，自两汉起，古琴逐渐被儒家思想所化用，成为一门庄肃的以“乐

① 罗贯中. 三国演义[M]. 毛宗岗，评订. 济南：齐鲁书社，1991：44.

② 应劭. 风俗通义[M]. 天津：天津人民出版社，1980：235.

教”“治国”的伦理性艺术。司马迁《史记》曰：“正教者皆始于音，音正而行正，故音乐者所以动荡血脉，流通精神而和正心也……上以事宗庙，下以变化黎庶也。”① 突出强调古琴在所有乐器中的“正教”作用，排斥亡身误国的靡靡之音。

总之，琴人或优雅冲淡或悲壮傲岸的性格与古琴“绝俗”的文化特点紧密相连。他们风神卓然、潇洒不拘的神仙气质给小说罩上了一层诡谲恍惚的云裳霞衣，而他们严正独立、嵚崎磊落的凛冽个性，无疑是另外一种琴境之美在崇高悲壮的精神域场弹奏的别样一种琴曲，其荡气回肠的古沉弦律在精神境域带给人们一种悠远的感动和追怀。

王善《治心斋琴学练要·总义八则》“清则”曰：“地僻，琴实，弦紧，心专，气肃，指劲，按木，弹甲。八者能备，则月印秋江，万象澄澈矣。”② 以“月印秋江，万象澄澈”的意境之美为至高追求的琴乐，一旦被古代小说作者策略性地运用于小说，就会对小说的叙事节奏、情绪节奏以及人物塑造等方面产生深刻的影响，使小说逐渐破茧化蝶，脱离写实笔调，朝着抒情化的意境飞升。这些变化与琴乐“尚静”“尚缓”“绝俗”等艺术气质和文化特点有着紧密的联系，是古典小说受限于作为叙事客体的琴乐的结果。

（发表于《南开学报》（哲学社会科学版）2011 年第 6 期，作者：楚爱华）

① 司马迁. 史记[M]. 北京：中华书局，1959：1236.

② 王善. 中国古代乐论选辑[M]. 北京：人民音乐出版社，1983：415.

鲁迅作品中的乌托邦情节

一

在鲁迅的作品中，我们经常可以看到凝结着他希望或者憧憬的描写。比如“希望是本无所谓有，无所谓无的。这正如地上的路；其实地上本没有路，走的人多了，也便成了路”。再如夏瑜坟头上那没有根却整齐排列着的红白花儿，“我”吊唁完魏连殳仰头看到的散出冷静光辉的圆月。甚至坟墓中的死尸也胸怀希望——待我成尘时，你将见我的微笑！在《颓败线的颤动》一文中，那位忍辱含羞把子女抚养长大，却遭到儿女抛弃的垂老女人在荒野中发出无词言语的景象，则更是将充满希望的战斗之境渲染得淋漓尽致。

这种希望还不知不觉地渗透到艺术形式的创新之中。“在中国新文坛上，鲁迅君常常是创造‘新形式’的先锋;《呐喊》里的十多篇小说，几乎一篇有一篇新形式，而这些新形式又莫不给青年作者以极大的影响，必然有多数人跟上去试验。”[①] 每一种形式中都包含了希望萌生、孕育、实现、再生的过程，如此螺旋式上升，推动他在艺术形式上永不重复自己。落实到学术研究上，便是对博大、深邃、贯通境界的追求，譬如他对肤浅渺小学者的批评：“他们精细地研究着一点有限的视野，便决不能和博大的诗人感到全部人间事、而同时又领会天国之欢乐和地狱之大苦恼的精神相通。”[②] 希望之路，希望之人，希望之境，希望之形式，成了鲁迅灵魂中恒久的呼唤，也成了闪烁在他作品中的一丝暖色、一缕阳光。这和德国哲学家恩斯特·布洛赫倡导的以“希望”范畴为核心的乌托邦哲学不谋而合。布洛赫强调人是乌托邦的主体，是“尚未”实现的可能性的焦点。“人生本质的结构”是希望，人不是其现有诸属性的总和，而是正在走向某种超越他自身的人；人的本质不是既

① 钱理群，温如敏，吴福辉. 现代文学三十年[M]. 北京：北京大学出版社，1998：43-44.

② 徐葆耕. 西方文学十五讲[M]. 北京：北京大学出版社，2003：66.

有或固定的，而是开放的、尚未完成和规定了的；这种开放性就是“希望”，它是根植于人性之中的内在需要，因此，“人是他很前面的那个他”。[①] 鲁迅的作品揭示的正是人的尚未实现的状态或者部分实现的状态，看似描述当下，实则指向未来。这一特征和其他作家稍作比较，便不难发现。同是写人，郁达夫笔下的人物充满性的苦闷和生的烦恼，个体深层欲望的诉求特别强烈；巴金笔下的人物则胸怀理想和激情，向黑暗现实发起了悲愤而激烈的抗争，解决现实问题的意识尤为突显；鲁迅不同，他是通过对现实人性的剖析和鞭挞，指向未来美好人性的建构，如刻画阿Q的自欺欺人、自我麻醉，看客的麻木从众、浑浑噩噩，鲁迅的用意并非止于暴露、讽刺，而是进一步暗示人们：这些人性劣根恰恰是未来人性所摒弃的元素！他审美超越的思想是极其显豁的。

二

但是，鲁迅借裴多菲之口却道出了希望的虚伪和虚妄：“希望是什么？是娼妓，她对谁都蛊惑，将一切都献给；待你牺牲了极多的宝贝——你的青春——她就抛弃你。”

作为一名精神斗士，鲁迅的心中一直有一个炽热的希望，即先“立人”，再“立国”。具体地说就是先着力于建设和张扬少数先驱者强大而独立的个体精神，再通过对民众的启蒙，达到“国人之自觉”，伴随着每一个主体的个性张扬，自由与自觉，自然会产生作为集合体的国家、民族的自由与自觉，从而建立起真正的“人国”。为了实现这个热望，他总是密切注意社会上最具革命性、前卫性的社会思潮和社会力量，总是主动地向革命团体伸出手去，期望能通过选择先进的社会力量来实现社会现状的改造，但是每一次选择的结果都是失望，如反清、共和、“五四”、北伐、左翼运动等。他也曾对年轻人寄予厚望，心甘情愿，且不折不扣地“肩住黑暗的闸门”，放年轻人“到光明的地方去”，结果却被一些年轻人视为“绊脚石”（如高长虹之流），口诛笔伐。这不能不使真诚、敏感、深情的鲁迅感到悲恸和幻灭。在《影的告别》中，他这样写道：“你还想我的赠品。我能献你什么呢？无已，则仍是黑暗和虚空而已。但是，我愿意只是黑暗，或者消失于你的白天；我愿意只是虚空，决不占你的心地。”对“黑暗”和“虚空”的钟情正是希望

① 朱立元. 当代西方文艺理论[M]. 上海：华东师范大学出版社，1997：197.

破碎时的心情写照！

不过，面对虚幻和虚伪的希望（或者说乌托邦世界），鲁迅并没有彻底地与之决裂并捐弃，而是将之和心灵的主体并置在一起，不断地质疑、批判、对照和省思。既然希望有神灵的圣洁和高雅，也有娼妓的庸俗和冷酷，何必一定要为之疯魔痴狂，或者痛心疾首呢？尽管鲁迅力图这样理性地止痛，甚至以诅咒和唾骂进行痛苦的宣泄，但他根本无法阻止自己对希望的一往情深。他渴望黑暗沉没自己，达到彻底的空与无，但目的却是为了在这独自承担与毁灭中，获得最大的有，“裹在这无边际的黑絮似的大块里”，“那世界全属于我自己”。他甚至直言不讳：“爱夜的人要有听夜的耳朵和看夜的眼睛，自在暗中，看一切暗”，“爱夜的人于是领受了夜所给予的光明”。[①] 可见，绝望的背后依然是更浓烈的希望！他也曾想到以死亡获得心的平安，但经历了死后种种无聊、麻烦、蔑视、冷落，且略微有了快意的哭的意思之后，他“眼前仿佛有火花一闪”，又“坐了起来”。[②] 所以，他虽然经历着惨烈的精神煎熬，却从未中断过希望的浴火重生。沉浸在黑暗，甚至死亡的想象中，不是退却和逃避，而是为了将生与死，希望和绝望一起纳入主体的生命思索，即“抉心自食，欲知本味”。哪怕无法知道本味，也要执拗地提醒自己不断前行，就像那位义无反顾的过客。对鲁迅来说，前进是一个绝对命令。所以，比起“我不知道风在朝哪个方向吹”的虚弱，以及“不翻筋斗了，且卧在草地上看云”的自闭，鲁迅不知要坚强、伟大多少倍。

三

鲁迅的一生都是在充满张力、压力的环境中度过的。对上，对庙堂，他要抗衡庙堂的压迫；对下，对民众的愚昧、民众的不觉悟，他要批判，要教育。虽然充满疲惫，充满失望，但鲁迅战斗的能量一直非常强旺。这中间如果没有乌托邦情结的统摄、润泽、呵护，贯穿始终，简直无法想象。

然而，在鲁迅的心中却并不存在一个清晰、明确、恒定的希望。

在《影的告别》中，天堂、地狱、黄金世界，这些世俗的希望，影子都予以否定了，即使是赖以安身立命的“你”，影子也不愿跟随。影子的希望是彷徨于无地，可是，无地又在何方呢？依然没有定数。

---

① 鲁迅. 夜颂[C]//鲁迅全集（第 5 卷）. 北京：人民文学出版社，1981：193.

② 鲁迅. 死后[C]//鲁迅经典作品集. 呼伦贝尔：内蒙古文化出版社，2003：256.

这种希望的不确定感在《过客》中再次浮现。过客知道前面是坟地，可坟地之后是什么，他一无所知。他铁了心要前进，是因为前面有个声音在催促他，但这个声音是从什么具体位置发出的，为什么要发出前进的指令，自己过去会遭遇怎样的命运，过客同样无从知晓。

如果我们把影子和前面的声音理解成独立、自由的精神自我，把“你”和过客理解成随俗、常规的现实自我的话，那么，这两种自我事实上一直处在相互的解构之中。就像那位步入无物之阵，举起投枪刺中敌方心窝的战士，表面上他胜利了，实际上他又是一个失败者，因为无物之物已经逃脱，而战士则在无物之阵中老衰、寿终。影子离开现实的“你”，表面上获得了解放，实际上仍难逃灭亡的命运。由此，一个矛盾而焦虑的人格形象跃然纸上：鲁迅否定了现实的自我，也否定了精神自我；拒绝成为他人，同时也拒绝成为自己。在很多情况下，鲁迅不是一分为二、一分为三地看待问题，而是一分为四、一分为五，甚至更多地看待问题，在不断地否定中前行，在不停地前行中否定，几乎成了他的本能。有学者指出，鲁迅一生中人性进化价值观有这样的演化轨迹：生物进化观—社会进化观—自然主义人性进化观—马克思主义的阶级斗争学说—历史中间物，[①] 这同样是不断否定的结果。但不管怎样，鲁迅依然在选择，依然在行动。在1925年的元旦，他写下了《希望》，似乎对希望鄙夷不屑，已经无望，但在年底，他的《这样的战士》中的战士依然在无望中战斗，让人觉得这无望中蕴藏着一个更强的希望。存在主义的先驱克尔凯·郭尔认为，就人格的内涵而论，选择本身是具有决定性的。凭着选择，人格本身沉浸在所选择的事物中，如不选择，它就会萎谢凋零。正是个体自觉主动的选择，才使人对自己作为主体的认识不断深化，才使人格的内涵不断得到巩固。鲁迅正是依靠自己的自觉主动的选择，放弃了退缩，拒绝了妥协，摒弃了中庸之道，在低层次需要得不到满足时依靠强大的意志力量实现了人格的反弹，创造了一种极其罕见的以韧为主要特色的人格意志力量，建构起了中国现代史上最具震慑力与穿透力的人格范型。虽然，他选择之后，仍会加以否定。

在鲁迅作品的深层结构中，我们同样可以看到希望的不确定感。其具体表现便是“离去—归来—再离去”的模式。如小说《故乡》开始讲的是我回到相别二十余年的故乡，此番归来，正是为了寻梦。小说将先前的“离去”

① 王永茂，周建萍. 鲁迅人性进化观的消长[J]. 江苏广播电视大学学报，2003（2）：41-46.

推到了后景，虚写了这样一个故事：当年被“聚族而居”的封建宗法制度的农村社会所挤压，“我”不得不离乡背井，到现代都市寻求别样的出路，但总是为生活“辛苦辗转”。而从家乡的再次出走则是因为闰土和杨二嫂的故事帮助我完成了幻景与现实的剥离。离去是寻梦，归来是寻梦，再离去还是寻梦，梦的内容一直处于变动之中。

哈贝马斯认为：“绝不能把乌托邦（utopia）与幻想（illusion）等同起来。幻想建立在无根据的想象之上，是永远无法实现的，而乌托邦则蕴含着希望，体现了对一个与现实完全不同的向往，为开辟未来提供了精神动力。乌托邦的核心精神是批判，批判经验现实中的不合理、反理性的东西，并提出一种可供选择的方案。它意味着，现实虽然充满缺陷，但应相信现实同时也包含了克服这些缺陷的内在倾向。”① 鲁迅作品中所呈现的希望的不确定感和混沌未凿感正是建立在对现实的批判之上，并循此探索克服现实缺陷的种种可能，这成了他思维的惯性、战斗的动力，由此，他不断地走向自我生命的超越。

四

其实，鲁迅作品中的乌托邦情结不仅体现了他对现实的批判，对自我生命的超越，也反映了他对中国传统文化的叛逆。

中国传统文化具有保守性和“以过去为定向”的特征，是一种经验主义的文化模式。在一方土地上，日出而作，日落而息，不知有汉，无论魏晋，一切靠传统、经验、常识、习惯、自然节律支配日常生活，理性主义文化所倚重的理性、科学、自由、主体意识、创新精神是严重缺席的。鲁迅深知其弊，所以一直呼吁对多数民众中的“风俗习惯”进行改造，否则“无论怎样的改革，都将为习惯的岩石所压碎”。② 据此，他认为精神界的战士必然为坚守真理而“不恤与人群敌”，并“举一切伪饰陋习，悉与荡涤”，而且是“不克厥敌，战则不止”。

在《狂人日记》中，狂人对吃人的历史发出了振聋发聩的质疑：“从来如此，便对么？”在《我之节烈观》中，他激动地追问：“节烈难么？”“节烈苦么？”“不节烈便不苦么？”“女子自己愿意节烈么？”从而将以儒家为

① 姚国宏，《论论哈贝马斯的市民社会思想》，http：//www.iolaw.org.cn/，2007年12月2日浏览。

② 鲁迅. 习惯与改革[C]//鲁迅全集（第四卷）. 北京：人民文学出版社，1981：224.

中心的古训（如“妇者服也”“饿死事小失节事大”等）的凶残性和盘托出：“社会上多数古人模模糊糊传下来的道理，实在无理可讲；能用历史和数目的力量，挤死不合意的人。这一类无主名无意识的杀人团里，古来不晓得死了多少人物；节烈的女子也死在这里。”

另一种克敌方式可谓是白描式，即客观地描述外部现象和内部感受，使对象的荒诞、丑恶、虚伪、麻木等诸多陋习具象地呈现。用鲁迅的话说就是“揭出病症，以引起疗救的注意”。如《二十四孝图》一文，作者忠实地记述了读了所谓孝子的孝行后的感受。对“子路负米”，作者非常紧张，为了父母，到几百里外去驮米，这几百里我走得动吗？对“郭巨埋儿”，作者感到毛骨悚然：那儿子“实在值得同情。他被抱在母亲的臂膊上，高高兴兴地笑着；他的父亲却正在掘窟窿，要将他埋掉了”。以至于他“从此总害怕听到我的父母的穷愁，怕看见我的白发的祖母，总觉得她是和我不两立，至少，也是一个和我的生命有些妨碍的人”。所谓孝道，竟然是扭曲人心，戕害天性的恶魔！而这种灭绝人性的思想流毒千年，竟然没有异议，传统文化以安息为本位的特征达到了何等荒唐的地步。

寄反抗于顺从之中，也是一种克敌方式。《立论》一文中讲了一个耐人寻味的小故事：一家主人生了一个男孩，满月的时候抱出来给客人看，想得到一点好兆头。说孩子将来要发财的得到了主人的感谢；说孩子将来要做官的收到几句恭维；说孩子将来要死的得到了大家一顿合力的痛打。而不骗人，又不遭打的方式是说：“啊呀，这孩子呵！您瞧！多么……。阿唷！哈哈！ Hehe！ he，hehehehe！”如果说前两种说话方式延续了瞒和骗的封建传统，讲真话继承的是直接战斗的传统的话，那么最后一种则是迂回战斗风格——打马虎眼表面是迎合，实则寄予了更强烈、更韧性的反抗，这体现了鲁迅韧性战斗的一种智慧。

鲁迅采用更多的是正面相搏的方式。如铸剑中的黑衣人，在无物之阵中杀敌的战士，宁愿烧完的死火，《墓碣文》中痛苦而自信的死尸……对封建专制、文化陋习、人性劣根进行无情地声讨，乃至复仇。这些人物形象更鲜明地体现了他“立意在反抗，指归在动作”的思想。

当然，叛逆并不意味着全盘否定。事实上，鲁迅对传统文化中体现的美好的人情、人性，古代人民的想象力和智慧，依然是深情眷顾的，这可以从《无常》《五猖会》《社戏》等文章中得见端倪。在《文化偏至论》一文中，他的观点很鲜明：无论东方文化，还是西方文化，都是偏至（即不完美，不完善之意）的，但又各自具有不可替代的独特价值。两种文化应该在相互比较中既相互吸取、补充，又互相竞争；既相互融合，又保持各自的独立性。如何实现这一建设中国现代文化的战略思想，他也提出了自己的看法："明哲之士，必洞达世界之大势，权衡较量，去其偏颇，得其神明，施之国中，翕合无间。外之既不后于世界之思潮，内之仍弗失固有之血脉，取今复古，别立新宗。"可见，他叛逆的是传统文化中抱残守缺等偏颇的性质，对传统文化中富有生机和活力的"固有之血脉"，他仍是极为珍视的。

但可以肯定的是，不管采用怎样的叛逆方式，鲁迅的心中都有一种隐性的文化参照物，这也是一种希望。这种体现希望的隐性的文化参照物有的直接承继了中国传统文化"固有之血脉"，有的则是"别求新声于异邦"；有的和传统文化的弊病相对照显得比较清晰，有的则处于一种不确定的开放状态。这些文化参照物激励着鲁迅，也困扰着鲁迅；使他空虚，也使他充实；使他精神疲惫，但也使他精神郁勃。在多重的文化张力中，他叩问着，探寻着，成了一名永远的创造者，永远的反抗者。

（发表于《江苏广播电视大学学报》2008 年第 4 期，作者：汲安庆）

后　记

这是一本写给现在及未来的语文教师的书。

每学年的第二学期，我都会给新一届的研究生、博士生上一门“中学语文文本解读与教学实践”课，讲文本解读的理论与方法，讲教学实践的转化。这门课以统编版中小学语文教材为关照对象，以文本为基，打通理论域与实践域、校内域与校外域，实现双域共生，一直比较受欢迎。我将自己发表过的解读类与实践类文章，按照“疑问处发现问题——‘攻’‘扫’法解决问题——哲思层提升问题”的写作思路，手把手地一一教授给他们。大家常常听得兴趣盎然，即使下课铃响了也不肯散去。有同学追着问我有没有出版的语文解读类专著，我说没有。现在市面上的语文类书籍太多，鱼目混珠，良莠不齐。我说我坚持不出书，就权当是自己对社会资源的一种保护吧。我建议他们读读汲安庆老师的解读类文章，开玩笑说以前觉得自己还算有点性灵，没想到汲安庆老师——一个男老师，竟然更有性灵。我说我走三里路就累了，汲老师能走五里、六里甚至更远……

与汲安庆老师的结识源于一个高校语文教学法教师交流群。他经常在群里分享自己发表的学术论文，其语言之精妙、分析之透彻、见解之深刻独到，令人叹为观止。每次读完他的文章，我都有一种醍醐灌顶般的文学冲击，深感自己不能自由贯通的局限。我还由衷地给他撰写过一段“颁奖词”：一个寻求深刻和优美的灵魂，感激却不凝滞，陶醉却不沉溺。世界于他而言，是发现和托举。他一路向前，风是他的翅膀。

我们曾有过一面之缘。那是大约七八年前，在江西师大欧阳芬教授处，教指委举办的全国教育硕士教学技能大赛，当时我是评委之一。在我们那组的比赛中，一位研究生讲杜甫的《春望》，巧妙地从“线团结构”入手展开教学设计，这一独特视角与创新思路让在场的评委们耳目一新，印象深刻。后来才得知，这位研究生正是汲老师指导的学生。

再后来，汲老师给我寄过两本他的专著：《中学语文名师教例评析》和

《中学语文名篇新读》。扉页上，汲老师的签名很酷："写作——温暖而坚实的存在！"字体遒劲有力。我赶紧向汲老师道谢！电话那头，他表扬我的文章有种别致的灵动之美，一时耳热，就像《婴宁》中吴生的"西南山之语"一样，我随口说了一句汲老师，以后有机会咱俩合出一本解读类的书如何？汲老师立马答应，说好啊爱华兄，咱们一言为定！天津大学出版社的陈立辉是我多年的挚友，有一次跟她谈及此事，她马上拍板，说出吧，你的文章那么美，为什么不把它变成文字放到图书馆，放到大家的书架上呢？我是个好犹豫的人，考虑再三，最后还是放下了。汲老师批评我瞻前顾后，思虑过多。

促使我下定决心出版的原因，是有一天我在朋友圈无意中看到我的老朋友、江苏开放大学的黄强教授分享的消息——他刚刚签下了第 26 本书稿《桃源深处有人家》。黄强教授既勤奋又潇洒，诗书人生、笔耕不辍，其服饰研究类书籍在社会上大受欢迎。我惭愧至极，深责自己每天浑浑噩噩，虚度光阴。我拿起手机跟汲老师联系。不到五分钟，我们就敲定了合作。接着，我又联系了立辉，同样没说几句话就达成了共识。就这么一会儿工夫，我们三个人就击掌而定，一本书就这样美好地达成了。

"寥廓江天万里霜。"事实上，我更想为母亲出这本书。2024 年 7 月 19 日，我痛失了母亲。我想知道母亲去了哪里。想知道她冷不冷，疼不疼。她爱哭，离开我们，她会不会很难过、很崩溃？我不停地复盘她临走时的每分每秒，不错眼光地盯着那张清癯慈祥的面庞。那些被泪水湿透的黑夜，我把自己撕成碎片，在内疚和疼痛中抽搐。

我一度感到虚无。感觉人世间所有的富贵功名，最终都是一场空欢。就这样，我飘来荡去，像蝉蜕一般地活着。从早晨到中午，从中午到日落，然后就是无穷尽的漫漫长夜。一天又一天。

我试图站起来。我想，母亲一定不愿意看到我这个样子。我这样，她会心疼。

我努力救拔自己：母亲的血在我身上流淌，我要好好地替母亲活着。我要替母亲有光亮地活着，我还要让母亲真纯良善的精神世代不息地活着。她经常教育我：秉持公义，心怀怜悯，一生与正能量同行。

与我合著的汲老师跟母亲有过关联。我曾经坐在沙发上给旁边的母亲念他美好的文字，母亲曾经被打动过。立辉跟母亲更有关联，五年来她一直和我站在一起，对母亲嘘寒问暖，为母亲寻医问药，让母亲的生命延续了五年多。我感谢他们！这本书，浓缩了人世间最美好的亲情、友情，也见证了我生命的破碎、成长和坚韧。所以，这本书也是一本写给母亲、写给朋友、写给我自己的书。

《致用·致美·致在：语文解读与教学转化》这本书，是我与汲老师围绕既定学术主题，从过往研究成果中精心遴选而成（即使属于本主题，因担心内容过多会给读者造成负担，我们各自都做了精减，割舍了不少内容。比如统编版教材删减的一些篇目，我们相关的解读论文即使见解独到、质量上乘，即使发表在北大核心等重要期刊，我们也忍痛做了调整，努力与统编版教材保持一致）。需要强调的是，此书并非简单的论文汇编，而是在语文学视域下，依据“理论建构—解读实践—教学转化—素养积淀”的逻辑框架，系统构建的语文解读与教学实践的体系与路径。各篇章既各自独立，又自成体系，浑然一体。具体而言，本书在理论建构层面，从文学文本与非文学文本两个维度，系统探讨语文解读的内涵、价值、原则与创新路径，重点厘清文学理论与教学实践的深层关联。在解读实践层面，选取中小学语文教材中的文学经典，结合语文要素目标，深入开掘文本篇性，以达会通奥窔之境。在教学转化层面，致力于文本解读成果的“在地化”，基于文本特质与学情特征，实现感性与理性、熟悉与陌生、自我与他者的融合，构建深度与创意兼具的语文课堂。在素养积淀层面，以鲁迅作品及入选统编语文教材的古代小说为中心，引入多元文学批评视角，突破单一解读模式，不断拓展对话视域，力求形成语文解读思维的相互触发之势。书中案例鲜活灵动，策略切实可鉴，既为语文解读提供了方法论支撑，亦为教学转化架设了实践桥梁，助力广大语文教师实现从文本细读到素养养成的跨越。

在本书即将付梓之际，我怀着深切的感激之情，向四川师范大学李华平教授及其“正道语文”团队致以诚挚的谢意！多年来，李华平教授团队通过理念倡导、学术引领、教师培养和资源共享，推动了语文教育的改革与发展。感谢公众号历任执行主编马琴、何鑫、李玲老师和众多未曾谋面却始终铁血支持的小伙伴们，为我发表的解读类论文精心配上美图，制作成“爱华专栏”，一篇篇推送到公众面前。从“树上鱼”“耕者”“一苇所如”“观荷”“心如月”“约阳光同往”，到唐锐、王晓萍等众多素养深厚的语文铁杆读者，他们对论文真挚深刻的肯定与谬赞，宛如春日暖阳，温煦而明媚。与读者们的“灵犀相通”，使我不再孤单，也无惧未来的秋寒木落。十三年前，我从古代文学转向语文教育，忐忑起步，在大家浪潮般的支持和鼓励下，拥有了无畏前行的勇气。

感谢黎恋恋编辑！她精湛的专业素养、严谨的工作态度、澄澈如水的心灵，无数次打动着我们，推动着这本书的圆满问世。还要感谢很多搀扶我、支持我，永远站在我身旁的大朋友、小朋友们，那么多名字恕不能一一列举。我相信，无论在哪里，当我眼里有泪、胸中有血，感动别人也感动自己的任何一个时刻，都是你们在后面坚如磐石，给了我一个生命之家，以及无尽的温暖、祝福和力量。

有人曾从生命哲学的角度俯瞰余华作品的苦难，认为人生就是一场体验，风吹哪页读哪页，人来人往任由之。余华和我同岁，我欣赏他那份岁月积淀带来的沉静。同样，我也欣赏冯唐那句有关亲情与生命的深刻表达：向上伸展，向着天空成长；向下扎根，归入尘土安息。这些话意味深长，可以指人，也可以指事。更可以是一种勇敢的人生姿态，如果确如张爱玲所说，苍凉注定是人生的一种启示的话，与君共勉。

楚爱华

2025 年 5 月于天津